영성의 실제를 경험하는 길

정원 지음

영성의 숲

서 문

한국 교회는 짧은 역사에도 불구하고 비약적인 발전을 해왔습니다. 그리하여 지금 수많은 교회들과 천만이 넘는 성도의 숫자를 자랑하고 있습니다.
그러나 그러한 외형적인 성장과 함께 여러 가지의 문제점이나 미성숙한 모습도 많이 보이고 있습니다. 그래서 뜻 있는 많은 사람들이 '한국 교회는 개혁되어야 한다'고 목소리를 높이고 있습니다.
그렇다면 그 이유는 무엇일까요? 그리고 과연 그 개혁의 방향은 무엇일까요?
나는 그 근본 원인이 성도들이 그리스도의 생명을 잘 알지 못하며 충분하게 체험하지 못하고 있기 때문이라고 생각합니다.
그러므로 한국 교회의 개혁 방향은 잃어버린 영성을 회복하며 발전시키는 데 두어야 할 것입니다.
그리스도인들의 영성 회복 운동은 이방 세계의 마인드 컨트롤이나 기 훈련과 같은 종류와 결코 같지 않은 것입니다. 그것은 또한 단순히 영적 은사 운동을 의미하는 것도 아닙니다.
이것은 영적 생명 자체를 회복하는 것이며 주님과의 교통을 회복하고 주님을 바로 알아 가는 것을 말하는 것입니다. 그것은 곧 신앙의 근본과 기초를 다시 세우는 것입니다.

오늘날 왜 많은 그리스도인들의 삶이 주님의 지배를 받지 않으며 그분과의 깊은 교제를 누리지 못하고 있을까요?

그것은 이 시대 그리스도인들의 심령이 많이 약하고 병들었기 때문입니다.

이 시대의 많은 그리스도인들은 세상의 악한 문화, 둔감해진 죄 의식, 형식 위주의 신앙 형태를 통하여 심령들이 병들고 상한 상태에 있습니다. 그리하여 그들은 그들의 심령 속에 부어지는 그리스도의 풍성한 임재와 기름 부으심을 잘 알지 못하며 주님과의 실제적인 교통을 누리지 못하고 있는 것입니다.

나는 이 책이 이러한 심령의 회복을 위한 작은 안내서가 되기를 기대합니다.

우리의 영혼이 서서히 깨어나고 회복되기 시작할 때 우리의 신앙생활은 더 이상 따분하지 않을 것입니다.

예배는 더 이상 지루하지 않을 것입니다.

기도는 달콤해지며 말씀은 문자 그대로 송이 꿀과 같은 감동을 우리에게 선사하게 될 것입니다. 우리는 주님을 알아가고 믿음 생활을 한다는 것이 얼마나 놀랍고 아름다운 것인지 경험하게 될 것입니다.

부디 우리의 영성이 맑고 아름답게 되기를..
그리하여 복된 주님의 은혜와 기쁨을 충분히 누릴 수 있게 되기를!
우리의 모든 교회들이 예배 때마다 주님의 임재와 영광을 경험하는 복된 은혜가 충만하기를 진정 간절한 마음으로 바랍니다.
할렐루야.

개정판 서문

이 책은 〈그리스도인의 아름다운 영성〉이라는 제목으로 이레서원에서 출간된 바 있습니다. 이제 출판 계약기간이 끝나서 〈영성의 숲〉에서 다시 내게 되었습니다.

이미 영성에 대한 30여권의 책을 썼지만 이 책은 제가 쓴 첫 번째 책입니다. 그러므로 영성에 대한 가장 기본적이고 기초적인 내용을 다루고 있다고 할 수 있습니다.
이 책이 독자 여러분들의 영성의 기초를 분명하게 하는데 도움이 되시기를 바랍니다. 그리하여 영성의 기초는 오직 주님을 접촉하고 경험하는 것이라는 진리에 대하여 분명해지시기를 바랍니다.
많이 기도하고 많이 예배에 참석하고 많이 봉사를 하면서 일을 해도 실제적인 주님과의 접촉이 없으면 그것은 실제적인 신앙이 아니며 그러므로 믿음의 열매를 맺기도 어렵고 삶의 변화도 없으며 신앙의 참된 자유와 기쁨도 누릴 수 없습니다.
부디 이 기초를 분명히 익히시고 영성의 더 깊은 발전을 위하여 나아가시는 독자 여러분이 되시기를 기원합니다.
할렐루야.

2005. 11. 정원.

contents

1부 주님을 만지는 것

1. 아름답지 않은 그리스도인 · 10
2. 주님께 속하지 않은 부분들 · 13
3. 주님을 만진 여인 · 20
4. 유월절의 착각 · 29

2부 은혜의 도구와 영성의 실제

1. 영성의 실제 · 38
2. 예배와 영적 실제 · 44
3. 기도와 영적 실제 · 55
4. 찬양과 영적 실제 · 81
5. 영적 감화와 종교적인 감동 · 104
6. 교제와 영적 실제 · 113
7. 훈련과 체험과 영적 실제 · 122

3부 사역자의 환상

1. 사역자의 동기 · 136
2. 참된 성공과 부흥 · 148
3. 타고난 재능과 사역자의 생명 · 165
4. 사역자와 듣는 은사 · 178
5. 사역자와 비판의 영 · 197
6. 사역자의 권위 · 215

4부 주님의 실제를 접촉하는 길

1. 주를 섬기는 것과 주의 일을 하는 것 · 228
2. 영적 실제를 위한 첫 걸음 · 243
3. 그리스도 안에 거함 · 287
4. 그리스도께 지배받음 · 308
5. 주님의 임재 훈련 · 346

1부 주님을 만지는 것

주님을 둘러싸고 있는 것과
주님을 만지는 것은 다른 것입니다.
주님 근처에서 어정거리고 있는 것과
주님을 실제로 붙잡는 것은
전혀 다른 것입니다.
생명의 성숙이란
이 두 가지의 차이점을
분명히 인식하는 데서부터 출발하는 것이며
착각에서 벗어나
분명한 실제를 발견하고 추구하며
사모하게 되는 과정이라고 할 수 있는 것입니다.

1. 아름답지 않은 그리스도인

어느 봄날의 저녁, 나는 광화문에서 집으로 향하는 좌석버스에 올라탔습니다. 사람을 만나고 볼일을 본 후 책방에 들러 책을 몇 권 산 후에 피곤한 상태에서 집으로 가는 중이었습니다.
버스에는 다행히 몇 개의 좌석이 남아 있어서 나는 자리를 찾아 앉았습니다. 버스의 남은 좌석은 곧바로 채워졌는데 내 옆의 자리는 아직 채워지지 않고 있었습니다.
'전도하기에 좋은 기회구나.'
하고 나는 생각했습니다.

나는 좌석버스를 타면 옆자리에 앉은 사람에게 가끔 전도를 합니다. 낯모르는 사람이 접근하는 것을 별로 좋아하지 않으며 심지어 적대감을 느끼기까지 하는 한국 사람의 기질을 생각할 때 이러한 접근은 상당히 모험적이며 용기가 필요한 일입니다. 어떨 때는 어색한 분위기가 연출되고, 잘못되면 망신을 당할 수도 있으니까요.

그러나 또한 옆자리에 앉은 사람이 구원의 길을 알지 못하고 영원한 멸망을 향하여 당당히 나아가고 있을지도 모르는데 그것을 그대로 방치한다는 것도 그다지 기분이 좋은 일은 아닌 것입니다.
어쨌든 이러한 접근은 사려 깊음과 분별력, 예의바름과 용기를 포함한 지혜, 하나님의 인도하심 등의 요소가 포함된다면 아름다운 결실을 가져올 수도 있습니다.

하지만 잠시 후에 내 옆자리에 앉은 젊은 여성을 보고 나는 한숨을 쉬었습니다.

사람을 겉모습으로 쉽게 판단한다는 것은 별로 좋지 않겠지요. 그러나 그녀가 가지고 있는 분위기는 뭔가 나의 용기를 눌러 버리게 하는 요소가 있었습니다.

'천박하게' 느껴지는 진한 화장, 역겨운 향수 냄새, 짧은 스커트, 길게 자란 빨간 손톱.. 나는 기가 팍 죽어 버렸습니다. 전도할 용기가 저 멀리 사라져 버린 것은 말할 나위도 없었지요.

나는 망설였습니다.

전도를 해야 할까? 그냥 포기할까? 괜히 창피만 당하는 것이 아닐까? 경험을 통해서 보면 교양이 없는 사람일수록 남의 말이나 행동을 쉽게 무시하거나 묵살하며, 남에게 함부로 면박을 주고도 전혀 갈등하지 않으며 때에 따라서는 자랑스럽게 여기기까지 합니다.

'에라, 모르겠다.'

나는 용기를 억지로 짜냈습니다. 이 사람에게는 정말 복음이 필요할 것이다. 밑져야 본전인데 한번 해 보자. 예수 때문에 망신당한다면 그것은 할 수 없는 일이지.. 그렇게 생각하면서 망설이던 끝에 주보를 한 장 꺼내어 그녀에게 건네면서 나는 간신히 말을 걸었습니다.

"실례지만, 교회에 나가십니까?"

하지만 그녀의 반응은 나의 예상을 훨씬 뛰어넘고 있었습니다.

"할렐루야!"

그녀는 인상과 전혀 다른 분위기의 굵직하고도, 걸걸한 목소리로 말을 받는 것이었습니다.

"아이고, 참 은혜가 충만하시군요. 전도를 하시려고요? 저는 교회 집사예요. 또 조장이구요. 반갑습니다. 할렐루야!"

전혀 예상하지 못한 그녀의 반응에 나는 깜짝 놀랐습니다.
아무튼 그렇게 되어 나는 그녀와 여러 가지 신앙에 대한 대화를 나누게 되었습니다. 교회 생활, 신앙생활, 신앙관, 물질관 등에 대하여 이야기를 나누게 되었습니다.
이 부분까지 이르자 그녀는 다소 흥분한 듯이 보였습니다.
"그리스도인들은 반드시 잘 살아야 됩니다. 반드시 성공해야 돼요. 그래야 제대로 전도를 할 수 있는 겁니다."

그녀는 열변을 토하고 있었습니다. 우리 교회는 얼마나 훌륭하고 성령 충만한 교회인가, 또한 우리 당회장 목사님은 얼마나 위대하고 능력 있는 종인가, 우리 교회에 다니지 않고 보통의 별 볼 일 없는 교회에서 신앙생활을 하는 사람은 얼마나 답답하고 한심한 사람인가 등등.. 나는 그녀에게 전도를 하려다가 그녀의 연설에 사로잡힌 모양이 되어버렸습니다.
나는 조용히 그녀의 이야기에 귀를 기울였습니다. 그렇게 그녀의 유창한 연설을 들으며 그녀의 모습을 가만히 지켜보면서 나는 묘한 냄새를 느꼈습니다.
그녀의 표정, 그녀의 입, 그녀의 말에서 나오는 분위기, 냄새 그것은 정말 지독한 악취였습니다. 그리스도인만이 가질 수 있는 아름답고 부드러우며 온유하고 사랑스러운 향취가 아닌, 인간의 타고 난 자아, 깨어지지 않은 부패한 영혼에게서 흘러나오는 영혼의 악취 말입니다.
나는 그녀에게 별로 해 줄 말이 없었습니다.

그녀와 헤어져 집으로 향하는 길을 걸어오면서 나는 내내 우울한 기분이었습니다.
그녀는 그리스도인입니다. 그리고 교회의 일에 매우 활동적이며 열심이고, 인정을 받고 있습니다. 그녀의 직분과 열정적인 모습이 그것을 증명합니다.

그녀는 자신이 열렬한 신앙인임을 믿습니다. 그리고 그리스도가 그의 주인인 것을 그녀는 압니다.

나는 그녀가 기도하는 모습을 쉽게 떠올릴 수 있습니다.

나는 그녀가 기도하며 부르짖을 때마다 적어도 입에서 20방울 이상의 침이 튈 것을 확신할 수 있습니다. 그녀의 팔이 태권도 유단자와 같이 힘차게 움직이는 것을 나는 예상할 수 있습니다.

그녀는 자신이 확신하는 것을 주저 없이 선포하며 설득시킬 수 있습니다. 그녀는 확신이 넘치는 강하고 담대한 그리스도인입니다.

그런데 왜 나는 그녀와 함께 그리스도에 대한 대화를 하고 있었을 때 도무지 행복하지 않았을까요?

그리스도와 함께 있는 것은 실로 놀라운 일입니다.

거기에는 따뜻함이 있습니다.

부드러움이 있습니다.

말로 표현할 수 없는, 세상에서 경험하지 못하는 깊은 평온이 주의 임재 앞에서는 흐릅니다.

그러므로 그리스도와 함께 시간을 보내는 것은 놀라운 축복이며 사람들과 함께 그에 관하여 이야기하고 나누는 것은 진정으로 아름답고 행복한 일입니다.

그러나 나는 지금 주님을 몹시 사랑하고 신앙에 열정적인 사람과 교제를 나누면서 그러한 달콤함과 즐거움을 누릴 수 없었습니다. 그 이유는 도대체 무엇일까요?

나는 침울한 상태로 집에 들어왔습니다.

아내와 아이들에게 뽀뽀를 해주고 내 방에 들어와 옷을 갈아입고 주님께 무릎을 꿇었습니다.

그리고, 잠시 시간이 흐르자 다시 그분의 평강이 임하기 시작했습니다.

모든 우울함, 낙담, 속상한 일, 그리고 어떤 고통도 녹여 버리시는 말할 수 없는 주님의 임재하심과 그 밝은 사랑의 빛이 내 안에서 다시 불타 오르기 시작하고 있었습니다.

좌석버스에서의 일은 이제 내게 안중에도 없었습니다.

다만 그저 주님과 함께 조용히 안식을 누리며 그분의 사랑에 빠져 들어갔습니다.

2. 주님께 속하지 않은 부분들

나의 한 친구가 우여곡절 끝에 신학교를 가게 되었습니다.
그는 어린 시절부터 교회를 다녔으나 중간에 신앙을 버리고 방탕한 삶에서 헤매다가 그 방황의 과정에서 주님의 강권하시는 은혜를 체험하고 진로를 변경하게 된 것입니다.
보통의 나이에 대학에 가지 못했고, 군대를 제대한 후에 시험을 치르게 된 그는 대학과 전공을 선택하는 과정에서 매우 혼란스러웠다고 합니다.
자기가 누려 왔었던 쾌락적인 삶을 계속 누리기에 적당한 과에 원서를 내려고 몇 번이나 마음을 먹었지만 도무지 속마음이 편치 않았던 것입니다. 그는 여러 날을 고민하다가 신학 대학 신학과에 원서를 넣고 비로소 마음에 평안을 얻게 되었다고 고백했습니다.
나는 그가 부럽기 짝이 없었습니다. 나도 그 즈음에 비슷한 소명의식을 느꼈었고 준비하는 과정에 있었지만 여건이 아직 허락되지 않았기 때문입니다.
결국 나는 그보다 2년 더 늦게 신학 대학에 들어가게 되었는데, 그런 의미에서 선배가 된 그의 학교생활 등의 경험과 이야기는 나의 호기심을 자극하기에 충분했습니다.
그런데 조금씩 그의 입에서 나오는 이야기들은 계속적으로 나를 아연케 하는 것들이었습니다. 그는 만나서 이야기를 할 때마다 계속 학교의 욕을 하며 교수님들과 사람들에 대한 험담을 열심히 해대었던 것입니다.

어느 날 그에게서 들은 이야기는 내게 매우 진한 실망과 당혹감을 안겨 주었습니다.
그것은 그가 학교의 급우들과 다툰 이야기였습니다.
그는 정상적으로 대학에 들어온 학생들보다 나이가 여섯 살이 더 많았습니다. 그런데 다른 학생들이 아마 동급생이긴 하지만 나이가 많고 사회 경험에서 선배인 그에게 별로 예우를 해주지 않았던 모양입니다. 그는 교단에 올라가 교탁을 쾅쾅 치며 학생들 앞에서 한바탕 소리를 질렀다고 합니다.
"야, 이 놈의 자식들아! 내가 너희들 친구야? 응?"
시간이 지나고 흥분은 가라앉고 상황은 수습이 되었습니다. 그는 밤에 우리들과 교회에서 만나 몹시 자랑스럽고 통쾌한 어조로 그 버르장머리 없는 놈들을 혼내 준 무용담을 들려주고 있었던 것입니다.

나는 혼란스러웠습니다.
그의 태도는 바른 것이었을까요? 만일 우리가 그리스도인이 아니라면 그것은 일반적인 행동이었을 것입니다. 자신의 명예와 위신을 지키는 것은 이 사회에서 살아남기 위한 지극히 당연한 수단일 것입니다.
그러나 우리는 그리스도의 명령에 복종하며 그리스도의 입장을 위해 싸우는 사람들입니다. 신학교란 자기를 부인하고 십자가를 지며 오직 그리스도를 위하여 사는 삶을 배우고 훈련하기 위하여 있는 것이 아닐까요?
그리스도가 욕을 당한다면 이는 몹시 고통스러운 일입니다. 그리스도가 무시를 당한다면 그것은 정말 아파해야 마땅합니다. 그러나 지옥 가야 마땅한, 오직 주의 공로로 인하여 용서받은 우리들이 자신에게 오는 모욕과 멸시에 대하여 그토록 분노해야 할 이유가 있는가요!
그 형제는 이러한 일을 허용하신 주님께 그분의 의도를 물어봐야 했을 것입니다. 그리고 주님께서 다루시고자 하는 부분에 대해서 순종하고 그분께 의탁했어야 했을 것입니다. 그래서 그러한 사건들을 통해서 배울 것을 배워야 했을 것입니다. 그렇게 배우고 나아가게 되면 동일한 훈련을 계속해서 받지 않아도 되는 것입니다.
그러나 그 형제는 그러한 주님의 손길에 대해서 알지 못했습니다. 그러므로 바르게 반응하지 못했습니다. 다만 분노하고 폭발하고 본능적으로 반응했을 뿐입니다.

나는 몹시 속이 상했습니다. 그리고 마음이 아팠습니다.
우리는 자신을 변호하는 것을 거절해야 합니다. 자신이 칭찬 받는 것을 거절해야 합니다. 우리는 주님만이 받으셔야 할 권위와 영광의 일부라도 우리가 얻으려고 해서는 안 됩니다.
그러나 신학교에 들어오고, 교회 사역을 맡고, 전도사 일을 하고, 이러한 그리스도인의 삶과 문화에 접하면서 나는 이와 같은 사건들이 하나도 대수롭지 않은 일이며 당연하게 여겨지는 흔한 일이라는 것을 알게 되었습니다.
오늘날 교회 안에, 그리스도인의 생활 안에 많은 분열과 싸움이 있습니다. 그런데 그것들은 정말 싸워야 할 중요한 문제들이 아닌 것이 대부분입니다. 그들은 정말 시시한 것들을 가지고 싸웁니다.

주님께서 슬퍼하시는 문제이기 때문에 주님을 기쁘시게 하기 위해서 싸우고 아파하는 경우는 정말 드뭅니다. 그들은 자신이 인정받지 못하기 때문에 싸웁니다. 그들은 상대가 자기를 우습게 안다고 화를 냅니다. 상대가 자신의 의견을 거절했다고 분노합니다. 그들은 교회를 위한다고, 하나님의 뜻을 위한다고 여러 가지 명분을 내세우지만 사실은 자신의 자존심을 위하여 열심히 분노하는 것입니다.

그들은 주님의 마음을 헤아리는 데는 별로 익숙하지 못한 것 같습니다. 그러나 자신의 마음이나 자존심을 누가 조금이라도 건드린다면 그에 대해서는 지극히 민감하게 반응합니다. 그리고 오랫동안 잊지 않습니다.

이러한 사람들은 결코 주님의 사람이 아닙니다. 이와 같이 주님의 자존심보다 나의 자존심에 더 민감한 사람은 실제로 주님의 종이라고 할 수 없는 것입니다. 하지만 불행하게도 이러한 인간적인 모습들은 교회나 그리스도인들의 삶에서 흔히 발견할 수 있는 모습들이었습니다.

자신의 입장을 거절하고 오직 주님의 입장이 되고 주님의 마음을 가지며 주님의 사람이 되는 것.. 그것은 어둡고 비참한 삶일까요?

아닙니다. 결코 그렇지 않습니다. 그것은 진정으로 행복한 삶이며 기쁨과 영광과 천국의 은총으로 가득한 삶입니다.

나는 신앙이 창백하고 어두운 것이라고 생각하지 않습니다. 신앙은 결코 핏기 없는 얼굴로 이를 악물고 고난 길을 걸어가는 고통의 과정이 아닙니다. 나는 금욕적이며 수도원적인 헌신, 창백한 헌신을 좋아하지 않습니다.

신앙에는 밝음과 기쁨과 누림과 자유함과 따뜻함, 그리고 자연스러운 아름다움이 있으며 세상에서 누릴 수 없는 귀한 안식이 있다고 나는 믿습니다.

그러나 그것은 어디까지나 자신을 거절하고 그리스도만을 위하여 사는 사람들에게 보장된 보상인 것입니다. 그것은 흔히 세상에서 이야기하는 성공이나 이 시대의 교회에서 많이 강조되어지는 성공과는 다른 내적인 기쁨이며 보상입니다.

그런데 왜 오늘날 그리스도인들 가운데, 교회에서 이러한 기쁨과 천국의 영광을 알고 경험하는 이들이 그리 많지 않은 것일까요?
그것은 주님께 속하지 않은 인간적인 것들이 우리가 흔히 신앙이라고 생각하는 부분 가운데 많이 들어와 있기 때문입니다.
나는 차츰 교회 안에, 신앙생활 안에 주님께 속한 것과 주님께 속하지 않은 것들이 있다는 사실을 인식하게 되었습니다.
그것은 겉보기에는 비슷하게 보일지도 모릅니다. 그러나 그 근원에 있어서 주님께 속한 것과 속하지 않은 것은 전혀 다른 것입니다. 그것은 전혀 다른 열매를 맺게 됩니다.

주님께로부터 나오지 않은 믿음과 행위들은 사람이 타고날 때부터 가지고 나오는 악취들을 제거해 주지 못합니다.
비록 외형적으로 경건의 모습을 가지고 보여줄 수는 있다 하더라도 그것은 죄를 죽이는 힘이 없습니다. 그것은 교만과 거짓과 위선과 분노와 음란과 정욕과 욕심과 인색함과 두려움과 경박함을 소멸시키지 못합니다. 그것은 진정한 천국의 향취를 우리에게 주지 못하며 진정한 행복과 기쁨도 주지 못합니다.
그러나 주님께로부터 나오는 생명은 이러한 악들을 소멸시키는 힘이 있습니다. 주님의 흐르는 생명 앞에서 모든 어두움들은 서서히 그 힘을 상실케 됩니다. 그리고 우리는 진정한 천국의 기쁨과 영광을 이 땅에서 살면서도 경험할 수 있게 되는 것입니다.

우리는 어떤 것이 주님께 속한 것이며 어떤 것이 주님께 속하지 않은 것인지를 알고 분별할 수 있어야 합니다. 그렇게 될 때 우리는 진정한 주님의 기쁨과 만족과 천국의 빛을 누리고 경험할 수 있게 될 것입니다.

3. 주님을 만진 여인

"열 두 해를 혈루증으로 앓는 한 여자가 있어 많은 의원에게 많은 괴로움을 받았고 있던 것도 다 허비하였으되 아무 효험이 없고 도리어 더 중하여졌던 차에 예수의 소문을 듣고 무리 가운데 섞여 뒤로 와서 그의 옷에 손을 대니 이는 내가 그의 옷에만 손을 대어도 구원을 얻으리라 함일러라 이에 그의 혈루 근원이 곧 마르매 병이 나은 줄을 몸에 깨달으니라
예수께서 그 능력이 자기에게서 나간 줄을 곧 스스로 아시고 무리 가운데서 돌이켜 말씀하시되 누가 내 옷에 손을 대었느냐 하시니 제자들이 여짜오되 무리가 에워싸 미는 것을 보시며 누가 내게 손을 대었느냐 물으시나이까 하되 예수께서 이 일 행한 여자를 보려고 둘러보시니 여자가 제게 이루어진 일을 알고 두려워하여 떨며 와서 그 앞에 엎드려 모든 사실을 여짜온대 예수께서 가라사대 딸아 네 믿음이 너를 구원하였으니 평안히 가라 네 병에서 놓여 건강할찌어다"
(막 5:25~34)

12년 동안 혈루증이라는 병을 앓고 있었던 한 여자가 있었습니다. 현대 의학으로 보았을 때 아마 이 병은 만성 하혈증으로 보입니다. 자궁 안에 종기가 생기거나 어떤 이상이 생겨 불규칙적으로 피가 흐르는 증세일 것입니다. 이 병은 서기 1세기경의 의술로서는 매우 고치기 힘든 치명적인 병이었던 것으로 보입니다. 이 여인은 이 병으로 인하여 심한 고통을 겪게 됩니다.

병이란 때에 따라서는 놀라운 은혜의 수단이기도 합니다.

바쁘게 정신 없이 자신을 돌아볼 여가 없이 살아가는 사람들에게 있어

서 병으로 인한 일정 기간의 휴식은 많은 새로운 통찰력과 깨달음을 제공하며 새로운 성장과 도전을 위한 귀한 충전의 기간이 될 수도 있는 것입니다.
또한 많은 경우에 강퍅해지고 단단해져 버린 심령이 병을 통하여 온유해지고 사모하는 마음이 되어 주님과의 교제가 회복되고 부드럽고 온유한 사람으로 변화되기도 합니다.
그러나 이 여인에게 있어서 병과 투쟁했던 12년간의 세월은 정말 황당하고 고통스러운 것이었습니다. 병을 고치기 위하여 온갖 노력을 기울였으나 고생만 했을 뿐 병은 낫지 않았고 거기에다 재산도 다 잃어버리고 말았던 것입니다.

삶과 치유에 대하여 모든 꿈들을 상실해갈 무렵 그녀는 예수의 소문을 듣게 됩니다.
죽은 자를 살리고 문둥이를 고치며, 귀신들린 자를 치유하며 놀라운 구원의 소식을 전파하고 가는 곳마다 평강과 기쁨을 물결치게 하는 나사렛의 한 기이한 사람의 이야기를 그녀는 전해 듣습니다.
그리고 그녀는 중대 결단을 내리게 됩니다.
'내가 그 사람을 만나러 가야지. 그리고 꼭 이 병을 고침 받아야지. 죽은 자도 살리신다는데 나의 병을 못 고치겠는가!'
그녀의 믿음과 기대는 12년 동안이나 병에 시달린 여인으로서는 실로 대견한 것이었습니다.
우리는 여기서 그녀의 믿음이 어느 정도였으며 그녀가 예수를 그리스도로 알았는지, 혹은 단순한 치유자로 생각했는지.. 그런 문제들에 대해서 분명히 파악할 수는 없습니다. 그러나 중요한 것은 그녀가 예수를 만나러 갔으며 그리고 그 예수의 옷에 손만 대어도 나을 수 있다는 믿음을 가지고 있었다는 점입니다.

그녀의 그러한 믿음이 소문을 들은 당시부터 있었는지, 아니면 예수님의 주위를 둘러싼 군중들의 열기와 그 분위기 속에서 형성된 것인지는 알 수 없지만 아무튼 그녀는 그러한 믿음을 소유하고 있었습니다.

그녀의 성격

그녀는 소극적이고 내성적인 사람이었을까요? 아니면 적극적이고 활동적인 사람이었을까요? 사람들은 대체로 이 여인의 성격이 아주 적극적인 편이라고 생각하는 것 같습니다.

왜냐하면 심각한 병으로 인하여 다 죽어 가는 여인이 예수님을 둘러싼 그 수많은 인파를 헤치고 예수님의 옷자락을 붙잡기까지 했다는 것은 그녀가 매우 적극적인 성격의 소유자였기 때문이 아닐까 하고 생각하는 것입니다. 나는 어느 목사님이 설교 중에 이 장면을 설명하시면서 그 여인이 필사적인 모습으로 사람들을 헤치고 주님께 가까이 가는 모습을 과장스럽게 흉내내시는 것을 본 적이 있습니다.

그러한 논리에도 타당성이 있습니다. 그러나 소망이 없는 여인이 살기 위해서 지푸라기라도 잡겠다고 하는 것은 당연한 것입니다. 어떤 사람이라도 죽을 상황이 되면 그렇게 할 것입니다.

그녀가 주님을 만나는 모습은 요란한 것이 아니라 조용하고 소극적인 것이었습니다.

어떤 사람이 예수님을 만나는 상황은 그 사람의 체질과 성향에 따라서 다릅니다. 예를 들어 길가의 맹인 거지 바디매오 같은 경우는 예수님이 지나가신다는 소문을 듣자 마구 소리를 지릅니다.

"다윗의 자손 예수시여! 나를 불쌍히 여겨 주십시오!"

그가 난리를 치자 주위 사람들은 시끄럽다고 그를 꾸짖습니다.

그러나 바디메오는 개의치 않고 계속 소리를 지르고 주님께서는 그것을 보고 그를 부르십니다. 이것이 그가 주님을 만나게 된 상황입니다.
이에 비하여 혈루증 앓는 여인은 자신을 드러내지 않습니다.
그녀는 많은 아픔을 갖고 있었지만 그것을 알리기를 원치 않았습니다. 그녀는 군중 속에 조용히 스며들어 조용히 남모르게 치유되고 그리고 조용히 사라져 버리려고 하는 것입니다.
이것은 그녀가 은혜를 모르는 뻔뻔한 사람이기 때문일까요?
아마 그렇지는 않을 것입니다. 그녀는 아마 두려웠던 것 같습니다.
율법으로도 그녀는 유출병이 있는 부정한 사람으로서 다른 사람들의 사이에 함부로 끼어있을 수는 없었습니다. 또한 오랜 병치레를 통하여 그녀는 자신감을 많이 상실했을지도 모릅니다.
아무튼 그녀는 속에는 많은 아픔을 가지고 있고 삶의 절대절명의 위기 속에 있었으나 조용히, 그러나 간절하게 주님께 나아갔습니다.

주님을 접촉함

그녀는 절망적인 상황에서 간절한 믿음과 소망을 가지고 주님께 나아갑니다. 그녀는 적극적으로 자신의 병을 고쳐달라고 주님께 호소하지는 않았지만 살며시 주님께 다가가서 믿음을 가지고 주님의 옷자락을 살짝 만집니다.
그런데 바로 여기에서 놀라운 일이 벌어집니다. 그녀의 손이 예수님이 옷자락에 손이 닿는 순간 어떤 전율과 같은 강력한 치유의 능력이 그녀에게 임했던 것입니다. 그리고 그 순간 그녀를 그토록 오랫동안 괴롭혀 왔던 질병이 일순간에 떠나가 버렸던 것입니다.
그녀는 그녀에게 임한 능력을 분명하게 느낄 수 있었습니다. 그것은 상상이 아니라 분명한 실제였습니다.

또한 예수님도 그 순간 자신에게서 능력이 흘러나간 것을 느끼십니다. 그리고 예수님은 주님의 능력을 접촉한 그녀를 찾으려고 돌아보십니다. 그리고 물으십니다.
"누가 나에게 손을 대었느냐?"
모두가 아니라고 대답하고 여인은 벌벌 떱니다.
'아이고, 들켜 버렸구나. 감히 허락도 없이 치유를 받았으니 나는 이제 큰 벌을 받게 되는 것은 아닐까?'

여인이 두려운 마음으로 부들부들 떨며 사실을 고백하자 예수님은 빙그레 웃으시며 오히려 그녀를 축복해 주십니다.
"걱정하지 말아라. 이것은 너의 믿음이 훌륭하기 때문에 고침을 받은 것이다. 이제 평안히 돌아가거라."
주님께서 그 여인을 찾으신 것은 그 여인을 꾸짖기 위한 것이 아니라 그 여인의 믿음을 칭찬하고 격려하시기 위한 것으로 보입니다.
사건은 결국 해피엔딩으로 끝납니다.
이 말씀은 우리가 질병이 있거나 문제가 있을 때 믿음을 가지고 주님께 나아가면 치유의 역사를 경험하거나 주님의 은총을 경험하게 된다는 메시지를 우리에게 줍니다.
그것은 아주 훌륭한 메시지입니다. 그러나 이 사건에는 그것을 넘어서는 중요한 영적 교훈이 있음을 우리는 알아야 합니다.

여기서 인상적인 것은 이 여인의 접촉에 대한 예수님의 반응입니다.
주님은 "누가 나를 만졌느냐?" 하고 물으십니다.
이러한 주님의 질문에 대하여 제자들은 "주님, 무리가 에워싸 미는 것을 보시며 누가 내게 손을 대었느냐 물으시나이까?" 하고 되묻습니다.
제자들의 되물음은 일리가 있는 것입니다.

지금 예수님의 주위는 엄청난 인파로 뒤덮여져 있습니다. 주님을 둘러싸고 있는 사람의 숫자는 일이십 명 정도가 아닙니다.

그들은 지금 하나같이 예수님을 붙잡고 만지기 위해서 아우성을 치고 있습니다. 그런데 그 난리통 속에서 나를 만진 사람이 누구냐고 묻는다면 그 대상이 한두 명이겠습니까? 그러므로 주님의 질문은 그들에게 아주 이상하게 들렸을 것입니다.

인천에서 서울로 가는 출퇴근길의 1호선 전철을 타는 사람은 그것을 지하철이 아니고 지옥철이라고 부르기도 합니다. 사람들이 너무 많이 타서 부대끼기 때문입니다. 러시아워에 시달리다보면 단추가 하나 둘 떨어지기도 합니다.

그런데 그 아수라장의 상황에서 어떤 사람이 "누가 나를 만지셨지요?"라고 묻는다면 그것은 정말 이상한 질문일 것입니다. 당연히 그를 만진 사람은 한두 명이 아닐 테니까요.

그러나 제자들의 의문에도 불구하고 예수님은 계속 그녀를 찾으셨던 것입니다.

"지금 여기서 나를 만진 여인이 한 사람 있다. 그녀가 누구지?"

여기서 우리는 중요한 사실을 발견할 수 있습니다. 그 상황에서 예수님을 진정으로 접촉한 사람은 오직 한 사람뿐이었다는 사실입니다. 그 장소에는 많은 사람들이 예수님을 둘러싸고 있었습니다. 그들은 예수님을 하루 종일 따라 다녔습니다. 어떤 이들은 예수님과 좀 더 친밀한 사람으로서 예수님의 가까이에서 따라다니기도 했습니다. 그러나 그 상황에서 예수님을 진정 접촉한 사람은 오직 한 사람뿐이었습니다.

제자들은 이렇게 생각하는 것입니다.

"주님, 주님 주위에 많은 사람이 있지 않습니까? 그들은 모두 다 주님을 만지고 있는 것 아닙니까? 또 다른 특별한 접촉이 있는 건가요? 주님, 그들은 주일 성수를 합니다. 또한 십일조 생활을 합니다. 때에 따라서는 기도도 열심히 하구요. 예배도 잘 빼먹지 않습니다. 이 정도면 주님을 접촉한 것 아닙니까?"
그러나 주님은 대답하십니다.
"나를 만진 한 사람이 여기 있느니라. 그가 누구냐?"

나는 여기서 구원의 확신이나, 자녀 됨의 확신, 그러한 근본적인 문제를 뒤흔들어 놓고 싶지는 않습니다. 다만 그 당시에도 주님을 만지지 못하고 주님 주변에 수많은 사람들이 있었던 것처럼 오늘날 지금 이 순간에도 주님과의 진정한 만남이 없는 수많은 사람들이 여전히 교회 안에 존재하고 있다는 사실을 상기시키고 싶은 것입니다.
많은 분들이 교회의 신앙적인 분위기 속에 자라고, 거기에 익숙해져서 자신을 그리스도인으로 생각합니다.
그러나 과연 그럴까요? 마지막 심판 날에 그들이 가지고 있는 주님과 신앙에 대한 그 희미한 관념이 그들의 영원한 안전을 보장해줄까요?
아마 그렇지 못할 것입니다.

오늘날 많은 사람들이 주님의 이름을 부릅니다. 그리고 자신이 주님을 잘 알고 있다고 생각합니다. 그러나 진정으로 주님을 접촉한 사람은 그리 많지 않습니다.
진정 그리스도를 접촉한 사람은 자신이 그것을 알 수 있습니다.
혈루증을 앓던 여인이 그것을 분명히 감지했던 것처럼 주님의 선명한 임재를 경험한 사람은 그것이 무엇인지 압니다.
그들은 자기 안에 어떤 변화를 느끼게 됩니다. 그리고 그들은 새롭게 변화되어 갑니다. 이 혈루증 여인이 주님을 접촉한 그 순간에 변화되고 치유되었던 것처럼 주님을 경험한 사람은 놀라운 변화와 풍성함을 경험하기 시작하게 되는 것입니다.

당신은 과연 주님을 접촉했는지요? 아니면 주님의 주위를 다만 둘러싸고 있는가요? 당신이 교회에 가는 것은 습관입니까? 아니면 주님을 만나기 위한 것입니까?
당신은 주님을 소유하고 있습니까? 아니면 그분께 소유되어 있습니까? 당신의 인생을 계획하고 끌고 가고 있는 이는 당신입니까? 아니면 주님입니까?
예배에 참석했다고 해서 모두가 주님과 접촉한 것은 아닙니다. 매주 일요일 낮에 1시간을 길다란 나무 의자에 앉아서 졸고 왔다는 사실은 예배를 빼먹었을 때 느끼는 찜찜함에서 그를 구원해 줄지는 모르지만 그 자체가 실제적으로 주님을 경험한 것과 같은 것은 아닙니다.

제자 훈련을 받고, 전도 훈련을 받았다고 반드시 주님을 만진 것이라고 생각해서는 안 됩니다. 각종 세미나에 참석하고, 신앙과 각종 사역의 전문가가 되는 것과 주님을 개인적으로 아는 일은 전혀 별개의 일입니다. 주님에 대해서 배우는 것과 주님을 만지는 것은 전혀 다른 일입니다.
한국 교회에 1,200만의 신자가 있다고 합니다. 과연 그 말은 사실일까요? 그들은 진정 그리스도인들일까요?
그들이 전혀 주님과 상관이 없다고 함부로 말할 수는 없을 것입니다. 그러나 분명한 것은 진정으로 주님을 만나고 경험한 사람은 새롭게 된다는 것입니다.
또 하나의 놀라운 사실이 있습니다.
이 여인이 주님을 만진 이후에 주님은 그 여인이 누구인지를 찾으셨습니다. 주님은 진정으로 자신을 만진 사람이 누구인지 알고 싶어 하셨습니다.

아무도 그녀의 존재를 알지 못했고 관심이 없었지만 주님은 간절하게 그녀를 찾으셨습니다. 이처럼 주님을 간절하게 구하고 접촉하는 것은 특별한 일이며 그러한 사람을 주님은 또한 간절하게 찾고 계시다는 사실입니다.

우리는 주님을 만져야 합니다. 주님의 근처에 있는 것으로 만족하지 말고, 교회에 다니는 것으로 만족하지 말고, 자신이 알고 있는 교리나 신앙의 지식으로 만족하지 말고 주님 자신을 간절하게 구하여야 하는 것입니다.

우리가 실제적으로 주님을 만질 때 우리는 변화됩니다. 그리고 그러한 사람을 주님은 찾으십니다.

부디 주님을 만지십시오. 실제적으로 주님을 만지기를 기대하십시오. 이것이 기독교의 기초이고 영성의 기초이며 기독교는 여기에서부터 시작되어야 하는 것입니다.

4. 유월절의 착각

"그 부모가 해마다 유월절을 당하면 예루살렘으로 가더니 예수께서 열 두 살 될 때에 저희가 이 절기의 전례를 좇아 올라갔다가 그 날들을 마치고 돌아갈 때에 아이 예수는 예루살렘에 머무셨더라 그 부모는 이를 알지 못하고 동행중에 있는 줄로 생각하고 하룻길을 간 후 친족과 아는 자 중에서 찾되 만나지 못하매 찾으면서 예루살렘에 돌아갔더니 사흘 후에 성전에서 만난즉 그가 선생들 중에 앉으사 저희에게 듣기도 하시며 묻기도 하시니 듣는 자가 다 그 지혜와 대답을 기이히 여기더라 그 부모가 보고 놀라며 그 모친은 가로되 아이야 어찌하여 우리에게 이렇게 하였느냐 보라 네 아버지와 내가 근심하여 너를 찾았노라 예수께서 가라사대 어찌하여 나를 찾으셨나이까 내가 내 아버지 집에 있어야 될 줄을 알지 못하셨나이까 하시니 양친이 그 하신 말씀을 깨닫지 못하더라" (눅 2:41~50)

예수님이 12세 되던 해, 그는 부모님과 함께 이스라엘 최대의 절기인 유월절 행사에 참여하기 위하여 예루살렘을 방문하게 됩니다. 그리고 그는 거기에서 부모를 잃어버리게 되고 뒤늦게 이 사실을 안 그의 부모는 우여곡절 끝에 3일 만에 그를 찾게 되는 해프닝이 일어납니다.
이 사건은 그의 공생애를 제외하고는 그의 어린 시절의 사건이 성경에 기록된 유일한 부분입니다.
왜 이 사건이 유일하게 기록되었을까요?
유월절의 중심은 어린양의 희생이며 이것은 곧 유일한 구원자이신 주님과 주님의 사역을 보여주는 것이었습니다.
그러나 놀랍게도 유월절의 상징이며 중심인 주님이 바로 그 유월절에 잃어버린바 되었다는 것은 그의 일생에 대한 암시가 아니었을까요? 주님의 일생에 걸친 버림받고 멸시받는 삶, 그가 자신이 창조한 세상으로 왔으나 자기의 백성들에 의하여 배척되는 삶을 상징적으로 암시하기 위한 것이 아니었을까요?

유월절은 이스라엘 국가에 있어서 최대의 경사요, 해방의 기쁨을 기념하는 절기입니다. 일제 36년의 압박과 설움에서 벗어난 것을 기념하는 우리나라의 8·15 광복절도 몹시 감동적인 날인데 하물며 430년 간의 잔학한 노예 생활로부터 해방된 감격과 영광이야 말할 것이 있을까요!
그러나 그 유월절의 핵심인 어린양의 피, 어린양의 죽음이 상징하고 있는 것을 이스라엘인들은 미처 알지 못하고 있었습니다.
어떠한 윤리나 철학과 종교가 인간을 구원할 수 없으며, 오직 어린양의 피, 이 땅에 오신 예수의 죽음만이 그들을 진정 해방시킨다는 것, 그리고 바로 그 인물이 오늘 12세의 어린 소년으로서 부모의 손을 잡고 예루살렘을 방문하고 있다는 사실을 그들이 상상이나 하였을까요!
유월절의 예배에서 소년 예수는 전혀 주인공이 아닌 소외된 존재였습니다. 더욱 놀라운 것은 예수님의 부모인 요셉과 마리아에게서도 그는 잊혀졌었다는 것입니다.
이 사건의 상징성을 우리는 다시 한번 생각할 필요가 있습니다. 예수가 중심인 이 예배와 예식에서 그는 철저하게 무시되고 있었던 것입니다.

크리스마스와 그 중심

흔히 아이를 낳고 돌이 되면 잔치를 합니다. 그러나 이 돌잔치는 아이를 위한다는 것보다는 어른들을 위한 것인지도 모릅니다.
엄마는 손님 접대하느라고 분주하여 아기를 먹이거나 돌볼 여유를 잃어버리기 쉽습니다. 묘하게도 그래서 그런지는 모르지만 이러한 잔치를 전후해서 아이들이 앓는 경우가 있는 것을 더러 볼 수 있습니다.
해마다 12월이면 크리스마스가 옵니다. 많은 사람들이 크리스마스를 기억하지만 그들이 크리스마스와 관련되어 연상하는 것은 주님의 오심이 아닙니다.
크리스마스트리, 선물, 산타 할아버지, 루돌프 사슴 코, 썰매, 카드, 나이트클럽, 백화점, 캐럴, 칸타타, 들뜨는 기분 등등입니다.
어떤 이들은 주님께서 이 땅에 오신 이유를 술집과 나이트클럽의 매상고를 올리기 위한 것으로 여기는 듯, 그러한 곳에서 흥청거리며 크리스마스를 보냅니다.
유감스럽게도 교회도 별로 다른 상황이라고 말하기 어렵습니다. 남루하고 초라한 모습으로 동물과 같은 대접을 받고 구유에서 조용히 쌔근거리며 잠드신 아기 예수의 모습, 이 세상의 죄악과 슬픔을 모두 당하기 위하여 오신 주님의 아름다우신 모습.. 이 모습을 교회에서 대하기가 쉽지 않은 것입니다. 주님은 12세 때의 유월절과 마찬가지로 이 시대의 성탄절에서도 가장 잊혀진 존재이신 것 같습니다.

나의 개척 교회 첫해 크리스마스는 몹시 분주했습니다. 교회도 예쁘게 장식되었고 꼬마들은 예쁘게 한복을 입고 춤을 추고, 노래를 불렀으며 가득히 메워진 아이들의 부모는 열심히 사진을 찍어댔습니다. 그러나 나는 공연히 마음이 불편해졌습니다. 이 유쾌함, 소란스러움,

흥겨운 분위기.. 그러나 도대체 주님은 어디에 계신가? 나는 기분이 언짢아서 행사를 젊은이들에게 맡기고 안으로 들어가서 다음 날까지 나오지 않았습니다.

그 때보다 융통성도 많이 생겼고, 지금은 아이들을 키우고 있으므로 열심히 사진을 찍어대는 그 부모들의 마음을 충분히 이해하며 현실의 교회 모습에도 많이 익숙해졌기 때문에 지금은 많은 것을 이해할 수 있습니다.

그러나 이 모든 것의 중심에 주님이 계셔야 한다는 생각에는 변함이 없습니다. 놀고, 떠들고, 웃고, 즐겨도 그것은 주님 안에서 해야 합니다. 그 모든 것의 중심에는 오직 주님이 계셔야 합니다.

우리는 어떤 행사나 형식 자체에 몰두해서 그 중심과 본질을 쉽게 잊어버리는 경향을 가지고 있습니다. 그것이 곧 타락입니다. 유월절에 주님을 잃어버리고 크리스마스에 주님을 잃어버리는 것, 그것이 곧 타락입니다. 교회에서 어떤 행사를 하든, 그리스도인들이 어떤 신앙 행위를 하든 주님을 잃어버리게 되면 그것이 곧 타락인 것입니다.

설교란 주님을 드러내는 것입니다. 주님의 말씀과 그분의 의도를 가르치기 위한 것입니다. 그런데 설교를 하다가 주님을 잊어버릴 수가 있을까요? 그것은 가능한 일입니다. 그리고 실제로 많이 행해지고 있는 일입니다.

기도는 주님과 대화하는 것입니다. 그분과 사랑의 교제를 나누는 것입니다. 그런데 누가 만일 기도하면서 주님에 대하여 까맣게 잊고 있다면 믿을 수 있을까요? 유감이지만 이것도 충분히 가능한 일입니다. 그리고 자주 행해지고 있는 일인 것입니다.

찬양은 주님을 높이는 일입니다. 주님을 기쁘시게 하는 것입니다. 그런데 찬양을 하면서 주님을 전혀 의식하지 않고 할 수 있을까요? 그것 역시 가능하며 오늘날 쉽게 볼 수 있는 일인 것입니다.

오늘날 큰 교회는 점점 많아지는데 주님은 점점 왜소해지는 느낌입니다. 신학의 수준은 점점 높고 세련되어 가는 것 같은데 순수한 신앙은 점점 더 찾기 어려운 것 같이 보입니다. 외형적인 성장은 눈에 띄지만 내적 생명은 점점 더 약해지는 듯 합니다.
주님은 "내가 올 때 믿음을 보겠느냐?"고 하십니다. 유월절에 잊혀진 예수는 신앙의 중심과 본질을 잃어버리는 것이 아주 쉬운 일인 것을 잘 보여 주고 있는 것입니다.
유월절의 사건에서 더 놀라운 것은 예수님의 부모의 인식입니다.
그들은 예수를 잃어버리고서도 전혀 그 사실을 감지하지 못합니다. 당연히 뒤에서 따라오고 있거니 하고 생각합니다. 하루를 지나서야 그들은 비로소 예수를 잃어버렸다는 것을 깨닫게 됩니다. 그리고 비로소 예수를 찾기 시작하여 오던 길로 돌아가며 물어물어 3일 만에야 예수를 성전에서 발견하게 됩니다.

상식적으로 이런 일이 가능할까요? 하루 내내 가족을 잃고서도 그 사실을 모르고 여행하는 일이 과연 있을 수 있을까요?
아마도 그의 부모는 이 엄청난 유월절 행사와 예배를 통하여 은혜를 많이 받았는지도 모릅니다. 아마 너무 도취했는지도 모릅니다. 그리하여 다른 절기를 지키러 온 유대인들과 동행하면서 영적인 대화에 몰두하며 받은 은혜를 나누고 있었는지도 모릅니다.
아무튼 분명한 것은 그들은 착각하고 있었다는 사실입니다. 예수는 나와 함께 걷고 있다, 나를 따라오고 있다고요. 실제로는 전혀 그렇지 않았는데도 말입니다.

나는 오늘날의 많은 그리스도인들이 유월절에 주님의 부모가 빠졌었던 이와 같은 환상과 착각에 빠져 있다고 생각합니다. 그리고 이와 같은 환상에서 속히 깨어나야만 한다고 믿습니다. 자기의 실제 상황과 자신의 실제적인 영적 상태에 대한 바른 인식만이 변화의 시작이며 실제적인 주님을 경험할 수 있는 길의 시작이기 때문입니다.

어떤 바리새인의 착각

누가복음 18장에 보면 두 사람의 기도하는 모습이 묘사되고 있습니다. 한 사람은 바리새인이고 한 사람은 세리입니다.
바리새인은 기도하기를 "주님, 저는 저 세리 같은 놈이 아닌, 정말 수준 높은 신앙인 입니다. 저는 십일조 생활, 주일 성수, 금식은 물론이고 죄도 안 지으며 정말 무지무지 경건합니다."라고 자신감에 넘쳐 씩씩하게 고백합니다.
이에 비해서 세리의 기도 내용은 정말 초라하기만 합니다. 그는 가슴을 치며 고통하며 주의 자비를 비는 기도를 할 뿐입니다. 그런데 의외로 주님은 이 세리의 기도가 상달되었다고 하십니다.

우리는 바리새인을 굉장히 악한 사람으로 보는 경향이 있습니다. 바리새인에 대한 선입견을 갖고 있어서 성경에 바리새인이라는 이름만 나와도 뭔가 트집을 잡으려고 애를 씁니다.
그러나 우리는 그 바리새인이 바로 나 자신일 가능성을 가장 먼저 생각해야 합니다. 또한 이 성경 속의 바리새인이 현대의 옷을 입을 때 어떠한 형태로 나타나는지에 대해서도 생각해봐야 합니다.
현대식으로 해석하자면 이 바리새인은 아마 교회의 장로님쯤 될지 모릅니다. 그는 사회적 지위도 어느 정도 높으며 존경받는 직업을 가지고 있고 교회에서도 결코 무시할 수 없는 사람입니다. 그는 사업해서 번 돈을 십일조 헌금, 감사 헌금, 건축 헌금 등으로 아끼지 않고 열심히 드리는 사람입니다.

기도 속에 나타난 바리새인의 고백을 결코 의심할 수는 없을 것입니다. 왜냐하면 그가 감히 하나님께 거짓말하는 것을 상상할 수는 없으며 그는 자신의 확신을 고백하는 것이기 때문입니다. 그가 자기 신앙에 대한 자신감과 타인과 세리에 대한 경멸감을 고백한 것은 그 자신의 솔직한 마음이 나타난 것입니다. 그와 같이 그는 자신의 신앙에 대해서 확신과 긍지를 가지고 있었습니다.

그는 바쁜 스케줄에도 불구하고 새벽 기도, 철야 기도에도 잘 빠지지 않습니다. 그는 결코 세금을 탈세하거나 불의한 소득을 얻는 일, 즉 부동산 투기 같은 것을 하지 않습니다. 그의 언행은 몹시 경건하고 점잖습니다. 그는 전화로 "아, 여보세요! 나 ○○○장로입니다." 여기까지 말하는 데 5분이 걸릴지도 모릅니다.

그는 존경받는 사람입니다. 그는 예배 때마다 일찍 와서 앞자리에 경건하게 앉아 있습니다. 그가 들어오는 것을 보면 젊은이들은 속삭입니다. "얘, 너 저분 아니? 그 유명한 ○○○장로님이셔." 그에게서 외형적으로 어떤 부족함을 발견할 수 있을까요? 그러나 주님께서는 그 사람의 마음의 중심, 그의 폐부 속을 살피십니다. 주님의 시각은 사람의 시각과 같지 않습니다. 주님만이 그 사람이 어떤 사람인지 아시는 것입니다. 주님만이 사람의 중심을 아시며 그의 영혼을 아실 수 있습니다.

성경의 비유에 등장하는 바리새인도 역시 착각 속에, 환상 속에 살고 있는 사람이었습니다.

그는 자신이 주님과 매우 가까운 줄 알았습니다. 그는 자신이 하나님을 매우 기쁘시게 해 주고 있다고 생각했습니다. 그는 하나님이 그를 충분히 인정해 주시고 있으며 매우 기뻐하시고 천국의 상급은 따 놓은 당상이라고 믿었습니다.
그러나 그는 그 모든 신앙의 행위가 주님보다는 자신을 드러내기 위한 것이었으며 그가 섬기는 것은 자신의 체면과 자존심뿐이었고 실제로 그는 주님의 생명과 너무나 멀리 떨어져 있다는 것을 전혀 깨닫지 못하고 있었던 것입니다. 진정 주님께서 우리 안에 그분의 빛을 비춰주시기 전까지 어느 누가 자신의 상태를 제대로 알 수 있을까요!

환상과 착각은 누구에게나 존재할 수 있습니다.
그러므로 우리는 조심해야 합니다. 섣불리 자신의 믿음과 신앙에 대해서 자신감을 가지고 긍지를 가지는 것은 위험합니다.
사람들이 우리를 인정한다고 해서 우리는 안심할 수 없습니다.
우리가 많은 시간을 기도하며 많은 시간을 교회에서 보낸다고 해서 안심할 수는 없습니다. 중요한 것은 우리가 진정으로 주님을 잃어버리지 않고 항상 붙잡고 있는가 하는 것입니다.

우리는 오직 주님 자신을 붙잡아야 합니다.
우리는 그분을 실제로 만져야 합니다.
우리의 신앙이 관념에 그치지 않고 외형에 그치지 않고 실제적인 주님을 맛보고 경험해야 하는 것입니다.
부디 주님의 실상을 사모하십시오.
이를 위해서 우리는 실제가 아닌 환상에서 벗어나야 하며 무엇이 실제가 아닌 지를 발견하고 알아가며 주님에 속하지 않은 것들, 본질에 속하지 않은 것들을 제거해야만 하는 것입니다.

2부 은혜의 도구와 영적인 실제

주님의 생명을 경험하기 위하여
사용되는 은혜의 수단은 주로
예배, 기도, 말씀묵상, 찬양 등입니다.
그러나 이러한 귀한 은혜의 도구들이
본질을 접하지 못하고
형식의 수준에 머물러 있다면
거기에는 참다운 풍성함과 열매와
능력을 찾아볼 수 없을 것입니다.

1. 영성의 실제

흔히 "그 사람은 매우 영적인 사람이다."라는 이야기를 합니다. 여기서 영적이라는 것은 구체적으로 무엇을 의미할까요? 영성이란 무엇입니까? 어떤 사람이 믿음이 좋다는 것은 도대체 무엇에 근거를 두고 있는 것일까요? 우리는 어떤 사람을 '주님의 사람'이라고 이야기할 수 있습니까?

나는 신앙 연조가 오래된 그리스도인을 보거나 접촉할 때마다 의외로 그들이 영적 실제에 대해서 별로 아는 바가 없으며 별로 관심도 가지고 있지 않다는 것을 느끼게 되는 적이 많이 있었습니다. 이상하게도 그들은 자신의 신앙을 입증하기 위해서 여러 가지 이야기를 하지만 그들의 영혼에서 흘러나오는 기운은 자유롭고 풍성한 주님과 천국에 속한 것이 별로 없는 경우가 많았던 것입니다.

그러한 이들은 자신을 소개하면서 "나는 정통 보수, ㅇㅇㅇ교단 안에 있습니다."고 말하곤 합니다. 혹은 "ㅇㅇㅇ훈련을 받았어요." 하고 자랑스럽게 이야기를 하기도 합니다.

우리 목사님은 보수적이며 세계적으로 권위 있는 ㅇㅇㅇ학교를 졸업하였으며, ㅇㅇㅇ 과정을 이수하셨다고 말합니다.

자신은 ㅇㅇㅇ기도원에서 어떤 은사를 경험했다고 합니다. 또는 5년쯤 전에 어떤 체험을 했으며 3년쯤 전에 어떤 기도 응답을 받았다고 말합니다. 제자 훈련으로 유명한 교회의 집사 혹은 나는 세계적으로 알려진 ㅇㅇ교회에 소속되어 있다고 합니다. 유명한 ㅇㅇㅇ선교사와는 가까운 친구 사이이고 ㅁㅁㅁ대표와는 어떤 관계에 있다고 말합니다. 하지만 그러한 것들은 자신의 신앙이나 영성을 전혀 증명할 수 없습니다. 그것은 그들의 영적 상태를 입증해주지 못합니다. 그러한 것들은 다 외적인 것들에 불과합니다. 신앙과 영성은 그의 내면에서 흘러나오는 것이며 그것만이 그의 영성과 영원을 보장할 수 있는 것입니다.

하루 종일 교회에서 살며 교회에서 온갖 봉사를 다 하며 모태신앙이고 뼈대가 깊은 몇 대째 신앙의 가문에서 자라났으며 온갖 유명한 집회에 찾아다니고 훈련을 받았다는 것.. 그러한 것들은 다 외적인 조건인 것입니다. 그러한 외적인 조건이나 환경을 통해서 그의 내면의 영이 변화되고 새로워졌다면 그것은 실제에 가깝습니다. 그러나 그렇지 않다면 그 모든 외적인 조건은 별 의미도 없는 것입니다.

기독교 신앙은 근본적으로 내면적인 것으로서 그 영혼이 눈을 뜨고 그 영 안에서 주님과 내적으로 연합되며 이에 따라 생명적인 변화와 성숙이 나타나게 되는 것입니다. 그리고 이러한 내적 변화는 자연스럽게 아름답고 풍성한 삶의 열매와 봉사로 나타나게 됩니다. 이러한 내적인 변화 없이 외형적인 측면만을 중시할 때 그것은 알곡이 없는 쭉정이와 같은 것입니다.

오늘날 이 시대는 내면이 극히 공허한 시대입니다. 사람들은 다 외형적인 만족과 쾌락을 구하며 그리하여 그 내면의 심령은 심히 외롭고 허무하고 비참합니다. 그런데 외형적인 측면만을 중시하는 이 세상의 문화가 기독교에도 깊숙이 침투하여 내적인 생명을 상실케 하고 있는 것입니다.

직분과 영적 실제

어떤 기도원에서 있었던 짧은 한 토막의 대화입니다. 중년 부인이 매점에서 아가씨와 실랑이를 벌이고 있었습니다.
"애! 너 왜 그리 불친절하니? 이런 데 있는 아이가 왜 그리 사랑이 없어?"
"사랑이 아무한테나 있는 줄 아세요? 아줌마는 상관하지 마세요!"
"뭐라구? 아줌마? 너 어따 대고 그렇게 저속한 말을 쓰니? 내가 누군 줄 알고 그래? 나는 전도사님이야, 전도사님."
"전도사님이시면 말씀을 곱게 하세요."
"아니, 뭐가 어째? 세상에 기가 막혀. 너 ㅇㅇ교회 알지? 거기 *** 목사님 몰라? 내가 바로 그 밑에 있는 사람이야!"
이것은 우스운 이야기입니다. 이 사람은 자신의 지위로 인하여 자신을 대단한 존재라고 여기며 다른 이들에게 섬김과 존경을 받아야 한다고 생각합니다. 이것은 직분이 그 사람의 영적 실제와 성숙을 보장해 주지 못하는 것을 잘 보여 줍니다.
실제로 이런 어린 아이와 같은 사람들은 많이 볼 수 있습니다. 그러나 실제적으로 영혼이 눈을 뜨고 주님의 실제와 풍성함을 맛보고 삶과 중심이 바뀌지 않는다면 직분이란 그 위치와 상관없이 대단한 것이 아닙니다.

기질인가 생명인가?

어떤 이들은 몹시 영리합니다. 어떤 이들은 논리 능력이 뛰어나며 언어의 구사와 설득시키는 힘이 매우 강합니다. 그러한 이들은 감동적인 간증을 하며 사람들에게 도전과 충격을 줄 수도 있습니다. 많은 사람들이 그러한 이들의 간증을 듣고 감동하며 압도당할 수 있습니다. 이것은 영성에 속한 것인가요? 그럴 수도 있지만 그렇지 않을 수도 있습니다. 그것은 단순히 타고난 재능이나 기질에 불과할 수도 있는 것입니다.

영적인 실제를 가지고 있는 사람들은 이러한 사람을 볼 때 그의 영이 실제로 주님을 깊이 접촉한 것인지, 아니면 그가 단순히 자연적인 매력과 재능을 가지고 있는 사람인지 느끼게 될 것입니다.
또한 시간이 흐르면 이 사람의 상태는 드러나게 됩니다. 그가 가지고 있는 것이 재능에 속한 것이 아니고 주님께 속한 것이며 그가 주님께 사로잡혀 있다면 그는 주님과 천국에 속한 열매를 지속적으로 맺게 될 것입니다. 그러나 그렇지 않다면 그는 그의 재능과 능력을 점차로 자신을 드러내고 입증하는 데 사용하게 될 것입니다.

관객인가? 주인공인가?

어떤 신자들은 만나기만 하면 그들의 목사님과 교회를 자랑합니다. 목사님의 설교가 얼마나 감동적이며 그들이 소속되어 있는 교회가 얼마나 수준이 있는 교회인지에 대하여 납득시키려고 애씁니다. 그리고 그들의 교회 스타일과 목회자의 스타일이 아닌 다른 교회, 다른 신앙의 형태를 공격하는 데 많은 시간을 보냅니다.
물론 목회자와 교회의 험담을 하는 것보다는 자랑을 하고 긍지를 가지는 것이 나을 것입니다. 그러나 중요한 것은 목회자의 주님이나 그 교회의 주님이 아닌 그들 자신이 알고 있는 주님입니다.
그가 주님 자신에 대해서, 그리고 개인적인 주님과의 만남이나 경험에 대해 할 얘기가 별로 없다면 그는 실제적인 신앙과 영성에 대해서 모르는 것입니다. 그러한 이들은 신앙의 주인공이 아니라 지도자의 신앙을 감상하고 있는 관객에 불과합니다.

우리의 신앙은 관객에 머물러 있어서는 안 됩니다. 드라마나 영화에서는 주인공이 한 사람 뿐이지만 신앙에 있어서 우리는 모두 주인공이 되어야 합니다. 주님과 개인적인 관계를 가지며 깊은 만남과 나눔을 가지고 있는 주인공이 되어야 하는 것입니다.

영적인 실제와 교회의 오염

영성의 실제는 주님을 접촉하는 것입니다. 그분을 개인적으로 알아 가는 것입니다. 그분과 교제하는 것입니다.

말씀과 예배와 기도는 그 도구가 되는 것입니다. 이 우주 안에서 주님을 누리며 그분과 교통하며 그분과 가까워지는 것 그보다 더 중요하고 위대한 일은 없습니다. 꿈과 비전, 외적 성공이나 사역, 그런 것들은 이러한 내적 연합 이후의 문제인 것입니다.

교회 안에 이러한 영적 실제보다 다른 요소들, 돈이나 학벌이나 경력과 같은 이런 부분들이 우선적으로 인정받게 될 때 그것이 얼마나 위험한 일인지 깨달아야 합니다.

이를테면 영적 실제를 알지 못하며 주님과의 개인적인 관계를 가지고 있지 않은 분이 사회적 지위나 물질적인 부유함으로 인하여 그 교회의 장로님이 되었다고 합시다. 이것이 얼마나 비극이 될까요!

그는 개인적으로 주님과 교통하는 법을 모릅니다. 주님의 음성을 들을 줄을 모릅니다. 그는 당연히 자기의 생각과 경험으로 교회를 이끌어 가려고 하게 될 것입니다. 이것은 얼마나 무서운 일인지요!

역시 영적 실제를 알지 못하는 분이 모태 신앙이며 50년 넘게 신앙생활을 해왔으므로 권사님이 되셨다고 합시다. 이 얼마나 비극일까요! 그녀는 여전히 시기와 질투를 가지고 있으며 으스대고 싶어하며 남들에게 인정받기 원하는 마음으로 가득하고 필요에 따라서는 거짓말도 하고 탐욕도 가지고 있습니다. 그녀는 자기 부인이 무엇인지 모르고 하나님의 훈련이 무엇인지 모르며 영적인 전쟁이 무엇인지 모릅니다. 그녀는 자기의 본성에 따라 행동할 것입니다. 그렇게 되면 교회에 얼마나 많은 끔찍한 일이 생기게 될까요!

영적 실제를 접촉하지 못하고 주님의 생명이나 영의 흐름에 대해서 거의 알지 못하는 이가 신학을 졸업하고 목회 사역을 감당하며, 선교 단체의 훈련을 받고 영적 지도자가 되었다고 합시다. 도대체 어떻게 될까요?

교회 안에는 사망이 가득하게 됩니다. 그리스도 안에 있는 아름다움과 거룩함과 권능과 승리들을 교회에서 맛보기 어렵게 되고 타락한 인간 특유의 악취가 교회 안에 가득하게 될 것입니다. 그것이 바로 교회의 오염이며 타락입니다. 이 모든 비극이 영적 실제를 알지 못하고 경험하지 못한 사람들을 통해서 시작되는 것입니다.

영적 지도자도, 성도도 진정 주안에 거해야 합니다. 영적인 실제를 배우고 경험해야 합니다. 그리하여 주님을 섬기는 법을 배워야 합니다. 사역보다, 비전보다, 그 무엇보다 주님을 아는 일에 힘써야 합니다. 영혼이 눈을 뜨고 주님의 생명을 충분히 경험함으로써 육신에 거하는 추악한 자아의 부패한 모든 악취를 제거하고 말할 수 없는 그분의 달콤한 사랑과 기쁨이 우리 안에 충분히 이루어질 때까지 우리는 더 깊은 사모함으로 주님께 나아가야 할 것입니다.

2. 예배와 영적 실제

예배자의 상태와 주님의 임재

예배는 주님의 은혜를 접촉할 수 있는 귀한 잔치이며 축제입니다. 생명의 식사가 있는 곳이며 누림과 은총으로 가득한 복된 모임입니다. 그러나 이것은 그 예배에 하나님의 임재가 충만할 때에만 가능한 것입니다. 만약 예배 가운데 주님의 임재가 나타나지 않는다면 그것은 공허한 예배입니다.

예배의 중심은 주님의 임하심입니다. 비록 예배의 요소 안에 기도와 찬양과 설교 등의 요소가 모두 포함되었다고 하더라도 그 안에서 주님의 살아 계신 임재가 풍성하게 드러나지 않는다면 그것은 아무런 영적 유익이 없습니다. 그것은 하나의 예배 형식에 지나지 않는 것입니다.

예배를 인도하는 사역자가 토요일을 온종일 기도로 보내며 예배 전에 여러 시간을 주님 앞에 무릎 꿇고 그분의 은혜를 갈구하는 것도 이러한 주님의 임재하심이 없으면 예배는 껍데기와 같다는 것을 사역자는 잘 알고 있기 때문입니다.

사역자가 만일 충분히 기도로 준비하지 않는다면, 그래서 주님이 주시는 힘이 아닌 자신의 타고난 지식이나 웅변이나 재능으로 사역할 수밖에 없다면 그것은 예배의 형태를 가지고 있어도 살아 있는 예배가 아닙니다.

경험이 많고 재능이 많은 사역자들은 군중 심리에 대하여 탁월한 이해를 가지고 있으며 멋진 문장과 논리를 구사하고 적당한 유머와 심금을 울리는 예화를 사용합니다.

그는 그 분위기에 맞는 적절하게 첨가된 몇 가지의 언어를 효과적으로 배합하여 군중을 즐겁게도, 또는 흐느끼게도 할 수 있을 것입니다. 주님의 능력이 임하지 않은 타고난 재능으로도 이러한 사로잡음이 얼마든지 가능할 수 있습니다. 그러나 이러한 사역은 당시에는 흥분과 감동을 일으키지만 그것은 신자의 영혼을 깨우지 못하며 실제적인 내적 변화도 일으킬 수 없습니다.

하나님의 임재하심의 경험을 신비하고 달콤한 체험으로만 이해해서는 안 됩니다. 그것은 포근함과 달콤함을 넘어서는 요소가 있으며 그의 안에 하나님의 영과 하나님의 성분을 가득하게 하는 것입니다. 그러한 경험은 사람의 중심을 바꾸어놓으며 죄를 이기고 권능을 얻게 하며 내면 깊은 곳에 진정한 만족을 주는 것입니다.

엄밀히 말하자면 하나님이 전혀 임하시지 않고 성령께서 전혀 개입하시지 않는 예배란 아마 없을 것입니다. 다만 각 예배 때마다 임하시는 하나님의 임재와 기름 부으심에는 강도와 밀도에 있어서 차이가 있습니다. 그 임재가 희미할수록 그것은 사람에게 깊은 충격을 주지 못하며 임재의 영광이 강하고 찬란할수록 그것은 사람의 영혼에게 깊은 충격을 주고 변화시키는 것입니다.

하나님의 임하심은 각자의 헌신도와 열려있음에 달려 있습니다. 주님께서는 어떤 이에게 임하실 때 그에게 무한정 임하시는 것이 아닙니다. 그분은 성도의 수준과 상태에 따라 그 만큼 그에게 임하시고 사로잡을 수 있는 것입니다.

성도는 주님을 사랑하며 많은 부분에서 주님을 따른다고 해도 여전히 아직껏 주님께 굴복되지 않는 많은 요소를 가지고 있습니다. 그러면 그는 그 부분에서 주님을 제한하게 됩니다.

어떤 사람이 주님을 어느 정도 제한하는지, 즉 그의 죄성과 그의 헌신도의 수준이 어느 정도인지에 따라 예배와 사역에 있어서 나타나는 주님의 임하심의 밀도가 결정되게 됩니다.

그러므로 예배의 구성원들, 예배 인도자와 예배 참여자의 영적 수준, 헌신도에 따라 예배에 임하시는 하나님의 임재에 엄청난 차이가 있을 수밖에 없는 것입니다.

어떤 이들은 '그 곳에만 하나님이 계시냐?' 하면서 특정한 집회에 대하여 열렬한 반응을 보이는 사람들을 비난하기도 합니다. 물론 그 말은 맞습니다. 하나님은 어떤 장소나 사람들을 편애하시는 것은 아닙니다.

그러나 하나님께서는 사람들의 헌신도나 영적 상태에 의해서 제한을 받으십니다. 그렇기 때문에 하나님의 임재가 풍성하게 나타나는 예배도 있고 하나님을 지나치게 제한하여 몹시 경직되고 답답한 형태의 예배도 또한 많이 있는 것입니다.

어떤 예배에 있어서 주님의 생명은 풍성하게 임할 수도 있습니다. 또한 어떤 예배는 형식도 좋고 메시지도 좋지만 그 공간에 임재하시는 주님의 능력과 역사와 생명이 아주 희박할 수도 있습니다.

만약 생명의 실재와 흐름이 부족한 메시지를 어떤 사람이 듣게 된다면 그는 아마 이렇게 느낄 것입니다.

'참 좋은 말이다. 그래, 틀린 얘기는 아니다. 그런데 왜 마음속에 감동이 오지 않을까? 부딪힘이 없을까?

이러한 반응을 단순히 감정적이라고 보아서는 안 됩니다. 감정과 비슷해 보이지만 같지 않은 것입니다. 예배에 주님의 임재가 충만하지 않을 때 건강한 영성을 소유한 사람들은 모두가 다 갈증을 느끼는 것이 당연한 것입니다.

이와 같이 예배는 예배자들, 예배 인도자와 예배 참석자들의 영적 상태에 따라서 나타나는 주님의 임재에 많은 차이가 있게 됩니다. 더 중요한 역할을 하는 것은 예배 인도자일 것입니다. 그들의 영적 상태에 따라 예배는 생명과 영적 실제가 가득한 천국의 잔치가 될 수도 있고 아니면 화석화된 예식이 될 수도 있을 것입니다. 화석화된 예배란 당연히 영적인 실제가 없는 예배입니다.

감상하는 예배와 생명의 체험

어떤 이들은 예배드리는 것을 연극이나 드라마를 관람하는 것과 비슷한 것으로 생각하는 것 같기도 합니다. 자신의 즐거움을 위해서 연극이나 공연을 구경하는 것처럼 그들은 예배에서 감동을 받고 즐거움을 느끼기를 원하는 것입니다.

물론 그와 같은 자세는 예배를 드리는 바른 자세가 아닙니다. 그러한 자세는 예배를 드리는 것이 아니라 거룩한 쇼에 참여하는 것과 같은 것입니다.

이러한 사람들은 돈을 내고 연극이나 영화를 감상하는 것같이 헌금을 내고 사역자들의 말과 웅변을 감상합니다.

그들은 멋진 화음의 성가대의 찬양을 즐깁니다. 찬양의 분위기를 즐기기도 합니다.

이들은 사역자의 감동적인 예화와 메시지를 들으며 은혜를 받습니다. 그들은 사역자의 세련된 매너, 극적인 표현에 매료되기도 합니다.

그 표현, 그 예화는 한동안 유행어가 될 수도 있습니다. 더러 공감이 가는 부분에서는 "아멘!"을 외치고, 때로는 웃음을 터뜨리기도 합니다.
이들은 가끔 울기도 하며 감동을 느끼기도 합니다.
감동적인 예배를 마친 후 이들은 즐거운 마음으로 교회를 나섭니다. 아.. 오늘 예배는 참 좋았어.. 그들은 긍지와 기쁨을 느끼며 교회 문을 나섭니다.
하지만 문제는 그 이후입니다.
이들은 꿈에서 깨어난 듯이 일상의 삶으로 다시 돌아옵니다.
이제 그들은 현실로 되돌려진 것입니다.
이들은 거룩한 관람을 마치고 평소의 삶으로 돌아갑니다. 그들은 다시 세상을 사랑하고 사소한 일에 근심하며 마음대로 일이 이루어지지 않으면 성질을 내고 짜증을 부리면서 살아가는 것입니다.

왜 많은 그리스도인들이 변화되지 않을까요? 왜 수없이 예배를 드리면서 달라지지 않을까요? 왜 많은 메시지를 듣고 감동을 받으면서도 그들은 예배가 끝난 후 여전히 동일한 삶을 살아가는 것일까요?
그것은 그들이 받은 감동, 그들이 경험한 것들이 영적인 실제가 아니기 때문입니다. 우리는 많이 깨닫고 많이 감동할 수 있지만 그 깨달음과 감동이 주님께로부터 오지 않을 수도 있다는 사실을 기억해야 합니다. 화려하고 멋진 예배가 있고 말의 성찬이 있는 곳에서 주님의 실제가 빠져 있을 수도 있습니다. 많은 이들이 예배를 감상하고 깨달음을 즐기지만 그것은 그들과 주님의 영을 하나로 연합시키지 못할 수도 있습니다.
오늘날 많은 사람들은 기도를 하면 당연히 주님과 접촉하는 것이며 찬양을 드리면 자연히 주님과 접촉하는 것이며 설교를 들으면 자연히 주님과 접촉하는 것이라고 생각합니다.

그러나 그렇지 않습니다. 기도와 찬양과 설교는 주님께 속한 것일 수도 있고 그렇지 않을 수도 있습니다. 그러므로 실제가 아닌 기도와 찬양과 예배에 접하는 사람들은 많은 시간이 지나도 여전히 주님의 실상을 알지 못하며 영적으로 어두운 곳에 있게 되는 것입니다.

오늘날 많은 사람들이 은혜를 받지만 삶이 변화되지 않습니다. 여전히 거짓말을 하고 다른 이들에게 불친절하게 대합니다.
세련되고 멋지게 기도하지만 그 입으로 원망과 불평과 비난을 쏟아내는 이들도 적지 않습니다. 많은 성경 지식을 가지고 있으나 그것으로 자신의 행위를 정당화하고 다른 사람들을 정죄하는 데 사용하는 이들도 적지 않습니다.
그들은 아직 실제적인 주님께 접한 사람이 아닙니다. 이들이 경험한 예배는 진정한 은혜가 아니며 단지 종교적인 분위기를 즐기는 것에 불과한 것입니다. 그것은 불신자들이 극장이나 야구장에 가서 즐기고 오는 것과 별로 차이가 있는 것이 아닙니다.
우리는 실제적인 주님의 임하심을 구해야 합니다. 실제적인 예배를 드리기를 사모해야 합니다. 신령과 진정으로 예배를 드리고 그 예배 가운데 진정한 주님의 임하심을 경험하게 되면 모든 예배자들은 다 새롭게 되며 변화될 것입니다.

행복한 예배

많은 이들에게 있어서 예배는 지겹고 따분한 노동인 것처럼 보입니다. 그들은 자신들이 신자이기 때문에 예배를 드리지 않을 수는 없지만 예배의 기쁨을 알지 못하며 그러므로 예배를 즐기지 못합니다. 예배는 정말로 재미가 없는 일이라고 생각합니다.

어떤 구역 예배에 여러 여집사님들이 모였습니다.

먼저 1부 예배가 진행됩니다. 찬송을 부르고, 대표 기도를 하고 구역장 집사님이 간단히 말씀을 전합니다. 그런데 구역원 중 한 집사님이 뭔가 화제 거리를 꺼냅니다. 그러자 구역장이 점잖게 제지합니다.

"가만 계세요, 집사님. 먼저 주기도문으로 예배 끝내 놓고 얘기합시다."

그들은 다같이 주기도문을 드립니다. 주기도문으로 예배를 확실하게 끝내놓고 그들의 수다는 시작됩니다.

그들은 이렇게 생각하는 것입니다. 1부 예배는 하나님의 시간이다, 그러므로 그것은 감히 건드릴 수 없는 엄숙한 시간이다.. 그래서 그것을 빨리 마치고 나면 그 다음부터는 안심하고 우리끼리 놀 수 있다.. 하고 말입니다.

이들은 아직 주님이 어떤 분이신지 잘 모르는 것입니다. 이들은 아직 주님과 멀리 떨어져 있습니다.

주님을 실제로 경험한 사람들은 더 이상 예배를 의무로 여기지 않습니다. 그것은 세상에서 누릴 수 있는 가장 복된 시간이며 은총의 시간입니다. 그것은 이 땅에서 경험할 수 있는 천국의 영광입니다. 주님의 실제를 경험한 이들은 이 세상에 있는 그 어느 것과도 그 은총을 바꾸지 않을 것입니다.

주님을 경험할 때 예배는 행복해집니다. 그러므로 주님께 속한 이들은 항상 예배를 드리고 싶어합니다. 교회에서 드리는 예배가 끝이 나도 그들은 모든 삶에서 항상 예배를 드리고 싶어지게 되는 것입니다. 예배가 너무 행복하기 때문에 이들은 주기도문을 드리기 전에도 예배하고 그것을 드린 후에도 항상 언제나 그 행복에 빠지고 싶어합니다.

예배의 외형과 생명

엘리트 지성인들은 부흥회와 같은 요란한 형태의 예배를 싫어합니다. 그러한 예배는 무식하고 교양 없는 사람들의 한풀이와 같은 것이라고 생각합니다. 그러면서 자신들의 교양 있고 품위 있는 예배 형태에 대하여 자부심을 갖습니다.

또한 단순하고 열정적인 사람들은 조용하고 차분한 형태의 예배를 견디지 못합니다. 그들은 저들이 형식적이고 무미건조한 예배를 드린다고 생각합니다. 그들은 또한 자신들이 진정한 신자이며 성령 충만하고 뜨거운 믿음의 소유자라고 믿습니다.

어떤 쪽이 바를까요? 거기에는 정답이 없습니다. 모든 사람들의 기질과 성향은 다 다르기 때문입니다. 어떤 사람들은 연극을 좋아하고 어떤 사람들은 야구를 좋아합니다. 이것을 정죄할 수는 없습니다. 어떤 사람들은 부흥회를 좋아하고 어떤 사람들은 사경회를 좋아합니다. 이것 역시 정죄할 수는 없는 것입니다.

주님의 역사는 다양할 수가 있습니다. 외적 형태는 그리 중요한 것이 아닙니다. 주님은 어떤 때에는 천둥처럼 강력하게 놀랍게 임하십니다. 어떤 때에는 잔잔한 미풍처럼 역사하십니다. 우리는 그것을 판단할 수 없습니다.

중요한 것은 예배의 외적 유형이 아닙니다. 그 안에서 주님께서 얼마나, 어떻게 일하시느냐가 더 중요한 것입니다.

경건은 서글픈 인상과 창백한 표정과 점잖은 태도에서 나오는 것이 아닙니다. 또한 주님의 영은 목소리의 크기와 아우성의 정도에 정비례해서 임하시는 분이 아닙니다. 그 기준은 전혀 다른 곳에 있습니다.

요란하게 소리를 지르고 박수를 치고 난리를 꾸미지만 그 안에 주님의 임재가 전혀 없는 예배가 있습니다. 그것은 정말 소음이고 공해입니다. 그것은 지옥과 같은 것입니다.

그러나 그러한 예배에 주님의 영이 함께 하신다면 그것은 폭포수와 같이 흐르는 은혜와 충만함과 기쁨의 장소가 됩니다.

조용하고 차분하게 드리는 예배에 주님의 생명이 임하지 않는 예배가 있습니다. 그것도 고문입니다. 그것은 침체되고 지겹고 답답한 예배입니다.

그러나 그렇게 드리는 예배 가운데 주님이 임하신다면 그 고요함 속에 말할 수 없이 감미롭고 아름다운 주님의 달콤함을 모두가 누리게 됩니다. 그러므로 중요한 것은 예배의 외형이나 분위기나 스타일이 어떤 것이냐가 아니라 그 안에 주님의 영이 운행하시는가, 아닌가 하는 것입니다.

예배의 형식과 생명

예배는 주님께서 인도하시고 주관하셔야 합니다. 인도자는 어떤 각본에 의해서 움직여지는 로봇이 되어서는 안 됩니다. 그는 주님의 인도하심에 대하여 민감하고 열려 있어야 합니다.

오늘날의 예배를 보면 순서나 그 내용이 일정한 형식의 각본대로 가는 경향이 많습니다. 설교도 원고 그대로 합니다. 보고 읽는 사람도 있고 외워서 말하는 사람도 있지만 내용은 거의 확정되어 있습니다.

대표 기도의 내용도 일정한 틀을 따라가며 찬송을 하는 것도, 광고를 하는 것도 모두 세련된 연출자의 지시에 따르듯이 일목요연하게 흘러갑니다. 주님의 임하심을 기대하기보다는 각본을 따라 그저 흘러가는 경향이 있는 것입니다.

이와 같은 예배의 형식은 성도들의 예배에 대한 경직된 사고를 낳게 됩니다. 그리하여 예배와 현실의 삶을 분리시키는 형식주의적 신앙으로 이끌어 가게 됩니다. 사람들은 예배 시간이 되면 경건하게 예배를 드리지만 예배가 끝나면 불신자나 별로 다를 것이 없는 삶을 살게 되는 것입니다.

어떤 형제는 어느 예배에서 몹시 상처를 받았습니다. 그 이유는 예배를 시작할 때 사회자가 "다같이 묵도하심으로 예배를 시작하겠습니다."라고 말하면서 시작하지 않았기 때문입니다. 그는 예배는 당연히 그렇게 시작해야 한다고 믿으며 그렇게 훈련되어 왔습니다. 우스운 일이지만 이렇게 본질적인 것이 아닌 것을 중시하는 그리스도인들을 오늘날 어디서나 쉽게 발견할 수 있습니다.

이것은 예배의 모든 형식이 무시되어야 하며 사회자는 성령의 인도라고 주장하며 자기 마음대로 내키는 대로 진행해야 한다는 의미는 아닙니다. 다만 사역자는 예배를 진행하면서 그 틀에 지나치게 매이지 말고 주님의 인도하심과 임하심을 사모하고 기다려야 한다는 것입니다.

쉬운 예를 들어 보겠습니다. 대부분의 설교자들은 설교를 하는 도중에 자신이 전혀 준비하지 않은, 그 상황에 적절한 예화나 아이디어 등이 떠오르는 경우가 많이 있습니다. 그들은 그 묘미에 대해서 몹시 놀라고 즐거워하며 하나님께 감사합니다.

이것이 무엇입니까? 바로 주님의 인도하심의 한 부분입니다. 주님께서 그 상황에 필요한 지혜와 감동을 설교자에게 주신 것입니다. 그렇게 주님의 인도와 감동을 받은 것은 좋은 열매를 맺게 되는 것이 보통입니다.

예배 인도자는 예배의 틀과 형식을 무조건 배척할 필요는 없습니다. 그러나 예배의 중심에 주님의 임하심을 기다려야 하며 주님께서 이 예배에 개입해주실 것을 기도하고 사모해야 합니다. 설교를 할 때뿐만이 아니라 예배의 모든 순서에서 주님의 인도와 임하심을 구하고 기다려야 하는 것입니다.

사역자가 주님의 인도하심에 대하여 열려 있을 때 성도들은 주님의 풍성하신 실제를 맛볼 수 있습니다. 그들은 자유함이 무엇인지 알게 됩니다. 그러나 사역자가 어떤 틀에 매여 지나치게 경직되어 있다면 성도들은 주님의 생명을 체험하는 데 많은 어려움을 겪게 될 것입니다. 그들은 외형적으로는 예배를 드리지만 예배의 실제를 경험하지 못하게 됩니다.

예배에는 주님의 생명이 흘러 넘쳐야 합니다. 주님의 임재로 가득 채워져야 합니다. 그것이 참된 예배입니다.

주님의 임재와 실제가 없는 예배는 사람을 변화시키지 못하며 진정한 천국의 자유와 행복을 주지 못합니다. 예배에 영적 실제가 가득할 때 그것은 곧 천국이며 이 땅에 임한 천국의 영광이라고 할 수 있는 것입니다.

3. 기도와 영적 실제

기도처럼 기독교 문화권에서 많이 행해지고, 보여지는 것도 드물 것입니다. 심지어 비 그리스도인들 조차도 기도에 대해서 어느 정도 알고 있다고 생각하고 있으며 장난으로 기도하는 것을 흉내내기도 합니다.

그러나 많은 기도의 홍수 속에서도 실제적인 기도, 주님과 깊이 교통하는 기도는 그리 많지 않은 듯이 보입니다. 주님과의 진정한 교통이 없는 기도는 하나의 독백이고 넋두리이며 한풀이에 그치는 것일 수도 있습니다. 그것은 그 사람에게 있어서 생명의 진전에 별로 도움을 주지 못합니다.

기도의 본질

기도는 본질적으로 주님과의 교제입니다. 기도는 주님을 만나는 것입니다. 아버지의 사랑을 누리고 경험하는 것입니다.

왜 기도가 아름다운 것일까요? 그것은 우리가 교제하는 그분이 아름다운 분이시기 때문입니다. 그분은 우리의 모든 더러움과 누추함을 씻어 주십니다. 그분은 우리가 아무리 부족할지라도 그분을 구하고 찾는 사람을 받아 주시는 분입니다.

그분은 우리의 상처와 고독과 슬픔과 낙심의 의미를 아십니다. 그분은 우리의 눈물의 무게를 아십니다. 그분 앞에서 상한 심령은 위로를 얻으며 새로운 기쁨과 용기를 얻게 되는 것입니다. 그분의 성품은 사랑으로 충만하고 은혜로우시며 거룩하고 영광스럽습니다. 그분 안에 부드러움과 사려 깊음과 섬세함과 아름다우심이 있습니다.

이러한 주님의 옆에서 함께 교제를 나누며 조용히 같이 있을 수 있다면, 그분의 음성을 듣고 그분의 향취를 마신다면, 어찌 아니 행복할 수 있겠습니까! 즐겁지 아니할 수가 있겠습니까!

근본적으로 우리는 주님을 만나기 위해서 기도하는 것입니다. 그분과 우리는 형식적이고 딱딱한 사무적인 관계가 아닙니다. 그분과 함께 하는 시간은 어떤 연인들이 함께 하는 시간보다도 다정하고 따뜻하고 재미있고 행복한 것입니다.

인간이 누릴 수 있는 특권 중에 주님과 교제하는 특권만큼 위대한 것이 도대체 존재할 수 있겠습니까! 사랑, 눈물, 기쁨, 용서, 용기, 평안 등 모든 종류의 아름다움과 풍성함이 이러한 만남 가운데서 비로소 산출되는 것입니다.

그러나 오늘날 우리가 흔히 보고 듣는 기도에 대한 개념과 인상은 대부분 본질에 접한 것이 아니며 별로 실제적인 것이 아닙니다. 나는 많은 기도가 영적 실제를 놓치고 있다고 생각합니다.

기도의 틀과 습관적인 언어들

나는 어렸을 때부터 교회에 다니며 예배를 드렸습니다. 그러므로 기독교의 분위기에는 무척 익숙합니다. 또한 예배의 형태와 내용에 대해서도 익숙해져 있습니다.

기도를 생각할 때마다 떠오르는 것은 예배 시간 중의 대표기도입니다. 놀라운 것은 몇 십 년 동안 많은 교회에 다녀 보았어도 그 기도의 형식과 흐름에는 일정한 격식과 틀이 있으며 내용도 거의 대동소이하다는 것입니다.
대표기도자는 나와서 대충 다음과 같이 기도를 시작합니다.
"높고 높은 보좌 위에서, 낮고 천한 저희를 지켜보시며.."
이런 표현도 자주 사용됩니다.
"인간의 생사화복을 주장하시며.."
물론 이것은 하나님에 대한 묘사입니다. 이렇게 거창하고 엄숙한 용어를 사용하는 것은 상대방과 친밀하지 않음을 잘 보여주는 것입니다. 이러한 용어들은 거룩하게 들릴지 모르지만 어색하게 느껴지며 우리가 현실에서 사용하는 언어는 아닙니다. 이러한 고색창연한 기도의 언어를 사용하다보면 기도와 현실의 삶에 괴리가 생길 것은 당연한 일입니다.

남편이 퇴근 후에 집에 와서 아내를 향해 이렇게 말한다고 합시다.
"오, 이 가정의 위생 관리를 주관하시고, 영양 공급을 담당하시며, 높고 높은 처녀의 위치를 포기하시고 부족한 저의 아내로, 아이들의 어머니로 자기 비하를 이룩하신 놀라우신 나의 아내시여.."
이것이 자연스러운 대화일까요? 그리고 친밀한 사람들의 대화일까요? 물론 결코 그렇지 않을 것입니다. 그것은 코미디와 같은 것입니다.

대표자의 기도는 계속됩니다.
"아버지 하나님, 저희는 일주일 동안 세상에 살면서 하나님의 뜻대로 살지 못하였습니다.. 저희들의 육신이 약하여 알고 지은 죄 모르고 지은 죄들을 용서하여 주시고.."
모범 답안지와 같은 그의 기도는 계속 물이 흐르듯이 흘러갑니다.
"단 위에 세우신 당신의 귀한 기름 부은 종에게 능력을 갑절이나 덧입혀 주시고, 그 입에서 나오는 말씀이 불이 되어 우리의 심령과 관절과

2부 은혜의 도구와 영성의 실제

골수를 쪼개는 역사가 있게 하시고 듣는 자에게는 큰 은혜요, 하나님 아버지께는 큰 영광이 되게 하여 주시옵소서.."
그의 기도는 계속됩니다.
"함께 세우신 성가대들에게.. 운운.. 지금 이 곳에는 빈자리가 너무 많사옵니다. 주님께서 이 공간을 채워 주시고, 아직 도착하지 않은 성도들 어서 빨리 발걸음을 재촉하게 하시고.. 운운.. "

그는 가끔 각본을 잊어버리기도 합니다. 이럴 때 대사가 떠오를 때까지 요긴하게 써먹는 것은 하나님에 대한 명칭입니다.
"오, 하나님 아버지여, 지금, 오 주님, 아버지여, 이 시간에, 아버지 하나님, 정말, 참 하나님이시여 .."
때론 1분에 이런 명칭이 10~20회 불려지는 것은 하나도 이상한 일이 아닙니다. 그는 그 순간에 인격적으로 주님을 계속 부르는 것은 아닙니다. 그는 주여, 아버지, 하나님, 이런 용어를 구두점이나 쉼표로 사용하고 있는 것입니다. 그는 지금 주님과 함께 대화한다거나 그분을 부르고 있다는 개념조차 별로 없는 것입니다.

배고픈 남편이 아내에게 이야기를 합니다.
"오, 여보. 정말 여보. 내가 지금, 오 여보, 여보, 여보, 나의 위장이 여보, 당신, 여보 .."
아내는 화가 나서 빽 소리를 지르지 않겠습니까?
"당신 지금 장난치는 거예요?" 라고 말입니다. 그러한 상황에서는 "여보, 배고파! 밥 줘!"가 훨씬 더 어울리기 때문입니다.
그러니까 평소에는 '배고파! 밥 줘!' 하는 사람이 기도할 때에는 '오, 여보.. 나의 위장이.. 오, 여보.' 하니까 그게 웃기는 것입니다.
평소에는 대강 막 살다가 기도할 때나 예배를 드릴 때만 되면 갑자기 엄청나게 거룩해지는.. 이러한 어설픈 삶이 오늘날 그리스도인들에게서 흔히 쉽게 볼 수 있는 모습인 것입니다.

대표자의 기도는 중반 부분에서 자문자답의 형태로 나타나기도 합니다.
"아버지여, 지금 이 자리에 상한 심령들이 있습니까? 질병의 고통으로 괴로워하는 사람들이 있습니까?"
때로는 이러한 자문자답이 불과 3~4명이 모여 있는 중에서 하는 대표 기도에도 등장합니다. 물론 이것은 그 상황에서의 적절한 표현이 되지 못합니다.
대표기도를 할 때에 회중이 많을 때는 그들 각자의 사정을 모두 알 수 없기 때문에 이러한 자문자답의 표현이 의미가 있을 것입니다. 그러나 상대의 상황을 뻔히 알고 있는 몇 명 앞에서 이런 표현을 사용한다는 것은 매우 어색한 일인 것입니다.
이것은 그의 기도가 상황과 상관없는 습관에 젖어 있음을 잘 보여 주는 것입니다.
대표자의 기도는 이제 거의 종반에 이르렀습니다. 그는 이제 기도를 마무리짓기 위해서 말을 잇습니다.
"지금은 예배의 처음 시간이오니 .."
반주자는 '아, 이제 기도가 끝나 가는구나.' 하고 눈을 뜹니다. 그리고 피아노에 놓인 성가대 악보 중 기도 송의 첫머리 부분을 칠 준비를 합니다.
"마치는 시간까지 성삼위께서 .. "
지휘자는 이미 지휘봉을 들고 준비하고 있습니다. 이 때쯤이면 대부분의 성가대원들이 눈을 뜨고 악보를 들고 있습니다. 아직도 눈을 감고 있는 성가대원이 있다면 그는 예배가 끝난 후에 지휘자에게 혼이 날 것입니다.

"홀로 영광을 받아 주시옵소서. 우리를 구원하신 주 예수님의 이름으로 기도하옵나이다."
거의 동시에 "아 멘! 아 멘! 아아아아 메 엔."
여운을 남기며 성가대가 합창을 합니다.
이것이 무엇입니까? 참으로 멋진 예배와 기도의 각본이고 습관인 것입니다. 이것은 주님과 나눈 진지하고 실제적인 대화가 아니라 일정한 형식과 틀에 맞추어 거행한 기도의 예식인 것입니다. 몇 십 년 동안 계속 이어져 내려온 대표기도의 전통 말입니다.

대표 기도자는 기도를 드리면서 주님을 의식하고 있었을까요? 아마 아니었을 것입니다. 그가 의식하고 있는 것은 기도를 듣고 있는 사람들입니다.
그는 반성을 해봅니다. 기도 중에 빼먹은 것은 없었나? 기도 중간에 그는 발음을 몇 번 더듬었거나 너무 문장과 문장 사이의 인터벌이 길어서 어색하게 느껴졌는지도 모릅니다.
'이거, 오늘 망신당한 것은 아닐까?' 하고 그는 생각합니다. 그러나 그는 예배 후에 같은 구역원이 "오늘 기도, 참 은혜스러웠어요." 하고 말하자 용기가 생깁니다. 애당초 그의 마음 가운데는 주님께 대한 의식이 없었으며 기도를 통하여 주님께 나아간다는 마음이 없었던 것입니다.

어떤 이들은 기도를 드릴 때 음성이 좀 더 거룩해집니다. 술을 마신 사람들이 혀가 꼬부라지듯이 기도할 때는 성령의 술에 취하는지 묘하게 부자연스러운 음성이 됩니다.
그런 이들의 음색을 들으면 평소의 그 사람인지 목소리만으로는 알아듣기가 어렵습니다. 목회자 특유의 설교 할 때나 기도할 때 나오는 거룩한 목소리에 전염이 된 것같이 느껴집니다.
어떤 이들에게 있어서 기도는 마치 웅변과도 같습니다. 그들의 어조는 아주 힘차고 극적이며, 웅변적입니다.
열정적인 기도가 나쁘다는 것은 아닙니다. 다만 기도는 주님과의 대화이며 그것은 간절하며 진실해야 한다는 것입니다.
평소에 잘 사용하지 않는 종교적인 언어를 사용하고 종교적인 제스처를 사용하며 작위적인 연기를 하는 것은 기도라기보다 쇼에 불과한 것입니다. 거기에는 영적인 실제가 없으며 기도의 참된 유익이 따라오지 않습니다.
개인 기도가 짧을수록 대표 기도와 공기도는 오래 하는 경향이 있습니다. 그러한 것은 과시용 기도입니다.
신학생들 모임에서 기도를 하면 서로 상대방을 감동시키기 위하여 열렬하고 수준 있는 기도를 한참이나 하기 때문에 다른 순서를 진행하기가 매우 어렵게 됩니다. 이것은 굉장히 신앙이 좋아 보이지만 그 동기와 중심에 있어서 바른 것이 아닙니다.

바르지 않은 기도, 영적인 실제가 없는 기도의 유형은 아주 많습니다.
설교 식의 기도도 있습니다.
"주님, ~을 압니다. 주님, 이런 것을 압니다."
나는 다른 사람들 앞에서 기도하는 것을 아주 좋아하며 기도를 통해서 자기가 사람들에게 하고 싶은 모든 말을 열심히 하는 이들을 많이 보았습니다. 그러한 이들은 자기의 기도에 대해서 긍지와 자신감이 가득한 것이 보통이며 기도를 시키지 않으면 화를 내기도 합니다. 이러한 태도는 주님을 무시하는 것입니다. 그들은 오직 자신을 드러내기 원하며 주님에 대해서는 별 관심이 없는 것입니다.
상대를 회개시키는 기도도 있습니다.

"주님, ○○○이 ◇◇를 깨닫게 해 주시고, 자기가 얼마나 한심한 사람인지 느끼게 해주시며 …"
물론 이것은 어처구니없는 기도입니다. 상대방에게 하고 싶은 말이 있으면 직접 가서 하면 되지 기도를 통해서 슬그머니 하는 것은 바른 것이 아닙니다.

강의식 기도도 있습니다.
나는 어떤 분이 대표 기도를 하면서 이렇게 기도하는 것을 들은 적이 있습니다.
"주님, 오늘 이 시간에 세 가지는 꼭 짚고 넘어가야 하겠습니다. 첫째로.."
이러한 분은 자기에게 가르칠 기회를 주지 않았기 때문에 기도로써 하고 싶은 이야기를 하는 것입니다. 역시 이것도 기도가 아닙니다.

주체가 분명치 않은 애매한 표현도 많습니다.
"주님, 만일 제가 죄를 지었다면, 회개하게 해 주시고.."
어느 목사님이 집사님과 상담 중에 어떤 구체적인 잘못을 지적하며 권면하기를 회개하라고 하였습니다. 집사님은 고개를 끄덕이며 "잘 알았습니다." 하더니 기도하기 시작했습니다.
"주님 만일 제가 잘못했다면 용서하여 주옵소서."
목사님은 어처구니가 없어서 기도를 중단시켰습니다.
"집사님! 잘못했으면 잘못한 것이고 아니면 아니지 만일 내가 잘못했다면이 뭡니까?"
집사님은 역시 고개를 크게 끄덕이더니 말했습니다.
"다시 기도하겠습니다."
그리고는 기도를 시작했습니다.

"주님 우리의 죄를 용서하여 주시고.."
"잠깐 스톱!"
목사님은 다급하게 그 기도에 뛰어 들어갔습니다. 그리고 외쳤습니다.
"왜 나까지 끌고 들어가요?"
기도는 형식이 아닙니다. 그것은 주님과의 아름다운 만남입니다. 일정한 형태의 틀은 기도에 생명이 없음을 잘 보여 줍니다.

어떤 자매가 맞선을 보게 되었습니다. 그런데 그 상대방은 그녀가 꿈꾸어왔고, 기도하던 그러한 멋진 남성이었습니다. 그녀는 너무 황홀하고 행복해서 상대방의 반응을 기다리고 있었습니다.
'저 사람은 나를 어떻게 생각할까? 내가 그를 좋아하는 것처럼 그도 나를 좋아할까? 내가 그에게 어떻게 보일까?'
침묵 끝에 그 사람이 입을 열었습니다.
"실례지만 이름이 어떻게 되십니까? 그리고 나이는요? 그리고 직장은 어디에 다니십니까?"
그녀는 생각합니다.
'하! 목소리까지 좋구나.'
그녀는 매우 조심스럽게 대답합니다.
"이름은 김미영이구요. 나이는 스물다섯 살이에요. 그리고 직장은 삼성에 다니고 있어요."
그의 반응은 좋은 편입니다.
"오, 그래요? 참 이름이 이쁘시군요. 나이도 참 좋은 나이구요. 직장도 아주 좋은 곳에 다니시는군요. 잘 알았습니다."
그들은 그럭저럭 시간을 보내고 1주일 후에 약속을 한 후 헤어집니다.
자매는 일주일 동안 도무지 잠을 이룰 수가 없습니다.
'다음에 만나면 그이가 무슨 말을 나에게 해 줄까? 보고 싶었다고 할까?

드디어 그 날, 그 시간이 왔습니다. 마주 앉자 그는 조용히 침묵을 지키더니 드디어 입을 열었습니다.
"실례지만, 이름이 어떻게 되십니까? 그리고 나이는요? 그리고 직장은 어디에 다니십니까?"
그녀는 생각합니다.
'참 이상하다. 이건 저번에 대답한 것인데.. 아마 잊어버렸을지도 모르지.'
그녀는 다시 대답해 줍니다. 그러나 삼주일 째 그가 똑같은 질문을 던지자 그녀는 환멸을 느끼기 시작합니다.
"실례지만, 이름이 어떻게 되십니까? 그리고 나이는요?"
이것이 실제적인 만남일까요? 물론 그럴 수 없습니다. 이것은 가상에 불과합니다. 살아있는 사람과 만난다면 아무도 이와 같은 형식을 되풀이하지 않을 것입니다.

많은 기도가 항상 '높고 높은 곳에서, 인간의 생사화복을, 지금은 처음 시간이오니'를 되풀이합니다. 이것이 실제일까요? 실제로 주님과의 대화이고 기도일까요? 아닙니다.
이것은 거룩한 쇼에 불과합니다. 이것은 아침에 일어나면 이빨을 닦고 면도를 하는 그런 정도의 습관에 불과한 것입니다.
이것은 기도의 형식에 대한 면입니다. 그러나 기도의 본질에 대한 오류는 더욱더 심각합니다.

기도와 소원 성취

기도에 대한 일반적으로 널리 퍼져 있는 관념이 있는데 그것은 '기도 = 소원성취'라는 등식입니다.

일반적으로 불신자는 거의 이런 개념으로 기도를 생각하는 경향이 많고 초신자나 성숙되지 못한 신자에게서도 이러한 경향은 흔히 발견됩니다. 그들은 성도의 삶이란 기본적으로 하나님의 뜻에 순종하여야 하며 그분의 인도하심에 따라야 한다는 관념이 별로 없는 듯이 보입니다.
그들은 먼저 자기들이 계획과 비전을 세우는 것을 좋아합니다. 위대한 꿈을 가지는 것을 아주 좋아합니다. 그들은 주님의 인도를 받는 것보다는 주님을 인도하는 것을 좋아하는 것 같습니다.

그들에게 있어서 주님은 그들의 소원을 들어주는 대상일 뿐입니다. 그리고 기도는 주님을 해결사로 만드는 과정일 뿐입니다. 그런데 주님이 그들의 말을 잘 듣지 않으면 그들은 주님을 설득하기 위하여 작정기도를 하게 됩니다.
그래도 잘 통하지 않으면 이번에는 금식을 하기도 합니다. 때로는 주님을 구슬리기도 하고 협박도 하고 하소연을 하면서 그들은 자신의 소원을 이루기 위한 힘들고 피곤한 여행을 합니다.

기도에 있어서 소원을 구하는 것이 무조건 잘못된 것은 아닙니다. 사실 그것은 기도의 중요한 한 부분입니다. 성경에는 간구하는 기도에 대한 많은 사례가 있습니다. 그것은 하나님의 사랑을 체험하고 알아가는 귀중한 과정이요, 간증이 됩니다. 실제적으로 주님과 교통하는 성도는 그분으로부터 오는 많은 현실적인 기도 응답과 선물들을 경험하게 됩니다.
그러나 그것은 결코 기도의 주목적이 될 수는 없는 것입니다. 그것은 기도의 한 부분이며 과정이기는 하지만 기도의 본질은 아닙니다.
기도는 본질적으로 그분을 만나고 교제하며 사랑을 나누는 것입니다. 그러므로 이 기초가 분명해야 합니다.

많은 그리스도인들이 기도와 응답을 마치 커피 자판기에 동전을 집어넣는 것같이 생각합니다. 동전을 넣으면 커피가 나오듯이 기도를 하고 기계적으로 응답이 떨어지기를 기대합니다.

자판기에 동전을 넣는 사람은 커피가 필요한 것이지 자판기를 사랑하는 것이 아닙니다. 그러므로 그들은 동전을 넣었는데도 커피가 나오지 않으면 "이 기계가 망가졌나?" 하면서 발로 커피 자판기를 걷어차기도 합니다. 이처럼 기도를 이런 식으로 생각하는 사람은 기도의 응답이 쉽게 이루어지지 않으면 하나님을 원망하고 불평하기도 합니다. 그러나 기도란 이와 같이 기계적인 관계가 아닙니다.

당신은 주님 자신을 사랑하십니까? 아니면 주님이 주시는 선물에 더 많은 관심이 있습니까? 당신은 소원을 이루기 위하여 기도하십니까? 아니면 주님을 가까이 알기 위하여 기도하십니까? 이것은 기도의 본질에 관한 중요한 질문입니다.

우리는 기도 제목 자체보다 주님 자체를 구해야 합니다.

그리고 자신의 소원보다 주님의 소원이 이루어지는 것을 구하고 바라야 합니다. 그분이 사랑하고 소유하는 것을 구해야 합니다. 그분을 소유하는 것보다 그분께 소유되는 것을 배워야 합니다.

해마다 12월이 되면 주님께서 노이로제에 걸리신다는 유머가 있습니다. 주님은 도무지 안절부절을 못하신다고 합니다. 왜 그럴까요? 해마다 돌아오는 대학 입시 철에 수많은 그리스도인이 울부짖으며 기도하기 때문입니다.

"주여! 내 아들, 대학에 합격할 줄로 믿습니다!"

대학 문은 좁고 기도하는 사람은 많고, 누굴 떨어뜨리고 누구를 붙여줘야 하나? 주님은 고민 끝에 천사를 부르십니다.

"얘! 천사야. 어디 무슨 대책이 없느냐? 너희들이 가서 그들을 좀 돌봐

주고 오너라."
천사가 대답합니다.
"주님, 대부분의 천사가 노이로제로 병원에 입원을 해서 응답을 해줄 천사가 없습니다."

야구장에서 주님은 더욱 곤혹스러워하십니다. 모두의 기도가 서로 부딪치기 때문입니다. 투수는 삼진을 잡게 해달라고 기도합니다. 타자는 안타를 달라고 기도합니다. 주자는 도루에 성공하게 해달라고 기도하고 포수는 그를 아웃시켜 달라고 기도합니다. 만루에서 투수는 병살타를, 타자는 만루 홈런을 기도합니다.
타자가 볼을 맞혔을 때, 하늘 높이 뜬 공을 향하여 타자는 뛰면서 기도합니다. '바람아, 불어라, 불어라. 주님, 바람을 주세요.' 유격수는 기도합니다. '제발 역풍아 불어라. 공이 뚝 떨어지게.'
과연 주님은 누구의 기도에 응답해야 합니까? 이것은 유머지만 정말 난감한 일일 것입니다.

다시 말하지만 기도에는 간구의 요소가 있습니다. 성경에는 이와 같이 기도 응답을 받는 수많은 사례가 기록되고 있으며 그분의 한 이름은 여호와 이레, 준비하시는 하나님, 채우시는 주님이십니다.
나는 자녀를 대학 입시장에 내보낸 부모의 소박하고 간절한 기도, 남편을 프로야구선수로 둔 아내의 시합에서의 승리를 위한 소박한 기도가 잘못되었다는 것은 아닙니다. 누구라도 자기의 입장에서 그러한 기도를 드릴 수 있습니다.
다만 기도의 본질이 소원 성취인양, 기도가 그러한 도구로만 인식되어지는 것은 분명히 바르지 않은 것입니다.

기도의 인격성

기도의 실제가 훼손되고 있는 중요한 요인 중의 하나가 기도의 인격성에 대한 무시입니다. 기도는 인격적인 주님과의 인격적인 대화입니다. 이것은 기계적인 원리나 법칙과 다릅니다.

슈퍼마켓에서 콜라를 사는 것과 음료수 자판기에서 동전을 넣고 캔 콜라를 꺼내는 것은 차이가 있습니다. 전자가 인격적 요소가 있다면 후자는 기계적 요소가 있습니다.

어떤 사람이 동전을 5백 원짜리 동전을 자판기에 넣은 다음에 콜라 표시를 눌렀습니다. 그런데 그 순간 갑자기 콜라 생각이 사라지고 사이다로 바꾸고 싶은 생각이 들었습니다. 그래서 그는 자판기에게 정중하게 이야기합니다.

"친애하는 자판기여, 참 미안하게 됐네. 나는 지금 콜라보다 사이다를 마시고 싶은데 바꾸어줄 수 없겠나?"

하지만 자판기는 아무 대답이 없이 묵묵히 캔 콜라를 내보낼 것입니다. 그리고 그에게 아무리 사정해도 소용이 없을 것입니다. 그는 기계일 뿐이며 호소가 통하지 않는 존재이기 때문입니다. 슈퍼에서 콜라를 산다면 그처럼 변덕을 부릴 수도 있습니다. 가게의 주인은 우리의 마음을 이해할 것입니다. 그러나 기계는 그것을 알 수가 없습니다.

오늘날 많은 기도들이 주님과의 인격적이고 따뜻한 대화임을 잘 느끼게 해주지 못하는 기계적인 용어로 가득 차 있습니다.

많은 사람들이 주님께 기도할 때 마치 자판기에게 동전을 넣듯이 기도합니다.

그러나 주님은 우리가 동전을 집어넣으면 당연히 콜라를 내보내는 자판기가 아닙니다. 기도는 사랑과 친밀감 속에서 진행되는 따뜻한 것입니다. 주님은 기계와 같이 대우받는 것을 결코 원치 않으시며 우리와 따뜻하고 친밀한 관계를 가지기를 원하시는 것입니다.

많은 기도회에서 '주여!' 삼창을 하고 기도를 시작합니다. 이것은 자연스러운 기도입니까? 별로 그렇지 않습니다.
자동차를 모는 사람은 자동차를 운전하기 시작할 때 시동을 건 다음 처음부터 기어를 4단에 놓고 전속력으로 달리지 않습니다. 그것은 연료의 손실이 클뿐더러 기계 자체에도 많은 손상을 주게 됩니다.
뜨거운 기도는 좋은 것입니다. 성경에는 갈멜산에서의 엘리야의 기도, 한나의 탈진할 정도의 열정적인 기도 등의 실례와 부르짖으라는 기도에 대한 수많은 명령들이 있으며, 구체적인 목표와 주님의 뜻을 이루기 위하여 온몸과 영혼을 쏟아 부으며 처절하게 기도하는 것은 아름답고 감동적인 기도인 것입니다.
그러나 이보다 더 중요한 것은 기도에 있어서의 영적 민감성과 주님의 인도하심입니다. 주님의 역사는 지극히 자연스러운 것이며 결코 억지스러운 것이 아닙니다. 그러므로 아무 때나 무조건 강하게 크게 부르짖어야 하는 것은 아닙니다.

우리가 주님과 함께 기도의 길을 걷다 보면 때로는 깊은 달콤함 속에 들어가기도 하며, 뜨거운 열정에 사로잡히기도 합니다.
주님의 인도에 따라 때로는 강하고 담대한 부르짖음으로 기도할 수도 있으며 때로는 말할 수 없이 거룩한 정적 속에서 주님의 깊은 임재 속으로 들어갈 수도 있습니다.
주님은 때로는 우리의 죄에 대한 처절한 자각을 허락하시며 이 경우에는 말할 수 없는 비통함과 고통이 기도에 따르기도 합니다.
또한 그분은 깊은 찬양과 감사의 영을 허락하시기도 하며 이때는 극한 기쁨으로 뛰어 놀 수도 있는 것입니다.

때로 그분은 조용히 그분의 뜻을 구하며 기다리도록 우리를 인도하십니다.

많은 사람들이 말하기를 기도는 회개로부터 시작되어야 한다고 말합니다. 우리와 같은 더러움 속에 있는 자가 주님과 교통하려면 먼저 그분의 피로 씻겨지며 담대함을 얻어야 한다고 말합니다.

또 다른 이는 찬양과 감사로부터 시작되어야 한다고 말합니다. 우리는 이미 죄사함을 받은 사람들이며 그분의 은혜와 사랑이 우리의 죄와 연약함보다도 크시므로 우리는 믿음으로 그분을 높이고 찬양해야 한다고 말합니다.

과연 어느 쪽이 맞는 것일까요?

그것은 어느 쪽도 옳다고 할 수 없습니다. 그것은 경우에 따라 다른 것입니다. 분명한 것은 기도의 ABC가 주님의 인도를 따라야 한다는 것입니다. 그리고 내적인 영의 움직임을 따라 나아가야 한다는 것입니다.

우리는 무엇을 기도해야 할지 알 수 없습니다. 그러나 주님이 인도하시는 길로 가다 보면 기도가 그리 어려운 것이 아님을 알게 됩니다.

'주여!' 삼창과 같은 것은 그 자체가 잘못되었다기보다는 영의 흐름을 자연스럽지 않게 합니다. 이것은 영에게 부담과 손상을 줍니다. 조용히 설교를 듣고 있다가 갑자기 사회자의 인도를 따라 부르짖는 것은 별로 자연스러운 기도가 아닙니다. 그것은 자다가 선잠을 깬 사람에게 연설을 시키는 것과 마찬가지입니다.

오랜만에 친구가 우리 집에 찾아옵니다. 나는 그를 반갑게 맞습니다. 나는 그에게 들어오라고 인사를 하고 커피를 대접할 준비를 합니다.

그런데 그는 갑자기 두 손을 번쩍 들더니 "정 목사! 정 목사! 정 목사!" 삼창을 하고 갑자기 정신 없이 급하고 강한 말들을 내게 쏟아 붓습니다.
이것이 자연스럽습니까? 물론 자연스럽지 않습니다. 기도가 실제로 주님과의 대화라면 우리는 인격적이고 예의를 갖춰야 하며 바로 옆에 계신 그분을 향하여 조심스럽게 이야기를 시작해 나가야 합니다.

'주여!' 삼창 자체가 잘못된 것이 아닙니다. 부르짖는 기도가 잘못된 것은 아닙니다. 상황에 따라서는 주여 삼창은 물론 5창, 7창, 100창도 할 수 있을 것입니다.
부르짖는 기도는 실제로 영성 개발에 있어서 중요한 위치를 차지합니다. 그러나 언제 어디서나 아무 때나 함부로 부르짖어서는 곤란하며 항상 기도를 그런 식으로 시작해야 하는 것으로 알고 있는 것은 곤란합니다.
중요한 것은 기도는 인격적인 것으로서 어떤 규정된 틀에 묶이지 말고 주님 자신에게 사로잡혀야 하며 그분께서 우리의 기도를 인도하셔야 한다는 것입니다.

일방통행 식의 기도

기도는 주님과의 대화입니다. 그리고 대화는 말하는 것과 듣는 것의 두 가지 측면이 있습니다. 따라서 기도는 우리가 주님께 말하는 것과 주님이 우리에게 말씀하시는 것을 듣는 두 가지 측면이 있습니다.
그런 의미에서 주님과 함께 서로 아무 말 없이 앉아 있거나 걷는 것도 기도에 포함될 수 있을 것입니다.
유감스럽게도 일방적인 기도에서는 말하는 측면만이 강조됩니다. 그러므로 내가 무슨 말을 할 때 주님의 반응이 어떠한가에 대해서는 별로 관심을 갖지 않는 것입니다.

내가 이 기도를 할 때 주님이 어떻게 느끼시는지, 내 안에 역사 하시는 성령의 내적 기름 부으심이 어떻게 반응을 하는지 별로 관심을 가지지 않는 것입니다. 이러한 기도는 외형적으로는 열정적으로 보이더라도 낮은 수준의 기도입니다.

인격적 성숙이 덜 된 사람일수록 상대방의 기분이나 감정을 전혀 고려하지 않고 말을 합니다. 그들은 자신이 하는 말이 남에게 어떤 느낌이나 충격을 주는지 잘 모릅니다.

자신의 말에 수많은 사람이 상처를 입고 고통을 당해도 그들은 당당하게 말합니다.

"저는 성격이 원래 그래요!"

남의 가슴을 다 뒤집어 놓고 나서 그들은 태연히 말합니다.

"저는 뒤가 없어요!"

기도도 마찬가지입니다. 이런 식으로 혼자 말하고 혼자 토해내는 일방통행 식의 기도로는 깊은 기도에 나아갈 수 없습니다. 이러한 기도는 그 사람의 영적인 미성숙을 잘 보여 주고 있는 것입니다.

어떤 그리스도인이 열심히 기도를 하고 있습니다.

"주여! 이 시간에, 역사하여 주시고! 주여, 믿사오니.."

그의 말이 도무지 끝이 나지 않으므로 주님께서 그의 말을 끊으십니다.

"애야, 내가 네게 할 말이 있단다."

그는 버럭 화를 냅니다.

"주님! 가만히 계세요. 지금 바빠 죽겠는데!"

그는 계속 부르짖습니다.

"거룩하신 아버지 하나님, 불쌍히 여겨 주옵시고...."
한참 후 주님이 다시 말씀하십니다.
"얘, 네게 지금 중요한 것은 그것이 아니라.."
"정말, 참!"
그는 더욱 화를 냅니다.
"주님! 저 지금 기도하고 있잖아요! 기도를 방해하시면 되겠어요?"
그는 다시 기도에 몰두합니다. 한참 시간이 지나고 그는 일어섰습니다.
"아이구, 이제 속이 후련하다. 기도를 하고 나니까 마음이 참 좋구나."
그러나 주님은 말씀하십니다.
"너 혼자 다 하기냐?"
과연 이러한 일이 없다고 말할 수 있을까요? 이것은 우리가 흔히 볼 수 있는 기도의 모습입니다. 이런 식으로 기도를 혼자 하는 사람들이 많기 때문에 기도하는 사람은 많지만 변화되는 사람은 많지 않은 것입니다.

기도에는 듣는 요소가 필요합니다. 기다림의 요소가 있어야 합니다. 오늘날 많은 그리스도인들에게 있어서 기도는 부분적으로 속풀이, 카타르시스에 불과합니다.
이러한 속풀이는 흔히 사람들이 스트레스 해소라고 하는 것으로서 불신자들이 노래방에 가서 노래를 부르고 야구장에서 고래고래 고함질러 응원을 하면서 위안을 얻는 것과 본질적으로 별 차이가 없는 것입니다. 이러한 속풀이의 기도, 혼자서 외치는 일방적인 기도를 드리는 사람이 여기에서 벗어난다면, 그래서 그의 기도를 듣는 기도와 교제하는 기도로 바꾼다면 그는 변화와 열매를 경험하게 됩니다. 그는 차츰 주님의 임재를 경험하게 되며 주님이 주시는 실제적인 감동과 음성을 느끼게 되는 것입니다. 그러므로 그들은 변화됩니다. 실제적으로 주님이 그에게 임하시고 기도는 주님께서 그에게 역사하시는 실제적인 도구가 되기 때문에 그는 기도할수록 점점 더 아름다워지며 천국의 은총과 풍성함을 경험하게 되는 것입니다.

아름다운 기도

나는 기도가 매우 아름다운 행위이며 기도하는 모습은 보기에 감동적이며 사랑스러운 것이라고 생각합니다. 주님은 이 우주 안에서 가장 고귀하고 아름다우신 분이십니다. 그러므로 그러한 분과 교통하는 기도는 향취와 아름다움으로 가득한 것이 당연한 것입니다.

어느 날 새벽, 잠결에 눈을 뜬 예수님의 제자는 예수님이 조용히 몸을 일으키시고 숲 속으로 들어가시는 것을 목격하게 됩니다.

'주님은 어디에 가실까? 혹시 어디에 보물 상자라도 숨겨 놓은 것일까?'

호기심이 동한 그 제자는 살며시 주님의 뒤를 밟습니다.

주님은 조용히 산길을 계속 걸어가십니다. 그리고 산 중턱에 자그마한 바위 옆에 자리를 잡으십니다.

그리고는 조용히 무릎을 꿇으시고 두 손을 마주 잡으시며 하늘을 향해 얼굴을 드십니다. 그리고는 명상에 잠기기 시작하십니다. 그분은 뭔가를 작은 목소리로 소곤거리기도 하시고 미소를 띤 얼굴로 주위를 바라보기도 하십니다.

그리고는 눈을 감고 또다시 침묵으로 들어가십니다. 산 중턱에는 깊은 평강이 넘쳐흐릅니다. 주님의 얼굴에는 침범할 수 없는 거룩함과 위엄으로 가득 차 있습니다. 깊은 경외감으로 이 광경을 지켜보던 제자는 고개를 끄덕입니다.

'아, 바로 이것이었구나. 우리에게 항상 기도하라고 말씀하시던 주님의 분부가 바로 이런 것이었구나. 그분의 숨겨진 보물은 저렇게 하나님과 교통하는 것이었구나. 저분이 많은 배척 속에서도 그렇게 기쁨과 평안을 유지할 수 있는 비결이 바로 여기에 있었구나. 정말 너무 멋지고 아름답다. 하지만 과연 나도 저렇게 기도할 수 있을까?'
날이 밝고 일상의 삶이 시작되자 그 제자는 자기의 본 것을 다른 제자들에게 말합니다. 그리고 그들은 주님께 부탁합니다.
"주 예수님, 우리에게 기도에 대해서 가르쳐 주시지 않겠습니까?"
아름다운 기도는 사람들에게 기도에 대한 열망을 일으키는 것입니다.

나는 현재 그리스도인들의 기도에 반성해야 할 요소가 많다고 생각합니다. 오늘날 많은 비신자들은 신자들의 기도에 대해서 경외감을 느끼지 않습니다.
그들은 신자들의 울부짖음과 소리 지름에 대해서 질겁을 합니다. 그들에게 있어서 기도는 유치한 욕망에 속한 것이며 광신적인 히스테리와 같은 것이라고 생각됩니다. 그들은 그리스도인들의 기도하는 모습을 보고 심한 거부감을 느끼기도 합니다. 그러나 만일 그들이 아름다운 기도, 아름다운 예배를 경험하게 된다면 그들의 반응은 다를 수도 있을 것입니다.
열정적이고 간절하고 강력한 기도는 좋은 것입니다. 그러나 더욱 주님과의 깊은 곳으로 나아가기 위해서는 우리는 좀 더 깊은 기도의 아름다움을 경험해야 합니다.
어떤 목회자가 자기의 방에서 기도를 하게 되었습니다. 그는 아내에게 부탁하기를 30분 후에 나가야 하므로 30분 후에 자기를 깨워 달라고 하였습니다.
30분 후에 아내가 열린 방문 틈으로 들여다보니, 그는 주님과의 기도에 빠져들어 있었고 그의 얼굴은 거룩한 기쁨으로 가득했습니다. 감히 그를 방해할 수 없었던 아내는 다시 30분을 기다렸습니다.

그러나 결과는 역시 마찬가지였고 결국 그녀는 두 시간 후에 남편을 흔들었습니다.

그는 살며시 눈을 뜨며 말했습니다.

"오, 벌써 30분이 다 되었나?"

그의 충만한 기쁨과 행복을 누가 이해할 수 있을까요? 그것은 직접 깊은 기도를 경험한 사람만이 알 수 있는 것입니다.

기도에는 아름다움의 요소가 있습니다. 예배에도 거룩함과 영광과 아름다움의 요소가 있습니다. 우리는 이것들을 함께 추구하여야 합니다.

기다리는 기도

전화를 통하여 친구와 대화하려는 사람은 다음과 같은 몇 가지의 기본적인 과정을 거쳐야 합니다. 먼저 수화기를 들고, 상대방의 전화번호를 돌린 다음, 신호가 가는 것을 기다리고, 상대가 수화기 너머로 등장할 때까지 기다려야 한다는 것입니다. 그리고 상대를 확인해야 합니다.

"여보세요?"

"아, ㅇㅇ형제? 나야, ㅇㅇㅇ야."

"할렐루야! 정말 반갑군. 지금 어디지?"

그리고 나서 대화는 비로소 시작됩니다. 기도도 먼저 상대방과의 통화를 확인한 다음부터 대화를 시작하는 것이 바람직합니다. 전화기를 귀에 갖다 대지도 않고 고래고래 소리를 질러 봤자 상대방과 교통이 되지 않습니다.

"기도 시작!" 하면 반사적으로 "아다다.." 하고 튀어나오는 기도도 있습니다. 그것은 정말 정신없는 기도입니다. 그럴 때 입은 열심히 움직이고 있지만 속마음은 다른 데에 있을 수도 있습니다.
'예배 끝난 후에 서울역에 가서 ○○에게 전화를 해야 하는데, 가만있자, 그녀의 전화번호가 몇 번이더라?'
그런 생각에 잠기면서도 습관적으로 입이 마구 움직일 수도 있습니다. 그렇게 몸과 마음이 따로 따로 노는 기도는 주님과의 깊은 교통 속으로 들어갈 수 없는 것입니다.

많은 그리스도인들이 기도에 따르는 위험과 영적 투쟁을 잘 이해하지 못합니다. 그들은 왜 기도만 시작하면 많은 잡념과 혼란된 생각들이 그들의 뇌리를 어지럽히는지 잘 알지 못합니다.
평소의 예리한 지성과 날카로운 통찰력들이 이상하게도 말씀을 읽으려고만 하면 흐트러지고 혼돈되며, 기도를 시작하려고만 하면 졸음과 잡념과 불순한 상념들이 떠오르게 됩니다.
그 배후에는 어떤 세력이 있는 것일까요? 물론 그것은 악한 영들이 기도를 방해하는 것입니다.
주님의 실제를 경험하고 영적으로 민감해진 이들은 이러한 영적 싸움이 차츰 관념이 아닌 분명한 실제라는 것을 알게 됩니다. 그러므로 전쟁과 함께 차츰 승리도 누리게 되며 진정한 자유와 변화를 경험하게 되는 것입니다.

기도를 시작하면서 우리는 주님을 기다려야 합니다. 그분의 임재로 우리 자신을 가득 채워야 합니다. 영적으로 주님과의 관계에 막힘이 없는지 자신의 영을 살펴야 합니다.
자신의 영이 더러움과 혼탁함으로 막혀 있다면 그는 정상적으로 주님과 깊은 교통을 나누기 어렵습니다. 그는 먼저 주님의 임재와 그분의 피로 구체적인 씻김을 얻어야 합니다.

주님을 기다리는 것과 주의 영으로 채워지는 과정에는 여러 가지 체험들이 있습니다. 우리는 그 체험 자체를 추구하며 목표로 할 필요는 없습니다. 영적 체험을 추구하는 것과 주님 자신을 구하는 것은 다른 것이기 때문입니다. 우리는 신비한 체험이나 즐거운 느낌을 추구하지 말고 주님 자신을 알며 주님의 사람이 되어 가는 것을 기도의 목적으로 삼아야 합니다.

우리는 주님의 임재를 기다리면서 그분의 기름 부으심과 감동을 받기 위하여 여러 가지 묻는 기도를 드릴 수도 있습니다.
"주님, 지금 이 시간에 당신께서 제게 요구하시는 것이 무엇입니까?"
"주님, 제 마음이 지금 답답합니다. 주님이 마치 멀리 계신 것처럼 느껴집니다. 그 이유가 무엇입니까?"
주님이 바로 옆에 계신 것처럼, 친구에게 하듯이 조심스럽게, 친근하게 그분께 질문을 드릴 수 있습니다. 그리고 진지하게 이러한 기도를 시작했다면 얼마 지나지 않아 심령 속에서 어떤 내적 느낌을 받게 될 것입니다.
마치 주님이 무엇인가 말씀하신 것처럼 느껴질 것입니다. 그럴 때 대부분의 신자는 이것이 내 생각인지 주님의 생각인지 혼란을 겪게 됩니다. 그러나 이러한 훈련을 통하여 듣는 기도가 시작되는 것입니다.

나는 많은 영적이라 자처하는 그리스도인들이 "하나님의 음성을 들었다.", "주님께서 내게 이렇게 말씀하셨다."는 식의 말을 하는 것을 보았습니다.
그러한 표현은 좋은 것이 아닙니다.

그러한 말들은 대부분의 사람들에게 거부감을 줍니다. 그러한 이들은 은근히 자신의 영성과 신앙을 과시하고 싶은 마음을 가지고 있습니다. 그러한 이들은 단순한 감동이나 인상을 받아도 그것을 주님이 말씀하셨다고 말합니다. 그것은 과장이며 좋은 것이 아닙니다.

나는 많은 그리스도인들이 하나님의 음성과 계시와 뜻을 빙자하면서 자신의 의견을 합리화시키고 있는 것을 많이 보았습니다. 분명히 주님의 음성을 기다리고 주님의 임재를 구하는 데에는 위험성이 있습니다. 그러나 그럼에도 불구하고 우리는 기도하면서 주님을 기다리는 것과 그분의 내적 인도와 음성을 배우는 훈련을 쌓아야 합니다. 왜냐하면 이것은 기도의 기본이기 때문입니다. 위험해도 우리는 훈련하며 주님께 나아가야 합니다. 대단한 것이 아니라면 유사품이 있지 않을 것입니다.

마음속에 고통이 가득할 때, 심령이 상해서 잘 기도하기가 어려울 때, 가슴에 뭔가가 응어리져서 말하기조차 힘들 때 우리는 주님을 기다리는 기도를 해야 합니다. 이렇게 주님께 고백하는 것입니다.
"주 예수님, 지금 제가 몹시 힘듭니다. 기도조차도 하기 힘들고 무엇을 어떻게 말씀드려야 할지도 모르겠습니다. 하여튼 지금 제게 오셔서 저를 도와주십시오."
그리고 나서 조용히 주님의 임재를 기다립니다. 그리고 10초, 20초, 30초, 1분, 2분, 3분 … 시간이 흐릅니다.
그런데 신기한 일이 우리의 심령 속 깊은 데서 일어나는 것을 느끼게 됩니다. 이상한, 어떤 평온한 기운이 우리 가슴 안에 들어와서 그 속에서 응어리진 덩어리를 녹이기 시작합니다.
조금씩 아주 조금씩 시간이 흐를수록 그것은 점점 작아집니다. 그리고 얼마의 시간이 지난 후 마침내 그 모든 짐들은 없어지고 심령 깊은 곳에서 기쁨과 평강과 눈물이 솟아나는 것입니다. 주님은 얼마나 좋으신 분이신 지요!

나는 이와 같은 경험을 많이 해보았습니다.
이것은 상상일까요? 아닙니다. 이것은 실제입니다. 상상은 사람의 상태를 변화시키지 못합니다. 배고픈 사람이 아무리 상상 속에서 산해진미를 먹는다 해도 상상에서 깨어나면 그는 여전히 배고픈 상태에 있습니다.
사람들은 육체의 시각, 청각, 보이고 만져지는 것, 오감으로 확인할 수 있는 것을 좋아합니다. 그러나 주님은 보이지 않지만 그분의 영으로서 우리에게 오십니다. 그러므로 그분을 보거나 손으로 만질 수는 없는 것입니다.
그러나 그분은 보이지 않지만 실제입니다. 우리가 기도를 할 때 그분은 보이지는 않지만 아주 가까이 계십니다. 그분은 우리를 지켜보십니다. 그분은 우리를 돕기 원하십니다. 그분은 너무도 명백한 실제입니다. 이것은 관념이 아닙니다.

부디 당신의 기도를 바꾸십시오.
일방통행식의 기도에서, 형식적인 기도에서, 비인격적인 기도에서 주님이 주도하시는 실제적인 기도의 세계로 들어가십시오.
그것은 어렵지 않고 아주 쉬우며 단순하고 자연스러운 기도입니다. 그리고 영성의 흐름이 있고 실제가 충만한 것입니다.
그러한 기도를 알아갈 때 우리는 주님의 향취를 아주 가깝게 느낄 수 있으며 변화되어 갈 것입니다.

4. 찬양과 영적 실제

찬양은 신자가 이 땅에서 천국을 경험하는 길입니다. 어느 정도 영감이 있는 신자라면 찬양을 드릴 때 속에서 솟아오르는 감동과 기쁨을 느끼게 됩니다.

19세기에 평범한 광부 출신으로서 주님께로부터 복음 전도자로 놀랍게 쓰임 받았던 빌리 브레이는 임종 직전에 이러한 말을 남겼습니다. "나는 결코 사망을 두려워하지 않는다. 오! 내 주님은 사망을 이기셨도다. 만일 내가 지옥에 떨어진다 해도 나는 '예수께 영광! 영광!' 이라고 외쳐 무저갱에 울려 퍼지게 하겠다. 그러면 늙은 사단은 '빌리, 이곳은 네가 있을 곳이 아니다. 그러니 돌아가거라.' 라고 말할 것이다 그러면 나는 영광을 외치며 하늘나라로 올라가겠다. 영광! 주님을 찬양하라!'

예배 안에는 설교가 있고 기도가 있으며 헌금을 드리는 등의 요소가 있지만 예배의 가장 중심적인 부분은 찬양입니다. 주님께 대한 감사와 경배를 표현하는 찬양이 바로 예배의 핵심 요소인 것입니다.

대부분의 예배에서 가장 하나님의 은혜와 임재가 나타나는 시간이 바로 이 찬양의 시간입니다. 예배는 주님을 높이고 경배하는 것이며 찬양은 이것을 직접적으로 표현합니다.

오늘날 많은 그리스도인들이 예배의 중심을 설교라고 생각하고 있는 것은 옳다고 할 수 없습니다.

많은 성도들이 'ㅇㅇㅇ목사님의 설교를 들어보자.' 하고 교회에 갑니다. 많은 성도들이 예배 시간에 지각을 하지만 아직 설교가 시작되지 않았으면 '아, 그렇게 늦지는 않았구나.' 라고 생각합니다. 이것은 예배를 드리는 바른 자세가 아닙니다.

진정으로 드리는 찬양과 경배의 시간에는 주님의 임재하심이 있으며 주님의 응답하심이 있습니다. 그러므로 성도들은 찬양의 시간을 통하여 주님의 실제와 천국의 한 부분을 경험하게 됩니다. 이렇게 찬양을 통하여 주님께서는 임하셔서 각 사람을 만져 주시는 것입니다.
그러므로 찬양을 드리며 사람들은 미움과 두려움과 근심의 영들이 떠나가며 머리가 맑아지고 몸이 가벼워지며 심령이 깨끗해지는 것들을 느끼게 됩니다. 그들은 자신을 오래 괴롭히고 있는 문제 거리가 별것이 아님을 깨닫게 되며 주님으로 채워지는 행복감과 만족감을 느끼게 됩니다. 이것이 예배와 찬양을 통해서 베푸시는 주님의 은총입니다.

사람들은 누구나 자신에 대하여 자랑하는 것을 좋아합니다. 자신의 용모, 학벌, 영리함, 재능, 가문에 대하여 자랑합니다. 자랑할 것이 없으면 자신의 친척이나 친구나 심지어 옆집에 사는 사람까지, 자신과 관련성이 있는 모든 것들을 끄집어내어 자랑하며 자신을 높이는 것을 좋아합니다.
그러나 주님을 알게 되면 그들은 이러한 자랑들이 전혀 부질없는 것들임을 알게 됩니다. 그들은 점차 이러한 자랑을 싫어하게 되며 나중에는 오히려 자신이 인정받고 높아질수록 고통을 느끼게 됩니다.

그들은 오직 우리의 자랑거리는 주 예수님뿐이며 그분만이 모든 영광을 취하시기에 합당하다는 것을 깨닫게 됩니다. 그들은 자신이 드러나며 영광을 받을 상황이 되면 도망가고 싶어합니다. 사역 중에 기적적으로 병자를 치유한 바울과 바나바가 많은 사람들의 숭앙을 받게 되자 옷을 찢으며 두려워하는 것도 그러한 이유였습니다.

찬양은 자신의 무가치함과 죄성에 대하여 분명히 깨달을수록 깊어지게 되는 것입니다. 주님이 모든 아름다움과 지혜와 능력과 사랑의 근원이심을 깨닫게 될 때 진정으로 오직 주님을 높이며 찬양하고 싶은 열망에 사로잡히게 되는 것입니다.
찬양을 드리는 것은 인간이 누릴 수 있는 최대의 영광입니다. 그렇기 때문에 영원한 우리의 본향에서 우리는 그분 앞에서 한없는 찬양을 영원히 올려드리게 됩니다.

그러나 찬양에도 역시 영적인 실제가 별로 없는, 그 영적 가치와 수준이 낮은 것이 존재합니다.
찬양에 대해서도 역시 많은 오류와 오해들이 혼합되어 있습니다. 그러한 찬양에는 주님의 실제와 주님의 영광이 나타나지 않을 것입니다.
어떤 사람이 매우 세련되게 말씀을 전하며 또한 기도도 매끄럽게 잘할 수 있다고 합시다.
그런데 그 사람이 가정이나 사회에서 인격적인 면이나 성품, 대인관계 등에서 형편없는 사람으로 지탄받고 있다면 그가 말씀과 기도를 통해서 과연 실제로 주님을 만지고 있는 것인가에 대해서 의문을 가져야 마땅합니다.
이것은 역시 찬양에도 적용될 수 있습니다. 어떤 사람이 찬양을 몹시 좋아하고 또 잘 부르지만 그의 삶에 그리스도의 향취와 아름다움이 나타나지 않는다면 우리는 그 사람이 드리고 있는 찬양이 영적이며 실제적인 것인가에 대하여 의심해 보아야 합니다.
왜냐하면 진정한 실제가 있는 찬양은 주님의 임재와 영광이 나타나고 그에게 임하기 때문에 그의 영과 마음은 바뀌고 새롭게 되며 인격도 삶도, 모든 것이 바뀌게 되기 때문입니다.

찬양의 음악적 요소

찬양 곡에는 가사가 있고 음정이 있습니다.
찬양 곡의 가사는 주님이 하신 일을 높이거나 주님 자신을 높이거나 주님에 대한 자신의 신앙을 표현하는 신앙 고백적인 내용을 주로 담고 있습니다. 음정은 그 가사의 내용을 표현하기 위한 음악적 요소로서 리듬 및 박자가 포함된 것입니다.
여기서 문제가 되는 것은 이 음악적인 요소입니다. 바로 이 요소 때문에 찬양과 노래를 구분하지 못하는 혼란이 발생하곤 합니다.
어떤 사람이 "나는 찬양에 소질이 없어." 하고 말한다면 여기서 그가 말하는 찬양이란 무엇입니까? 그것은 찬양의 음악적인 부분을 말하는 것입니다.
사실 그러한 표현은 잘못된 것입니다. 그는 "나는 음악에, 또는 노래에 소질이 없어."라고 말을 해야 합니다. 주님께 대한 감사와 찬양은 성도의 기본적 의무이고 권리인데 이 부분에 소질이 없다면 그는 정상적인 신자로 볼 수 없기 때문입니다.
이러한 오해가 적지 않은 이유는 오늘날 많은 경우에 있어서 찬양을 드리는 것에서 신앙 표현적인 부분, 영적인 부분보다 음악적인 부분이 더 강조되어지고 있기 때문입니다. 그렇기 때문에 찬양을 잘 하려면 음악에 소질이 있고 목소리가 좋아야 된다고 생각하는 것입니다.

어떤 성가대가 있다고 합시다. 지휘자는 악보에 따라 성가대원들을 연습시킵니다.

"자, 먼저 이 찬양을 한번 듣고 그 분위기를 익혀 봅시다.
자, 이제 대충 파악이 되었나요? 이 부분에서는 알토가 화음을 넣고 소프라노 솔로가 강하지 않고 부드럽게 시작해야 합니다.
이 부분에서는 전체적으로 강하면서도 리드미컬하게 율동적인 흐름을 타야 합니다. 그리고 여기서는 베이스가 육중하게 바닥을 깔아 주어야 해요. 그래야 곡의 분위기를 살릴 수 있습니다. 잘 알았죠?"
"자, 여기가 혼동되기 쉬운 부분입니다. 박자 조심하구요. 절대 샵 되거나 플랫 되면 안 됩니다. 먼저 피아노를 몇 번 들어 보지요.
참 그리고 여기 소프라노 솔로! 조심하세요. 박자를 잘 세어야 해요. 정확하게 다섯 박자 반을 쉬고 들어가야 합니다. 알았죠? 다섯 박자 반. 발바닥으로 바닥을 치면서 세어야 해요. 꼭 잊지 말 것, 다섯 박자 반!"

그러나 지휘자가 이런 말을 하는 것은 별로 듣지 못했을 것입니다.
"여러분, 이 곡은 주님께 대한 깊은 경외감과 놀라운 감사의 영이 표현되어진 곡입니다.
이 곡을 부르기 위해서 우리는 먼저 심령이 준비가 되어야 합니다. 혹시 열등감이나 죄책감이나 낙심된 분이 있으면 먼저 심령 속에 주님의 평안과 기쁨이 임하도록 같이 기도드립시다."
"여러분! 이 찬양은 성도간의 깊은 교제와 사랑을 감사하며 드리는 곡입니다. 혹시 여러분들 가운데 서로 원망하거나 상처를 가지고 있는 분이 계십니까? 지금 우리는 그것을 내려놓아야 이 곡을 바르게 찬양할 수 있습니다. 혹시 최근에 저에 대해서 불쾌하신 분이 있으면 말씀해 주시겠습니까?"
이렇게 지휘자와 성가대원들이 찬양을 준비하면서 같이 기도하고 찬양 중에 성령의 기름 부으심이 충만하도록, 찬양을 드리는 자들이 주님을 제한하고 방해하는 요소가 제거되도록 기도한다면 얼마나 좋을까요! 그러나 실제로 성가 연습에서 바른 영적 상태를 준비하기 위하여 애쓰는 경우는 거의 드뭅니다. 현실적으로 그럴 만한 시간도 별로 없으며 그러한 필요성도 별로 느끼지 않습니다. 연습의 시작과 끝에서 기도를 하기는 하지만 그것은 일종의 신고식 비슷하게 형식적으로 치러지는 것이 보통입니다.

어느 날, 어떤 교회에서 예배가 드려지고 있었습니다. 주님은 천국에서 천사들과 함께 주의 깊게 이 광경을 지켜보고 계셨습니다. 드디어 성가대의 찬양 순서가 되었는데, 주님은 갑자기 "오!" 하고 비명을 지르셨습니다. 놀란 천사들이 그 이유를 묻자 주님은 몹시 속상한 어조로 말씀하셨습니다.
"저 소프라노 솔로를 하는 자매가 그만 다섯 박자 반을 쉬어야 하는데 여섯 박자 반으로 한 박자 늦어져 버렸구나! 세상에 이럴 수가 있니!"

물론 그런 일은 없을 것입니다. 이것은 유머일 뿐이지요. 주님은 그런 데에 상처를 받으시지는 않습니다. 그녀는 발바닥으로 박자를 세다가 발바닥이 간지러워져서 숫자를 잊어버렸을 뿐입니다.
그녀에게는 주님을 모욕할 의사가 전혀 없습니다. 그러나 그녀는 예배가 끝난 후 지휘자에게 혼나게 됩니다.
"A 자매! 도대체 어떻게 된 거예요! 전체 파트가 다 엉망이 되어 버렸잖아! 대부분의 사람들은 모르고 지나갔겠지만 음악적 수준이 있는 사람은 금방 눈치 채요! 도대체 우리 수준을 얼마나 비웃겠어!"
이런 모습은 성가대에서 흔히 볼 수 있는 모습입니다.

성가대의 찬양이 주님께 드려지는 것보다는 사람들을 향해서, 사람들을 위하여 드려질 수 있을 가능성은 매우 높습니다. 현대 교회에서 음악은 일종의 청중에 대한 접대용과 같은 이미지를 많이 풍기고 있습니다.
신자들은 성가대원의 높은 음악성, 격조 높은 분위기, 놀랍게 어우러지는 화음에 경탄을 금치 못합니다.
그들은 주님께 대한 경외심보다 단순히 음악적 요소에 감탄할 수 있습니다.
그러나 예배와 찬양은 일반 음악회와는 다른 것입니다. 예배와 찬양의 주인은 주님이십니다. 아무도 그분께만 드려질 영광을 가져갈 순 없습니다. 보통의 음악은 사람과 관객을 위한 것이지만 교회 음악과 찬양은 주님을 위한 것입니다.

우리는 훌륭하게 조직된 음악을 전공한 수준 있는 성가 대원으로 구성된 찬양을 들을 때가 있습니다. 그런데 화음이나 음악성이나 모든 면에서 훌륭하다고 느끼면서도 이상하게 심령 속에서 허탈감을 느낄 때가 있습니다.
우리의 겉 사람은 "아멘!"을 외치지만 이상하게도 속 사람은 별로 반응하는 것 같지 않습니다. 깊은 속에서 내적 기름부음과 주님께 대한 사랑과 열망이 별로 돋구어지지가 않습니다. 성악가의 찬송을 들을 때 그럴 경우가 많습니다. 소리는 멋지지만 그 소리를 통해서 심령에 감동을 받지 못하는 것입니다.

그런가 하면 어떤 찬양을 들으면 별로 음악적 수준이 없다고 느껴집니다. 목소리도 제대로 발성된 것이 아니고 목에서만 악을 씁니다. 세련됨보다는 거칠음이 많이 느껴집니다.

그런데 그럼에도 불구하고 찬양을 듣는 가운데 깊은 속에서 감동과 기쁨이 물결치는 경우가 있습니다. 이것은 무엇 때문일까요? 이것은 음악성으로 드리는 찬양과 심령으로 드리는 찬양이 다르다는 것을 보여주는 것입니다.

어떤 성악을 전공한 자매가 시골의 한 작은 교회의 예배를 드리게 되었습니다. 다 함께 찬송을 하는 시간에 그 자매는 몹시 마음이 상했습니다.
박자와 음정은 처음부터 아예 무시되고 있었으며 어떤 이는 한 옥타브를 낮춰 부르기도 했고, 어떤 이는 성질이 급해서 혼자서 제일 먼저 찬송을 마쳐 버렸습니다.
어떤 노인은 숨이 차서 한참을 쉬기도 했으며 어떤 할머니는 곡조 없는 찬송을 느릿느릿, 대부분이 찬송을 마쳤음에도 불구하고 혼자서 마지막 부분을 독창하고 있었습니다.
'순 난장판이구나.'
그녀는 생각했습니다. 그녀는 도무지 찬송을 부를 마음이 나지 않았습니다. 아니, 그렇게 낮게 조옮김한 찬송을 부르는 것도 쉽지 않은 일이었습니다. 그녀는 마음이 상했습니다.
그러나 만약에 그녀가 민감한 영성의 소유자였다면, 그녀는 어쩌면 주님의 생명의 풍성함을, 훈훈함을 경험했을지도 모릅니다. 그러나 그녀는 주님의 임재나 성령의 기름 부으심보다는 음악성에 대하여 더 민감했던 것입니다.

찬양에 있어서 음악적 요소는 매우 중요합니다. 숙달된 찬양 인도자는 음정을 한 음만 높여도 영이 고양되며, 한 음만 낮춰도 영이 차분하게 가라앉게 됨을 압니다.

그는 지금 조용하고 낮은 곡을 선택해야 하는지 압니다. 그는 어떤 곡을 선택하느냐에 따라 성도들의 영이 지칠 수도 있고 채워질 수도 있다는 것을 압니다. 찬양 사역자에게 있어서 음악성은 영적 민감성 못지 않게 중요한 요소임에 틀림이 없습니다.

그러나 그 음악적 요소가 또한 찬양을 가장 방해할 수 있다는 사실을 기억해야 합니다. 음악성, 음악적인 수준에 너무 신경을 쓰다가 막상 찬양의 주인이 되시는 주님께는 관심을 잃어버리는 것입니다. 그것은 찬양이 아닙니다.

그러므로 찬양의 음악적 요소로 인하여 찬양은 가장 그 본질을 상실할 위험을 지니고 있습니다. 진정한 찬양은 음악성과 영성이 균형 잡힌 조화 속에서 아름답게 드려질 수 있는 것입니다.

나는 찬양에 있어서 음악적 요소가 비대해지는 것을 방지하기 위해서라도 곡조 없는 찬양의 고백들이 예배에서, 모임에서, 교제에서 자주 있게 되기를 기대해 봅니다.

가사에 곡조를 넣지 말고 힘차게 감사와 찬양의 언어를 주를 향해서 외치는 것입니다. 큰 소리로 시편을 읽기도 하고 각자가 만들어낸 신앙의 고백을 선포하기도 합니다. 음악적 요소가 배제된 이러한 찬양을 드린다면 거기서는 주님을 사랑하는 사람이라면 어떤 음치도 결코 기가 죽지 않을 것입니다.

자신의 성향을 즐기는 것

모든 사람들은 자신만이 가지고 있는 독특한 기질과 성향과 취미가 있습니다. 어떤 이는 낚시를 좋아하고 어떤 이는 독서를 즐기며 또 어떤 이는 음악을 좋아하며 즐깁니다.

음악 중에서도 어떤 이는 팝 스타일을, 어떤 이는 감미로운 발라드 풍을, 어떤 이는 트로트 계열의 노래를 좋아합니다. 클래식을 선호하는 이들은 대중음악을 유치하고 천박하다고 보는 경향이 있으며, 대중음악 선호론 자들은 클래식이 재미가 없고 딱딱하다고 평가합니다.

여하튼 이렇게 음악 자체를 즐기는 성향, 자신이 좋아하는 스타일의 음악을 선호하는 경향이 예배 음악과 찬양에도 그대로 반영되는 경향이 많습니다. 이러한 음악에 대한 개인적인 취향이 찬양의 진정한 의미를 변질시키는데 한 부분을 차지하고 있습니다.

많은 사람들이 자신을 즐기기 위하여 찬송가나 복음성가를 부르며 그것을 찬양이라고 생각합니다. 원래 음악성이 뛰어나고 노래를 좋아하던 사람이 예수를 알게 되면 자연히 그는 찬양에 열성이게 됩니다.

아름다운 목소리로 인하여 성가대원으로, 특송으로 많이 봉사하던 한 형제가 세상에서의 삶을 마치고 주님께로 가게 되었습니다. 그는 주님께 여쭈었습니다.

"주님, 저는 일생 동안 열심히 주를 위해 찬양으로 봉사를 했습니다. 자, 주님. 제 면류관은 어디에 있지요?"

주님께서 대답하셨습니다.

"얘, 나는 한 번도 너에게서 찬양을 들어 본 적이 없단다. 너는 그저 너 자신의 취미를 즐겼을 뿐이야."

우리는 어쩌면 마지막 날에 주님께로부터 그렇게 평가를 받게 될지도 모릅니다.

많은 사람들이 찬송을 부르며 즐겁고 기쁜 마음을 느낍니다. 그러나 그 기쁨은 주님께로부터 오는 것인가? 아니면 자신에게로부터 나오는 것인가? 그것의 근원은 영적인가? 아니면 육신적인가?를 생각해 보아야 합니다.

어떤 자매는 밤무대에서 가수로 활동을 했었습니다. 그러나 그 후 그녀는 주님을 영접하고 더 이상 술집에서 노래하는 것이 주님의 뜻이 아님을 알았습니다.

그녀는 대신에 각종 예배와 부흥집회에서 찬양을 드리게 되었습니다. 그녀에게 있어서 이러한 찬양의 기회는 몹시 행복한 일이었습니다. 그러나 차츰 그 길이 막혔고 나중에는 이러한 기회를 가지기도 몹시 어렵게 되었습니다.

그녀는 몹시 속이 상했고, 심지어 죽고 싶다는 생각까지 하게 되었습니다. 그녀는 울면서 기도하기를 찬양의 기회를 주시든지, 아니면 자기를 데려가 달라고 기도했습니다.

찬양을 하지 못할 바에는 죽는 것이 낫다면, 도대체 그녀는 무엇 때문에, 왜 찬양을 하고 싶어하는 것일까요? 그녀가 찬양하면서 느끼는 즐거움은 성도들의 환호로 인한 것이었을까요? 아니면 주님께로부터 온 것이었을까요?

그것은 아무도 알 수 없는 일입니다. 그러나 일반적으로 스타들이 팬들의 환호와 갈채에 대하여 마약에 취하는 것과 같이 빠져 들어가는 현상을 생각할 때 이와 같이 찬양에는 그 동기의 위험성도 존재함을 부정할 수 없다고 생각합니다.

나는 내가 어릴 적에 다녔었던 어떤 교회의 예배가 생각이 납니다. 우리 교회에는 참 목소리가 듣기 좋은, 노래를 잘 부르는 형이 다니고 있었습니다. 일반적으로 찬송가의 음정은 비교적 높은 것이어서 영이 고양된 상태가 아니고는 보통 사람은 잘 부르기가 힘이 듭니다.

그러나 그는 예배 시간 중 찬송 시간이 돌아오면 열창을 하기 시작했습니다. 그의 열창은 주위 사람의 기를 완전히 죽여 버리곤 했는데, 그는 자신이 몸 안에 있는지 몸 밖에 있는지, 예배 중인지 오페라의 아리아를 부르는 중인지 전혀 구별하지 못하는 듯이 보였습니다.

찬송이 끝나고 설교가 시작되면 그는 졸기 시작했는데, 그 가운데서도 그의 찬송가에는 설교가 끝나고 부를 찬송이 이미 펼쳐져 있었습니다. 설교 시간이 끝나고 찬송 차례가 되면 그는 다시금 고개를 좌우로 흔들며 그의 환상적인 아리아를 시작했던 것입니다.

자신의 성향을 즐기는 것, 군중의 환호를 즐기는 것은 주님의 실제 속으로 들어가는 바람직한 찬양이라고 할 수가 없습니다.

대중음악도 연령층에 따라 선호도가 달라지는 것이 보통입니다. 원기 왕성한 10대 청소년들을 보면 빠른 템포의 요란한 댄스뮤직이 곁들인 노래를 좋아합니다. 대학생, 젊은이들의 층인 20~30대들은 부드럽고 감미로운 발라드 풍을 선호하는 경향이 많습니다. 40대 이후의 나이가 든 연령층은 대체로 트로트 계열의 노래를 좋아합니다.

교회 안의 성가나 복음송에도 이러한 성향들이 많이 작용이 됩니다. 젊은이들은 빠르고 경쾌한 곡이나 새로 나온 경배곡을, 중년 이상의 층들은 주로 찬송가나 '주여! 이 죄인이' 같은 트로트 스타일의 곡들을 즐겨 부릅니다.

이러한 성향이 잘못되었다는 것은 아닙니다. 다만 이러한 기질적인 취향은 주님보다는 자기 자신의 체질에 속한 것이므로 자기의 취향이 절대적이며 옳고 다른 것은 틀렸다고 할 수는 없다는 것입니다. 나는 어떤 중년의 신사가 젊은이들의 찬양 스타일에 대해서 준엄한 시선으로 무섭게 평가하는 것을 들은 적이 있습니다. 하지만 그러한 관점도 자신의 음악적 취향에서 나온 것입니다.

오늘날 열린 예배에 대한 많은 갑론을박이 있는데 그것도 음악적인 취향에 대한 논쟁에 불과한 것입니다.
각자의 성향에 따라 맞는 찬양의 스타일을 즐기는 것이 나쁜 것은 아닙니다. 그러나 기억해야 할 것은 그러한 기질적인 즐거움은 온전한 것이 아니며 찬양의 중심은 주님 자신을 향한 것이어야 한다는 사실입니다. 우리가 우리 자신의 취향을 즐기고 그것으로만 만족하고 있다면 그것은 진정한 찬양을 드리고 있는 자세는 아닙니다.

찬양에 대한 경직된 인식들

오늘날 찬양에 대한 많은 경직된 인식들이 있습니다. 그것은 실제적인 찬양의 영광에 들어가지 못하게 방해하는 요인이 됩니다.
이를테면 찬송가는 거룩하며 예배 음악으로 적당하지만, 복음 성가는 수준이 낮으며 예배 음악에 적당하지 않다는 인식과 같은 것입니다.
찬송가는 북미를 중심으로 하여 100~200년 전의 그들의 정서에 맞게 만들어진 것입니다.
그 찬송이 만들어진 과정에는 주님의 은혜가 있었고 간섭이 있었습니다. 그러나 지금은 또한 지금 이 시대에 역사하시고 운행하시는 주님의 은총과 역사가 있습니다. 오늘날 이 시대에 필요하며 맞는 찬양이 있는 것입니다. 그것을 무시하고 오직 과거에 백인들을 중심으로 형성된 찬송만이 영적이며 깊은 것이라고 생각하는 것은 잘못된 것입니다.
찬송가의 내용을 보더라도 주님께 대한 순수한 경배와 예배로서의 찬양은 그리 많지 않습니다. 대부분 자신의 은혜 경험과 신앙 고백, 결단 등에 대한 표현들이 주를 이루고 있습니다.
"나 이제 주안에 새 생명 얻은 몸, 옛것은 지나고 새사람이로다."
이 찬송은 구원받은 감동의 표현과 함께 주님과 계속 이 길을 걷겠다는 신앙 고백이지만, 엄밀한 의미에서 주님 자신을 찬양하는 것은 아닙니다.
"내 주여 뜻대로 행하시옵소서."
이것도 주님의 인도하심에 전폭적으로 순종하겠다는 작자의 의지가 고백되어진 찬송이지만 역시 주님 자신을 높이는 것은 아닙니다.
최근에 많이 불리는 복음 성가를 들어봅시다.
"사랑하는 나의 아버지 이름 높여 드립니다.."
"전능하신 하나님 찬양, 언제나 동일하신 주, 전능하신 하나님 찬양, 영원히 다스리네.."
찬양 가운데 임재하시는 주님의 은혜, 그분께 대한 찬양을 권유하고 있습니다. 이것이 주님 자신에 대한 경배와 사랑과 찬양을 잘 표현해 주고 있는 것입니다. 이 시대에는 깊은 기도와 예배와 찬양을 통하여 주님의 지성소에 이르러 주님의 거룩하심과 아름다우심과 주님 자신을 구하는 경배에 속한 찬양이 많이 나타나고 있습니다. 오히려 찬송가보다도 말입니다.

이것은 어떤 노래가 예배 음악에 적합한가 하는 문제 제기가 아닙니다. 주님을 만나고, 그분을 알아 가면서 점점 그분 자신에 대한 사랑과 간절함을 표현하고 싶을 때 그 형식은 항상 동일한 기존의 틀 안에서 해야 할 필요는 없다는 것입니다.
똑같은 찬송가로 똑같은 가사, 똑같은 곡조, 똑같은 형태로 찬양하는 것만이 옳다고 생각하는 것은 실제적이지도, 자연스럽지도 않습니다. 그것은 오히려 진부한 느낌을 주는 것입니다.
연애하는 남학생은 그가 사랑하는 여학생을 감동시키기 위해 하루는 하이네의 시를, 하루는 바이런의 시를 갖다 베낍니다. 왜냐하면 똑같은 것을 써먹어서는 효과를 보기 어렵기 때문입니다.

한 신혼부부가 신혼여행을 마치고 새 집으로 들어왔습니다. 남편은 결혼 후 처음으로 직장에 출근을 하고 신부는 앞날에 대한 기대감과 행복감으로 마냥 들떠 있습니다.
그녀는 하루 종일 남편을 기다리며 따분하기 짝이 없습니다. 그래서 그녀는 남편이 귀가하는 시간을, 그가 들어오는 장면을 열심히 상상하며 기다립니다. 그이는 어떻게, 어떤 모습으로 들어올까요?
시간은 흘러 저녁 일곱 시 반이 되었습니다. '띵똥!' 초인종 누르는 소리가 들렸습니다. 그녀는 급히 달려나가 문을 엽니다. 거기에는 남편이 장미꽃을 들고 서 있는 것이 아닙니까! 남편은 말합니다.

"자기! 당신은 꼭 한 송이의 장미꽃 같아. 오다가 장미꽃을 보고 자기 생각이 나서 조금 사 왔지. 보고 싶었어. 사랑해."
신부는 행복감이 포근하게 밀려오는 것을 느낍니다. 즐거운 그 날 밤이 지나고 이튿날, 신부는 여전히 남편의 귀가 시간이 기다려집니다. 드디어 일곱 시 반, '띵똥!' 그리고 남편이 장미꽃을 들고 서 있습니다.
"자기! 당신은 꼭 한 송이의 장미꽃 같아. 오다가 장미꽃을 보고 자기 생각이 나서..."
남편은 한 치의 변화도 없이 익숙하게 대사를 외웁니다. 신부는 약간 실망했지만 그래도 여전히 행복합니다.
그런데 그 다음 날 또 다시 동일한 일상이 반복됩니다.
일곱 시 반, 띵똥, 또 다시 장미꽃, 자기.. 당신은 꽃 한 송이..
이것을 10년 동안 반복한다고 합시다. 일곱 시 반, 띵똥, 장미꽃, 자기, 당신은.. 아내는 폭발해 버립니다.
"제발, 제발, 그만 좀 해요! 그 원수 같은 장미꽃만은 .. 제발! 내 눈앞에서 안보이게 해 줘요! 뭐 좀 다른 것은 없나요?"

주님이 우리에게 실제적인 존재라면, 그리고 우리가 드리는 찬양이 주님을 기쁘시게 하기 위한 것이라면, 그리고 그분과 우리와의 날마다의 삶이 지극히 구체적이고 새로운 것이라면 우리는 똑같은 찬양과 똑같은 멜로디를 반복하기가 어려울 것입니다.

우리가 형식이 아니라 생명을 원한다면, 진정한 주님의 기쁨을 원하며 주님과 새롭고 깊은 관계를 가지기 원한다면 우리는 계속 새로운 고백과 찬양으로 주님을 기쁘시게 해 드리고 싶을 것입니다.

성경은 반복하여 '새 노래'로 주를 찬양하라고 합니다. 이것은 주께서 허락하시는 새로운 영감과 인도 속에서 찬양하는 것을 의미합니다. 우리는 그렇게 새로운 마음과 새로운 영과 새로운 곡조와 새로운 메시지로 주님을 찬양해야 하는 것입니다.

우리는 찬양의 실제 속으로 들어가야만 합니다. 그 곳에서 비로소 우리는 임마누엘의 충만한 영광에 들어갈 수 있을 것입니다.

찬양의 순교

찬양이 그 실제의 접촉을 통하여 우리의 영적 생명을 풍성하게 하고 주님을 영화롭게 하는 데 기여하지 못하는 잘못된 방법으로 사용할 때 나는 그것을 찬양의 순교라고 생각합니다.

예를 들면 준비 찬양과 같은 것입니다. 어떤 예배 인도자들은 예배 시간까지의 간격을 메우기 위하여, 또는 구성원들이 좀 더 많이 모일 때까지 기다리는 도구로서 찬양을 사용합니다.

청년회 임원 모임이 있습니다. 그런데 제시간에 여러 명이 모이지를 않습니다. 회장이 묻습니다.

"○○, ◇◇, ㅁㅁ는 다 어디로 간 거야?"

부회장이 대답합니다.

"○○는 지금 XX에 있구요, ◇◇는 YY를 정리하고 있어요. 이제 곧 올라올 거에요."
회장은 속이 상합니다.
"에이, 참! 제 시간에 오지도 않다니! 우리 찬양이나 합시다."
나는 그런 모습을 보고 쓴웃음을 지은 적이 있습니다.

찬양은 음악을 통해서 이루어집니다.
찬양에도 감동이 있지만 음악에도 감동이 있습니다. 바른 찬양이 아니더라도 음악은 그 자체로 사람에게 감동을 주고 충격을 주는 요소를 가지고 있습니다.
야구장에서, 축구장에서 우리는 군중들의 응원과 함성의 열기 속에서 어떤 흥분이나 감동을 전달받을 수 있습니다. 그것들은 주님으로부터 오는 것이 아니지만 그럼에도 불구하고 우리는 감동을 받을 수 있습니다.
응원을 하거나 데모를 할 때 그들이 일체감을 느끼기 위해서 자주 사용하는 것이 노래입니다. 이런 노래들은 복잡하지 않고 단순, 반복적일 때 더 효과가 큽니다.
데모를 할 때, 스크럼을 짜고 노래를 부르면서 그들은 뭔가 강한 힘이 속에서 솟아나는 것을 느낍니다. 이상하게 뭔가 훈훈한 듯한 감동이 밀려오면서 최루탄이 두렵지 않게 됩니다.
이것은 음악이 가져다주는 암시적인 일종의 최면 효과입니다. 이처럼 음악은 그 자체로 사람들에게 묘한 감동을 주는 것입니다.

찬양도 알지 못하는 사이에 이러한 도구로 쓰일 수 있습니다.
주님과 상관없이 도취에 빠지고 감격에 빠질 수 있는 것입니다.
가수들이 노래하는 모습을 보면 도취 상태에서 부르는 것을 많이 볼 수 있습니다. 그들은 눈을 감고 음악에 빠져 들어갑니다.
찬양 인도자도 자기도 모르는 사이에 그러한 음악의 감동에 빠질 수 있습니다. 주님이 아닌 음악이 주는 힘에 도취될 수 있는 것입니다. 그것은 성도들을 주님의 생명과 임재와 영광으로 이끌지 않고 자기도취의 바다로 이끌어가게 됩니다.

부흥 집회에는 지명도가 높은 스타 출신의 복음 성가 가수가 끼어 있는 경우가 많습니다. 그들은 스타의 얼굴을 보고 싶어하는 사람들의 심리를 잘 알며, 그런 프로그램이 군중 동원에 효과적이라고 생각하는 것 같습니다.
은혜스러운 예배를 위해서는 찬양 사역자의 지명도보다 그의 영성과 신앙에 더 많은 관심이 기울여져야 합니다. 진정한 은혜는 그의 명성보다 그가 체험한 내적 생명과 찬양을 통한 영의 흘러나옴이기 때문입니다. 그렇지 않고 스타가 지닌 음악의 힘에 다같이 동화된다면 그것은 진정한 찬양의 모습이 아닙니다. 거기에는 거룩하신 주님의 임재와 영광이 올 수 없습니다.

찬양의 중심은 심령

일반적으로 찬양을 하는 사람들은 그 곡을 즐길 뿐 가사의 내용에 대해서는 그다지 관심을 기울이지 않는 것 같습니다.
어떤 부흥 집회에서는 "이 기쁜 소식을 온 세상 전하세.. 성령이 오셨네!"를 열심히 부릅니다. 그리고는 곧이어 "성령이여, 강림하사.."를 부릅니다. 뭔가 모순이 아닐 수 없습니다.
성령이 오셨다면 다시 강림하시라고 할 필요가 있겠습니까? 이것은 그들이 찬송을 열심히 부르면서도 곡조와 분위기에만 신경을 쓸 뿐 찬양의 메시지에는 별로 신경을 쓰지 않고 있음을 잘 보여 줍니다.
어떤 형제는 찬송가 364장을 몹시 좋아합니다.
"내 평생 소원은 늘 찬송하면서 주께 더 나가기 원합니다."
그러나 그는 집회에 가는 것을 몹시 귀찮아하며 육신적인 즐거움들을 포기하고 주님을 더 가까이 하는 데에는 관심조차 없습니다. 그러니 그 사람의 이러한 고백과 찬양은 별로 의미가 없는 것입니다.
복음송과 찬송가의 가사는 주님께 대한 사랑과 헌신의 표현이며 자신의 신앙적 결단이 포함된 신앙 고백이 되어야 합니다. 그러므로 결코 공감할 수 없는 찬송을 함부로 주의 없이 불러서는 안 됩니다.

서울에서만 30년 정도 살았던 한 사역자의 이야기가 있습니다. 그는 사역지를 찾다가 결국 육지에서 멀리 떨어진, 배를 두 번이나 갈아타야 갈 수 있는 조그만 섬에 있는 교회로 가게 되었습니다.
도시에서만 오래 살았던 그로서는 기도하며 주님의 뜻임을 확신하고 결단하기까지는 많은 고민의 과정이 있었던 것 같습니다. 그는 거기서 7년 정도의 기간 동안 사역을 했는데, 처음에 그 곳으로 출발하기 위하여 고속버스 터미널에 이르자 그는 이러한 이야기를 했습니다.
"나는 오랫동안 부르고 싶었지만 결코 부를 수 없었던 한 찬송이 있었다. 그것은 '부름 받아 나선 이 몸 어디든지 가오리다' 라는 찬송이다. 나는 이 곡을 함부로 부를 수 없었고 그러한 나 자신이 너무나 부끄러웠다. 그러나 지금 감사하게도 나는 이제 이 찬송을 부를 수 있을 것 같다."
한국 사람의 성향은 일반적으로 쉽게 약속을 하지만 그 후에는 쉽게 그 약속을 잊어버립니다. '아멘!' 을 습관적으로 잘 하는 사람들은 아무 때나 쉽게 '아멘!' 을 하지만 조금만 시간이 지나도 그는 그것을 기

억하지 않습니다.//
지나치게 엄격한 기준을 도입할 때 아마 만만하게 부를 수 있는 찬송은 하나도 없을 것입니다. 그러나 할 수 있으면 우리는 진실된 마음으로 찬양의 메시지와 고백을 주님께 드려야 합니다. 그것이 영적 실제가 있는 찬양의 세계에 가까이 가는 하나의 요소인 것입니다.

섬에서 두 청년에게 복음을 전하게 되었습니다. 그 중 한 청년은 호의적이었고 다른 쪽은 납득이 가지 않는 듯했습니다. 내가 그들을 위하여 기도를 하자 한 청년은 진지하게 "아멘!" 했으나 다른 청년은 침묵을 지켰습니다.
그리고 나서 내게 "아멘을 하지 못해서 죄송합니다."라고 말하는 것입니다. 나는 그 청년에게 솔직히 말해 줘서 고맙다고 이야기하고 한국의 그리스도인들이 형제만큼만 정직하다면 세상이 바뀔 것이라고 칭찬해 주었습니다.
나는 그 청년이 후에 주님을 영접했으리라고 믿습니다. 말에는 항상 책임이 따라야 하는 것입니다.

진정한 찬양은 마음의 중심으로부터 범사에 감사하고 주를 경외하는 삶의 자세로부터 나오는 것입니다.
한 부인이 있었습니다. 이 부인은 노래를 잘 하며 그의 딸은 성악을 전공했고 그의 모든 가족은 음악성이 있었습니다.
그래서 교회의 가정 단위의 성가 경연 대회를 할 때 항상 우승을 합니다. 그러나 그녀의 삶에는 항상 감사보다는 원망과 한숨이 끊이지 않았습니다. 과연 이 부인과 그 가정은 찬양을 잘 하는 가정일까요? 아닙니다. 그들은 다만 노래를 잘 할 뿐입니다.
찬양이 노래가 아닌 찬양이 되기 위해서는 삶의 철학부터, 인생관과 신앙관에서부터 변화가 오지 않으면 안 됩니다. 찬양이란 근본적으로 하나님의 구원과 섭리와 그의 모든 삶에서의 인도와 배려하심에 대한 감사의 염이 노래라는 형식으로 표현되는 것이기 때문입니다. 따라서 불평과 원망의 마음 상태에서 찬양을 드리는 것은 바른 자세가 아니며 회개와 치유와 영의 회복이 먼저 선행되어야 합니다.

어떤 철야 집회에 갔었습니다. 연예인 선교의 밤이었습니다. 군중의 호응 속에 여러 프로그램이 진행되고 있었습니다. 그 중에는 영적으로 좋은 시간도 있었고 별로 좋지 못했던 시간도 있었습니다.
나는 어떤 독창의 순서를 보고 놀랐습니다. 그녀의 의상, 표정, 제스처, 백 뮤직밴드 등의 분위기가 술집이나 영화 속에서, 군대에서 본 공연의 퇴폐적인 분위기와 매우 흡사한 데 놀랐습니다.
그녀가 찬양을 할수록 그녀의 속에서 처리되지 않은 자아, 음란, 혈기, 고집, 미움, 짜증의 영들이 흘러나왔습니다. 나는 도대체 역겨워서 견딜 수가 없었습니다. 영적인 압박감과 심령의 고통이 너무나 심해져서 할 수 없이 바깥으로 나오려고 그 인파를 뚫었으나 다음 순간 나는 더 놀랐습니다. 그 순간 찬양이 끝나면서 우레와 같은 박수소리가 터져나왔던 것입니다. 나는 어처구니가 없었습니다. 사람들의 영적 둔감성과 무지로 인하여 기가 막혔습니다.

찬양은 심령의 중심으로부터 드려지는 것입니다. 엄밀한 의미에서 자신의 삶이 주님께 온전히 드려지지 않은 사람은 진정한 찬양을 드릴 수 없습니다.
찬양이 은혜스러우며, 실제가 되기 위해서는 주님의 손에 의해서 굴복되어야 하며 살아계시고 실제이신 주님을 경험해야 합니다. 그리고 그의 심령 가운데 사역을 위한 주님의 기름 부으심이 있어야 합니다.

그러한 실제적인 주님과 영성의 경험을 하지 않은 사람은 주님의 은혜와 생명이 흘러나오는 도구가 되기 어렵습니다. 그가 아무리 음악성이 뛰어나고 소리가 아름다워도 그것은 사람의 영혼을 깨울 수 없습니다. 진정한 찬양은 주님의 임재와 영성의 충만함에 비례하는 것입니다.

찬양은 중요한 사역입니다. 그가 영적인 실제를 많이 경험할수록 그의 찬양은 생명에 속한 것을 내포하게 됩니다. 찬양의 사역을 할 때 그는 그가 체험한 생명만을 부분적으로 나누어 줄 수 있습니다.

정결한 심령은 찬양을 통하여 정결한 영을 공급합니다. 그러나 부패하고 타락한 영은 역시 찬양을 통하여 그러한 악취를 공급하게 됩니다. 그러므로 진정한 생명의 찬양 사역자가 되려면 실제적으로 영혼의 깨어남을 경험해야 하며 주님의 깊으신 임재 속에 충분히 깊이 들어가야 하는 것입니다.

찬양 사역

찬양 사역은 그룹이나 개인으로서 직접 노래하는 사역과 찬양을 앞에서 인도하는 사역으로 나눌 수 있습니다. 그들은 단순한 음악적 취향이나 재능만으로 이 사역을 감당할 수는 없습니다.

이것은 쉽게 생각할 수 있는 사역이 아닙니다. 이 사역은 말씀의 사역이나 기도 사역보다 중요성이 덜하지 않은 훌륭한 생명의 공급 사역입니다. 그들은 먼저 주님의 생명을 풍성하게 체험하여야 합니다. 자신이 체험하지 않은 것을 나누어 줄 수는 없는 것입니다.

찬양 인도자, 사역자는 음악적 민감성의 기초 위에 주의 손의 훈련을 통해 영적 민감성을 획득하여야 합니다. 그는 지금 성도의 영적 상태

안에서 적절한 찬양이 무엇인지 느낄 수 있어야 합니다. 그는 지금 찬양을 강하고 뜨겁게 인도해야 하는지 조용한 가운데 진행시켜야 하는지 인도 받고 느낄 수 있어야 합니다. 그는 악한 영들을 초토화시키는 찬양을 해야 하는지, 아니면 근심과 짐을 맡기는 찬양을 드려야 하는지, 오직 주님 자신을 사모하고 고백하는 찬양을 드려야 하는지 분별할 수 있어야 합니다.

그는 찬양을 방해하는 어떤 근심이나 두려움의 짐이 좌중에 있는지 분별할 수 있어야 합니다. 그는 좌중의 무거운 영을 기도와 찬양으로 부술 수 있는 영권을 받아야 합니다.

찬양 사역은 성도들을 주님의 거룩과 영광으로 향하게 하는 귀한 사역입니다. 진정한 찬양사역은 죄성을 죽이고 영혼을 주님께 이끄는 능력이 있습니다. 주님의 깊고 강한 임재와 풍성한 영성의 경험을 가지고 있는 찬양 사역자들이 증가될수록 사람들은 실재하는 천국의 영광을 경험하게 될 것이며 살아 계신 주님의 영광 앞에 엎드러지게 될 것입니다.

5. 영적 감화와 종교적인 감동

영적 실제란 모호한 개념일까요? 그렇지 않습니다. 그것은 우리의 영이 실제적으로 주님의 임재하심을 경험하며 주님의 생명이 우리 안에 내적으로 부어지는 것을 의미하는 것입니다. 우리의 영이 실제적으로 주님을 경험하게 되면 영혼의 깨어남이 동반되며 영적인 감각이 살아나서 움직이게 됩니다. 그것은 모호한 관념이 아닙니다.

그 영적 실제의 경험과 각성의 깊이와 질에 대해서는 체험자의 헌신도와 경험의 수준에 따라 다양할 수가 있습니다. 그러나 어쨌든 그러한 경험과 접촉에는 옛 사람에 속한 육신의 성분을 죽이는 요소가 있습니다.

그는 한 순간에 온전해진다고 할 수는 없지만 부분적으로는 죄를 이기는 승리의 삶을 경험하게 됩니다. 그는 더 이상 옛 세상을 추구하는 것이 힘들다고 느끼며 "이제 나의 옛 사람은 끝났다."고 고백하게 됩니다. 그는 더 이상 자신을 위하여 사는 삶에 대하여 매력을 느끼지 못합니다. 그는 이제 오직 주를 위하여 시간과 물질과 마음을 바치기 원하게 됩니다.

그런데 이러한 영적 실제와 외형적으로 매우 흡사해 보이는 모조품이 교회 안에, 신앙생활 안에 있음을 우리는 이해해야 합니다.

흔히 '은혜 받았다'는 이야기를 합니다. 물론 이 '은혜'의 개념은 교리적이고 신학적이라기보다는 통속적인 의미에서 '감동 받았다'는 의미로 사용되는 것입니다.

예배가 끝난 후 설교자와 악수하면서 "은혜 받았습니다." 하는 것은 '설교 말씀이 내게 몹시 도전이 되고 좋았습니다.' 하는 의미입니다. 이렇게 흔히 은혜의 감동에 대하여 이야기하는데, 과연 은혜는 어디서 온 것인가, 그 감동은 과연 영적인 것인가 하는 것을 분별할 필요가 있습니다.

왜냐하면 사람은 원래 하나님의 형상을 따라 만들어졌기 때문에 비록 아담이 범죄하여 하나님의 품을 떠났다고는 하지만 사람은 누구나 종교적인 요소를 가지고 있습니다. 타락한 인간도 그 속에는 희미하게나마 영적인 요소가 남아 있는 것입니다.

그러므로 인류 문화가 있는 곳에는 동서고금을 막론하고 귀신을 믿든, 미신을 믿든 간에 어떤 형태로든 종교 의식이 존재하고 있습니다. 양심이나 윤리, 도덕 등도 이와 같은 인간의 희미한 종교심을 보여 주는 것입니다. 물론 이 양심이나 도덕, 종교심으로는 전혀 구원의 길로 가지 못합니다. 생명의 길은 오직 주 예수뿐이기 때문입니다.

그런데 우리가 알고 있는 소위 '은혜'와 '감동' 가운데에도 진정한 구원과 생명의 길인 주님으로부터 온 것이 아닌 이 비슷한 모조품, 사람의 본능적인 종교심을 자극하는 것이 얼마든지 있을 수 있는 것입니다.

음악적 도구의 힘

경험이 많은 찬양 사역자들은 음악적 도구의 힘을 잘 알고 있습니다. 사람들은 찬양의 클라이맥스 부분에서 드럼 소리가 최고조에 이르면 속에서 뭉클 치미는 감동을 느낍니다.

그들은 드럼과 강한 박자가 심장에 어떤 영향을 주는지 압니다. 성능이 뛰어난 앰프가 어떻게 그 감동을 확산시키는지 잘 압니다.
전자 오르간의 은은한 음향은 뭔가 가슴속에 감동을 일으키게 하는 요소가 있습니다. 값이 비싼 제품일수록 그 효과는 증폭됩니다. 그것은 어떤 영적 분위기를 형성하는 듯이 보입니다.
많은 돈을 들여 최고의 음질과 성량을 자랑하는 악기를 들여놓는다면 청중의 반응은 더 크게 나타날 것은 분명합니다.
부흥회에서 전자 악기를 들여놓을 수 없을 때는 주로 북을 많이 사용합니다. 북을 힘차게 '쾅! 쾅!' 칠 때 가슴은 '쿵! 쿵!' 뛰게 마련이고 찬송을 부르는데 있어서 훨씬 더 힘이 나게 됩니다.

악기를 많이 사용하는 것은 결코 나쁜 것이 아닙니다. 나는 오히려 다양하고 많은 악기의 사용을 선호하는 편입니다. 성경에도 많은 악기를 사용하여 찬양하라는 말씀이 많이 등장합니다. 다만 중요한 것은 악기를 사용하는 바른 자세에 관한 것입니다.
이런 악기의 힘들은 본질적으로 영적인 것이 아닙니다. 그것은 물리적인 것입니다. 그것은 본질적인 것이 아니고 부수적인 것입니다.
연주자가 성령 충만한 사람일 때 그 악기는 영적 생명을 나눠주는 도구가 될 수 있습니다. 그냥 피아노를 잘 치는 사람과 피아노도 잘 치지만 영감과 권능이 충만한 사람이 치는 것은 다릅니다. 전자는 단순히 음악적인 감동이 있을 뿐이지만 후자에는 그 사람의 피아노 반주나 연주를 통해서 하나님의 권능이 그 공간에 물결치듯이 임하게 됩니다.
그러나 악기의 연주가가 주님의 영으로 충만한 사람이 아니며 단순히 도구를 사용하는 사람에 그칠 경우에 악기는 다만 사람의 육신을 자극할 수 있을 뿐입니다.

대부분의 그리스도인들은 이러한 감동들에 대하여 그것이 주님께 속한 것인지, 사람에게 속한 것인지 별로 분별하지 않습니다. 영감으로 온 것인지, 육신적이고 도구적인 감동인지 분별하지 않습니다. 그냥 감동이 오고 전율이 온다면 그것을 즐기고 만족합니다.

그러나 이러한 분별은 너무나 중요한 것입니다. 주님께로부터 오지 않은 감동은 그가 그 순간에 아무리 즐거움을 누리고 만끽했다고 하더라도 그것은 일시적인 기분에 불과할 뿐 그의 영혼을 새롭게 하고 풍성하게 하지 못하기 때문입니다. 오히려 그러한 즐김은 그의 육신의 껍질을 더욱 굳게 만들 수도 있는 것입니다.

산 기도와 새벽 기도, 부흥 집회 참석에 열심을 내는 사람들이 오히려 보통 사람보다 더 강퍅하며 교회 분열의 씨가 되는 경우가 많이 있습니다. 그것은 그들이 그러한 열심 속에서 주님을 체험하는 것이 아니라 육신에 속한 것에 접촉하면서 속고 있기 때문입니다. 물론 이런 일은 일부이며 정상적으로 은혜를 받는 사람들이 더 많이 있을 것입니다. 다만 은혜와 감동으로 보이는 것 모두가 다 주님께로부터 온 것이 아니라는 사실을 우리는 기억하고 있어야 합니다.

세상이 주는 감동

우리는 이 세상에 많은 감동이 있으며 주님에 속한 것이 아닌 육신에 속한 것이라도 거기에 즐거움과 재미가 있음을 알고 있습니다.

이를테면 유명한 작품성 있는 명화를 봅시다. '바람과 함께 사라지다'와 같은 영화를 보면서 우리는 감동을 받을 수 있습니다. '마이 웨이' 같은 스포츠 영화를 보면서 가슴이 뭉클해질 수 있습니다.

자, 이 감동은 주님께로부터 온 것입니까? 물론 아닙니다. 이것은 감동이긴 하지만 생명과는 상관이 없는 것입니다.
또한 스포츠는 사람을 감동시키는 힘이 있습니다. 마라토너의 혼신의 힘을 다해 역주하는 모습, 마지막 장면의 역전승, 불굴의 투지, 승리한 후에 뛰어오르는 그들의 환호, 또한 패자의 비통함, 눈물, 이 모든 것에 마음속을 찡하게 만드는 요소가 있습니다. 그러나 이 감동이 영적이며 주님께 속한 것일까요? 물론 아닙니다.
어떤 이는 조영남이나 플라시도 도밍고와 같이 성량이 풍부한 가수의 노래를 들으면 속이 시원해지고 감동을 받습니다. 그러나 이런 감동이 영혼으로부터 오는 것입니까? 역시 아닙니다.

또한 많은 군중이 모였을 때 거기에는 강력한 에너지가 작용합니다. 한국이 월드컵 예선 최종 결승에서 숙적 일본을 꺾고 32년 만에 월드컵 본선에 진출했을 때, 운집한 관중 10만 명은 모두 기립하여 '아! 대한민국'을 불렀습니다. 정말 웅장하고 가슴 벅찬 감동과 흥분의 물결이 스탠드를 가득 메우고 있었습니다. 이것이 영적인 것일까요? 물론 아닙니다. 월드컵 4강에 이르는 과정에서 군중들이 보여준 응원과 환호와 감동의 물결을 모두가 기억할 것입니다. 거기에는 감동이 있습니다.
소녀들은 젊은 10대 가수들이 노래를 부를 때 환호하며 울고 통곡합니다. 그들은 어떤 감동을 느낍니다.
90년대에 '뉴키즈 온더 블록'이라는 그룹의 가수들이 내한 공연을 했을 때 많은 소녀들이 다치는 등 일대 소동이 있었습니다. 이에 대하여 그녀의 어머니들은 '말세'라며 한탄했지만 사실 그 세대의 여성들도 소녀 시절 70년대에 클리프 리처드라는 가수가 방한 공연을 했을 때 난리를 꾸미던 일이 여전히 있었습니다.
이러한 감동과 희열, 열정.. 그것이 생명에 속한 것입니까? 당연히 아닙니다.
이와 같이 음악에도 감동이 있고 스포츠에도 감동이 있으며 멋진 영화나 문화에도 감동이 있고 군중이 있는 곳에도 감동이 있습니다. 우리는 이 세상 안에 주님과 영성과 상관이 없지만 감동을 주고 마음에 충격을 주는 일들이 많이 있는 것을 기억해야 합니다. 그것은 우리가 주님께 나아가는 데는 도움이 되지 않지만 우리에게 감동과 즐거움을 줄 수 있습니다. 아니, 그러한 감동과 즐거움들은 오히려 우리가 주님께 나아가고 영혼을 깨우는 데에 있어서 방해가 되기도 합니다.

교회 안의 감동

이러한 예들을 계속 언급하는 것은 교회와 신앙생활 안에서도 이러한 형태의 감동이 얼마든지 있을 수 있다는 사실을 경고하기 위한 것입니다. 인간의 정신에 속한 것과 주님께 속한 것은 구별되어야 합니다. 그것은 진정한 은혜와 비슷해 보이지만 진정한 열매를 생산하지 못합니다. 사람을 거룩하게도, 아름답게도 만들지 못합니다. 다만 도취하고 즐기도록 만들뿐입니다.
교회 안에서 흐느껴 우는 사람이 다 주께 감동 받은 것은 아닙니다. 교회 안에서 느끼는 감동이 다 주께로부터 온 것은 아닙니다. 교회 안에서 느끼는 흥분이 모두 주님께로부터 온 것은 아닙니다.

테크닉이 뛰어난 사역자는 깊은 기도와 눈물과 헌신이 없이도 군중을 감동 속으로 이끌 수 있습니다. 똑같은 예화, 똑같은 레퍼토리를 점점 더 세련되고 재미있게 채색해 가면서 우리의 마음을 사로잡을 수 있습니다. 그러나 그 모든 것이 주님께로부터 나오는 것일까요?
어떤 사람은 유머 감각이 뛰어나며 어떤 이는 언변이 놀랍습니다. 그러나 그것들은 주님의 생명과 상관없이 독자적으로 사용될 수 있는 것입니다.

유능한 부흥사는 사람들의 마음을 쉽게 고조되게 만들며, 이럴 때 어떤 예화가 어떤 반응을 일으키는지, 적절한 몇 마디 말의 첨가가 어떤 감동을 일으키는지 압니다. 이러한 노련함이 주님께로부터 온 것일까요? 그럴 수도 있지만 그의 재능일 수도 있습니다.

진정 주님께로부터 온 사역자라면 그는 자신이 무엇을 해야 할지 모릅니다. 그는 주님을 의지할 수 있을 뿐입니다. 그는 주님이 어떻게 역사하실 지 알 수가 없는 것입니다. 그는 자신의 무기력함을 알며 오직 주님만을 기대하는 것과 기도하는 것만이 그의 능력의 근원이 됩니다. 그러한 사람이 진실한 주님의 사역자입니다.

영에 속하지 않았지만 사람에게 어떤 자극을 주는 요소는 많이 있습니다. 가톨릭의 유서 깊은 대성당에 들어가 봅시다. 사람들은 그 웅장함에, 벽화와 그림들에 압도당합니다. 주님께 압도당하는 것이 아니라 분위기에 압도당해 버립니다.

개신교도 이러한 성향을 따라가는 것 같습니다. 사람들은 교회에 가서 그 화려함, 훌륭한 강대상, 현대식의 미려한 교회 건물, 구조, 멋지고 화려한 장식에 탄복합니다. 그들은 감탄을 하고 마음이 열려서 은혜 받을 준비가 되어 있습니다. 그러나 그것은 주님께 속한 은혜는 아닙니다.

어떤 작고 초라한 교회에 사람들이 들어간다고 합시다. 영혼이 깨어있고 주님과 친밀한 교제를 나누는 사람이 아니라면 사람들은 비록 그곳에 생명이 충만하다 해도 그것을 체험하기 어려울 것입니다.

그들은 그 초라함과 궁상맞음에 이미 마음이 닫혀져 버렸기 때문입니다. 그들은 마구간과 구유의 주님보다는 헤롯 왕국의 그리스도에 더 익숙해져 있습니다. 어떤 면에서 현대에 있어서 전도의 가장 큰 능력은 주님의 능력이 아니고 건물의 힘인 것같이 보입니다. 크고 멋진 건물에는 전도를 하지 않아도 새 신자가 계속 밀려들어오기 때문입니다. 그것은 물질의 힘이며 영적인 능력이 아닙니다.

교회 안에 많은 감동들이 있습니다. 그 모든 것을 배제하고 무미건조하게 예배를 드리는 것이 좋다는 것은 아닙니다.
결론을 지어서 이야기한다면 교회 안에서, 예배에서 전자 악기나 여러 가지 도구들을 사용할 수 있습니다. 사역자의 경험이 요긴하게 사용될 수 있습니다. 그러나 그 모든 것은 하나의 부수적인 것일 뿐입니다.
가장 중요한 것은 영적인 능력입니다. 세상의 힘으로 주는 감동이 아닌, 주님의 임재, 주님 자신으로부터 오는 영적인 감동이 교회 안에 충만해야 합니다. 그것은 오직 기도와 갈망과 사모함을 통해서만 이루어질 수 있는 것입니다.

찬양 사역자들이 악기가 주는 힘만을 믿고 충분히 무릎 꿇지 않는다면 그는 육적이고 세상적인 감동만을 줄 수 있을 뿐입니다. 그는 이와 같은 감동과 주님께서 임하시는 감동의 차이를 구별할 수 있어야 합니다. 사람들을 어떤 감동에 이끄는 것은 그리 어려운 일이 아닙니다. 그러나 사람들을 그리스도께 이끌고 변화시키며 생명의 사역을 할 수 있는 것은 오직 눈물과 기도와 영적인 권능밖에는 없습니다. 이런 것들이 없이 도구만을 사용할 때, 쇼는 즐겁게 할 수 있지만 생명의 변화는 나타나지 않게 됩니다.
음악은 사람을 감동시키고 화려한 건물은 사람들을 교회에 끌어들일 수 있지만, 그러나 그뿐입니다. 진정한 전도는 사람을 건물 안에 데려오는 것이 아니라 영혼을 그리스도에게 속하게 하는 것입니다.
그러므로 교회에 온 사람들에게 영적 사역이 덧붙여지지 않는다면 그들 속에 생명의 역사를 일으키지는 못합니다.

오늘날 교회 안에 많은 행사가 있고 사역과 봉사가 있습니다. 거기에는 육신에 속한 감동과 열심뿐 주님의 생명이 임하지 않을 가능성은 항상 있습니다. 그것은 그 규모가 아무리 커도 마찬가지입니다. 크기는 영적 근원을 보장해주지 않습니다.
주님은 어떤 도구에 의해서 임하시지 않고 그분에 대한 끝없는 갈망과 사모함, 그분의 은혜에 대한 안타까운 추구의 열망, 깨어지고 낮아진 심령의 간곡한 기도와 정결한 심령 위에서만 임하실 수 있습니다.
표면상의 감동이 아닌 진정한 깊은 은혜를 원한다면 사역자는 주님의 임하심에 대한 한이 없는 갈망과 사모함 속에 사로잡혀야 합니다.
진정한 생명의 역사를 위하여, 잃어버린 영혼의 회복과 주님의 풍성함을 위하여 교회에서는 수많은 무릎들이 밤이 새도록, 항상, 영원히 꿇어지지 않으면 안 됩니다. 오직 그것만이 주님의 임재와 풍성한 역사를 이룰 수 있기 때문입니다.

6. 교제와 영적 실제

성도의 영적 성장에 있어서 교제의 중요성은 말로 표현하기가 힘들 정도입니다. 교제가 없는 고독한 성도는 성장에도 많은 어려움을 겪게 됩니다.
물론 주님을 체험하고 알아 가는 과정에서 겪게 되는 고독과 광야의 체험을 부인할 수는 없습니다. 또한 일생을 깊은 중보의 사역으로 보내기 위하여 고독을 선택하는 이도 있을 것입니다.
그러나 그러한 것들은 어디까지나 하나의 과정이거나 독특한 사역으로, 일반적으로는 성도의 성숙에 있어서 교제가 몹시 중요하고 필요합니다.
그러나 오늘날 교회 안의 많은 모임들과 개인적인 많은 교제 속에서 과연 생명의 교통, 흐름이 충분한가에 대하여는 깊은 의문을 갖지 않을 수 없습니다.

교제를 방해하는 하나의 요인은 교회의 분열입니다. 그리스도의 피로 값 주고 사신 그리스도의 신부, 그리스도의 몸인 교회는 온전히 하나입니다. 그러나 현실적으로 이 하나됨의 개념은 잘 이루어지지 않고 있는 듯이 보입니다.
현실의 교회는 많은 교파, 교리, 교단, 개교회로 나뉘어져 있으며 같은 교단, 같은 단체, 같은 교회에 속하지 않은 사람들이 하나가 되어 깊은 교제를 나누는 것은 매우 어렵습니다. 그들이 하나가 되어 교제가 이루어지기 위해서는 상대방들을 자기들의 교회나 단체에 끌어들여야 가능한 듯이 보입니다.

어떤 사람이 어떤 이유로 자신이 속한 교회를 떠났다고 합시다. 그는 더 이상 전의 교회에 다니던 사람과 교제를 나눌 수 없을 것입니다. 그는 더러 거리에서 전에 알던 사람을 마주칠 지도 모릅니다. 그러나 그러한 만남은 아주 어색하고 불편할 것입니다. 그들은 어색한 인사를 나눈 후 서로 불편하게 헤어져야 할 것입니다.

한 교회를 떠나면 더 이상 그 교회에 소속된 이들과 교제를 나누기는 어렵습니다. 어떤 교회에서는 그렇게 교회를 떠난 사람을 '잃은 양' 취급을 하기도 합니다. 돌아와야 할, 방황하고 있는 잃은 양으로 여기는 것입니다. 이것은 어처구니없는 현실입니다.

교제와 나눔

예배를 드리면서 때로 성도들은 옆 사람과 손을 잡고 '사랑합니다.' 하고 고백을 하거나 '우리는 하나' 라고 노래하며 찬양합니다. 그러나 예배가 끝나면 한 사람은 60평의 궁궐 같은 아파트로 돌아가고 그의 손을 잡았던 한 사람은 지하의 셋방으로 돌아간다면 이것은 진정 하나 됨일까요?

물론 다행스럽게도 이런 일은 벌어지지 않습니다. 지하 셋방에 사는 사람은 그런 부자가 다니는 교회에 갈 엄두를 내지 못하기 때문입니다. 그렇다면 진정한 하나됨을 위해서 모든 부자들은 가난한 사람의 문제들을 책임져야 합니까? 물론 그런 것은 아닙니다. 다만 진정한 교제를 위해서는 우리는 서로를 알아야 하며 마음을 나누어야 하는 것입니다. 상대방의 상황을 전혀 모르면서 손을 잡고 노래를 했다고 해서 하나가 되는 것은 아닙니다.

경제적인 부분은 중요한 부분입니다.
어떤 그리스도인들이 경제적인 윤택함을 누리면서 가난한 형제들을 향한 별 갈등이 없이 하나님의 축복을 감사하면서 산다면 그는 주님을 안다고 할 수 없을 것입니다.
한 아버지가 계십니다. 그에게는 많은 아들들이 있습니다. 장남은 매우 영리하고 재주가 많아서 일찍 성공했고 여유 있는 삶을 삽니다. 그러나 막내는 칠칠치 못해서 매일 굶으며 병으로 고생을 합니다.
매주일 아들들은 아버지를 뵈러 오는데 막내는 와서 징징거리며 장남은 밝은 얼굴로 와서 감사를 드립니다. 이것이 진정한, 실제의 가족들입니까?

거기에는 문제점이 있습니다. 그리스도인이라면 두 벌 옷과 두 개의 구두를 부끄러워하면서 살아야 합니다. 물론 이 표현은 문자적인 것이 아니지만, 남는 것에 대하여 나누지 못하면 우리는 마지막 날에 주님의 얼굴을 대하기가 부끄러울 것입니다.
우리는 막내아들에 대하여 염려하시는 주님의 심정으로 들어가야 합니다. 그것이 지식이든, 시간이든, 돈이든, 사랑이든, 우리는 내게 있으나 남에게 없는 것을 공평하게 하여야 합니다.

이러한 측면에서 생각할 때 오늘날 초라한 개척 교회와 대형 교회의 풍성함을 보면 과연 교회가 하나인지 의심하지 않을 수 없습니다.
어떤 곳에서는 반주자가 없어서 예배의 지탱이 어려우며 어떤 곳에서는 많은 달란트가 있어도 다른 사람들이 많기 때문에 발휘할 수 있는 무대가 없습니다.
어떤 사역자는 순전히 생존을 위하여 고통하고 어떤 사역자는 좀 더 수준 높은 고통을 겪습니다.

주님의 교회가 진정 하나라면 주님은 이러한 불균형을 기뻐하시지 않을 것입니다.

오늘날 다른 교회는 어떻든 간에 우리 교회만 풍성하고 충만하고 부흥되면 된다는 의식이 만연하고 있습니다. 이러한 의식이 개교회 중심의 분열을 가져옵니다.

이것은 몹시 불행한 일입니다. 그러한 개 교회 중심주의로 인하여 성도의 아름답고 풍성한 교제가 제한을 받게 되는 것입니다.

이견의 극복

어떤 사람은 교리나 개념에 대한 확고부동한 견해를 가지고 있습니다. 그들은 자신의 개념에 반대되는 개념을 용납할 수 없습니다. 그들은 상대방이 아무리 헌신된 그리스도인이라고 하더라도 자신과 견해가 다른 사람과는 교제하지 못합니다.

그들은 같은 견해를 가진 사람들과만 친근한 교통을 나눌 수 있을 뿐입니다. 그들은 만나서 서로 논쟁만 하느니 서로 만나지 않는 것이 낫다고 여깁니다. 그것은 몹시 불행한 일입니다.

그러나 성도의 교제는 교리나 교단, 개념을 초월해야 합니다. 아무리 의견이 달라도 부모가 같다면 우리는 형제입니다. 그리스도로 인하여 구원받은 것이 분명하다면 다른 이론과 성향에도 불구하고 우리는 형제입니다.

그리스도로 인하여 구원받은 것이 분명하다면 다른 이론과 성향에도 불구하고 우리는 교통할 수 있습니다. 우리의 확신이 소중한 만큼 우리는 타인의 그것도 인정하고 용납할 수가 있어야 합니다.

적어도 우리 자신이 100% 오류를 범할 수 없는 하나님이 아니라면 말입니다.

많은 입장의 차이가 있더라도 주께 헌신된 사람은 서로 사랑해야 합니다. 우리는 성도의 교제와 나눔을 추구해야 합니다. 우리가 따르는 것은 어떤 개념이 아니고 오직 그리스도이기 때문입니다.

성향의 극복

현실적으로 사람들의 교제는 주로 학벌, 경제적 수준, 연령별, 지적 수준, 성향이나 기질을 중심으로 해서 이루어집니다. 학벌이 뛰어나고 엘리트에 속한 사람들과 보통의 사람들은 교제를 나누는 것이 쉽지 않을 것입니다.

이러한 경향은 우리의 교제가 주님의 생명과 영혼의 상태에 따른 교제가 아니고 인간적인 교제인 것을 보여 주는 것입니다.

이것은 영적 교제가 아니고 하나의 파벌일 뿐입니다. 이것은 우리가 자신과 자신의 성향만을 사랑하고 있음을 보여 줍니다. 자신의 기질만을 섬기고 있음을 보여 줍니다. 이것은 주님께로부터 온 교제가 아니고 육신, 겉 사람에 속한 교제입니다.

우리가 한 하나님 아버지, 한 주인을 모시고 있다면 그리스도인은 진정한, 실제적인 하나가 되어야 합니다. 사회적 지위, 경제적 수준, 연령의 차이, 지적 수준 등은 만약 모두가 그리스도의 생명을 소유하고 있다면 대단한 문제가 될 수 없습니다.

우리의 교통은 우리의 타고난 성분이나 기질이 아닌 주님을 사랑하고 나눌 수 있는 것에 따라 이루어져야 합니다. 그리고 그 교제가 주님께 통제를 받아야 할 것입니다.

교제의 요소

그렇다면 그리스도인의 참된 교제의 요소는 무엇입니까? 그것은 그리스도입니다. 그리스도인의 교제는 바로 이 그리스도를 나누는 것입니다. 서로의 안에 계신 그리스도를 확인하고 맛보고 그리스도를 서로 공급하는 것입니다.

그것이 생명의 교통입니다. 이 교제는 항상 예배의 형태를 가져야만 하는 것은 아닙니다. 일상의 모든 사건에 대해서도 우리는 그리스도 안에서 그리스도의 관점과 시각으로 형제를 세우며 사랑으로 교통할 수 있습니다.

우리는 영적으로 쇠약해 있더라도 그리스도와 은혜를 나누는 교제를 통하여 영적으로 새로워짐을 느끼게 됩니다. 기도하기 어려운 자매가 이 교제의 풍성함을 통하여 영을 공급받게 됩니다. 직장에서 몹시 상처를 받은 형제가 교제를 통해서 새로워질 수 있습니다. 우리는 세상의 피곤함 속에서 살다가도 주님을 사랑하는 지체들의 얼굴을 보는 순간 마음에 힘이 솟아오르는 것을 느끼게 됩니다.

그리스도인들끼리 모여 있다고 해서 자동적으로 영적이고 실제적인 교제가 되는 것은 아닙니다. 어떤 이들은 주님과 전혀 관계없이 교제하고 이야기합니다. 그들의 대화와 교제는 세상 사람들과 별로 다르지 않습니다.

그들은 주님께서 그 자리에 함께 계시다고 생각하지 않으며 주님이 기뻐하지 않을 이야기도 마구 해댑니다. 열심히 세상 돌아가는 이야기, 남편 자랑이나 험담, 시댁의 험담들, 유행하고 있는 가십이나 재미거리에 몰두합니다. 그러한 것은 성도의 교제가 아니며 영적 교제가 아닙니다. 믿는 사람들이 모였다고 다 영적인 교제가 아니며 그러한 이들은 실제적인 그리스도인이라고 할 수 없습니다.
그 모임이 비록 구역 예배 모임이었으며 예배를 드렸다고 해도 그들은 모임을 마치고 집에 돌아가면서 별로 심령에 기쁨이 없을 것입니다. 주님을 나누지 않고 영의 흐름이 없는 교제는 심령에 후련함과 기쁨과 회복을 주지 못합니다.

10여 년 전 어떤 신혼부부의 집에 초청 받은 적이 있습니다. 그 형제는 주님을 영접한 지가 얼마 되지 않았고 음악적 재능도 많았으며 영적 성숙에 대한 열의가 몹시 대단한 상태에 있었습니다.
나는 아내와 함께 그 집에 가면서 몹시 기대가 되고 흥분이 되었습니다. 여러 그리스도인 형제 자매들이 오는 것을 알았기에 마음이 몹시 기뻤습니다.
오늘 밤 몹시 좋은 시간이 될 것이다. 찬양과 말씀 나눔과 간증과 주님의 생명을 나누는 많은 즐거움이 있으리라. 우리는 몹시 즐거운 기분으로 기대를 하고 갔습니다.

그러나 그 집에 도착한 직후, 우리는 이러한 바람이 꿈에 지나지 않음을 알게 되었습니다. 상다리가 부러지도록 차려 놓은 음식들, 그리고 함께 초대된 그리스도에 별로 관심이 없는 여러 형제들, 당초에 그것은 먹고 즐기기 위한 모임이었지 그리스도와 관계 있는 모임은 아니었습니다.
음식을 차리는 데 많은 시간이 걸렸고 그것을 배부르게 먹는 데 또한 많은 시간이 걸렸습니다. 또한 그것을 치우는 데도 적지 않은 시간이 지나갔고, 별 의미 없는 농담과 가십거리를 주고받으며 그렇게 시간은 흘러갔습니다. 그리스도에 대한 아무런 나눔도, 그리스도 안에서의 아무런 교통도 없이 말입니다.

늦은 시간, 우리는 몹시 실망해서 그 집을 나왔습니다. 억지로 열심히 먹어댔던 음식 때문에 더부룩한 위장만큼이나 심령이 불편해진 상태에서 말입니다.

이것이 그리스도인의 교통일까요? 단순히 떠들고 먹고 마시는 데 많은 돈과 시간을 투자하고, 그것이 그렇게 가치 있는 일일까요? 그러기에는 우리에게 주어진 시간이 너무나 짧습니다. 그리스도가 빠진 교제는 오직 허탈함과 허무함을 가져다 줄 수 있을 뿐입니다.
하지만 그리스도인들의 모임에서 그리스도를 나누지 않고 그저 자기들끼리만 노는 것이 보편적이고 흔히 있는 일이라는 것을 나는 나중에 알게 되었습니다.
현실은 오히려 주님에 대해서 이야기하는 사람이 이상한 사람이 되어 버립니다. '그런 이야기는 교회에서나 하지..' 하고 생각하는 이들이 많이 있는 것입니다. 이러한 모습은 평신도들의 모임이나 사역자들의 모임이나 차이가 없었습니다.
이것은 몹시 슬픈 현실입니다. 가난하고 웅장한 교회 건물도 없는 초대 교회 신자들의 아름답고 풍성했던 교제를 생각해보면 우리들은 너무나 영적으로 가난한 여건에서 살고 있는 것입니다.

먹기 위한 모임이 잘못이라고 할 수는 없습니다. 먹는 것은 그리스도인들에게도 아주 즐거운 일입니다. 초대 교회에서도 항상 먹는 모임이 있었습니다.
그러나 우리는 먹으러 모일 때 그리스도인으로서, 주님의 사람으로서 모여야 합니다. 음식과 함께 생명의 떡이신 주님을 나누어야 합니다. 그럴 때에 비로소 그 모임은 기쁨과 생명이 충만한 모임이 될 수 있는 것입니다.

그리스도인이 함께 모였다고 해서 다 생명의 교제가 되는 것은 아닙니다. 그러므로 우리는 생명의 교제를 사모해야 합니다.
그리스도가 내게 얼마나 귀중한 분이며 그분이 해주신 일들, 모든 일상의 삶 속에서 이루어 주시는 것들이 얼마나 귀한 것인지를 나누어야 합니다.
일상에서 부딪히는 서로의 아픔에 대하여 깊이 마음을 나누며 기도 제목을 나누며 서로 위로하고 기도해야 합니다. 마음을 나누고 즐거움을 나누며 교제의 아름다움을 만끽해야 합니다.
그것은 너무 딱딱하고 지겨운 모임이 될까요? 그렇지 않습니다. 그 곳에는 풍성함과 따뜻함과 안식이 있습니다. 그것은 모두에게 내적인 행복감을 공급해 줍니다.

예배 시간이 끝났다고 해서 세상 사람이 되어서는 안 됩니다. 우리는 언제 어디서나 변함없는 그리스도의 사람이 되어야 합니다. 하루 스물네 시간 우리는 그리스도인들입니다.
영적 교제의 실제로 들어가십시다. 서로의 마음과 심령을 나누며 그리스도를 공급하고 그리스도의 은혜를 피차 사모하는 깊은 교제를 나누어야 합니다. 그러한 영적 교제 속에서 우리의 영혼은 더욱 더 주님 앞으로 가까이 나아가게 될 것입니다.

7. 훈련과 체험과 영적 실제

훈련과 실제

살아 있는 그리스도인이라면 누구나 영적 성장을 앙망합니다. 그리고 이러한 기대를 충족시켜 주는 교회와 선교 단체의 많은 훈련 프로그램들이 있습니다.

신앙 성장에 관심이 있는 성도들은 이러한 훈련 프로그램을 배우고 이수하는 것을 좋아합니다. 이렇게 훈련 프로그램을 이수하는 것은 교회에 따라서는 하나의 유행처럼 번지기도 합니다. 마치 교회는 새로운 것을 배우고 싶어하는 수강생으로 가득 찬 학원으로 변화되어 가는 듯이 보입니다.

이러한 프로그램들은 그리스도와 말씀과 신앙의 진리에 대한 훌륭한 통찰력과 영적인 동력을 제공합니다. 그리고 이러한 과정을 이수한 사람은 뿌듯한 자부심, 새로운 깨달음, 어떤 자신감 등을 획득하게 됩니다.

그러나 여기에도 위험은 도사리고 있습니다. 이러한 훈련들이 주님을 경험하게 하며 주님을 알아 가는 데에 실제적으로 도움이 될 수도 있지만 또한 영적인 실제가 결여된 채 어떤 고정된 관념의 형성이나 경험에 그칠 수도 있는 것입니다. 그러한 경우에는 실제적으로는 별로 유익이 없이 과정의 이수에 대한 자부심과 이에 따른 영적 교만만 남을 수도 있기 때문입니다.

어떤 사람들은 이렇게 말하곤 합니다.
"아직도 그 ** 훈련을 받지 않으셨어요?"
그들은 헌신된 신자라면 당연히 ** 단체에서 훈련을 받아야 한다고 생각합니다. '아직도 그것도 모르세요?' 그들은 이러한 뉘앙스를 풍기면서 말하는 것입니다. 그들은 자신들이 받은 훈련과 교육이 정말 놀라운 것이며 대단한 것이라고 생각합니다. 이런 훈련도 받지 않고 어떻게 영적이라고 할 수 있는가.. 이런 식으로 말하고 생각하는 이들을 나는 많이 보았습니다.
그들의 삶이나 태도를 보면 전혀 영적인 흐름이 없으면서도 자신들이 받은 훈련이나 교육에 대해서 자랑하는 이들을 나는 많이 보았습니다. 그러한 것은 오해를 하고 있는 것입니다.

실제로 훈련받은 이로 말미암아 일어나는 교회 분열과 상처도 적지 않습니다. 그들이 영적 훈련을 받지 않았더라면 그리스도 안에서의 교제와 연합은 아마 손상되지 않았을지도 모릅니다.
그러나 그들이 훈련받을수록, 새로운 것을 깨달을수록 교회는 분열되고 그리스도의 몸은 파괴되는 일이 많이 있습니다. 그 이유는 무엇일까요? 그들은 영적인 실제에 접촉하지 않았으며 단지 개념에 접촉하고 있기 때문입니다.

일반적으로 기성 교회에서는 영적 싸움이나 내적 치유, 주님의 인도를 받는 방법, 깊은 헌신, 말씀을 파악하고 적용하기 위한 좀 더 깊은 통찰 등과 같은 부분은 별로 다루지 않습니다. 아마 사역자들이 이러한 영적인 세계에 대한 이해가 부족하거나 성도들의 수준이 어린 수준에 있어서 그럴 것입니다.
그러므로 이런 부분을 새롭게 배우고 경험한 이들은 기성의 체제에 대하여 어떤 우월감이나 이질감을 가질 수 있습니다.

지금에 있어서는 일반 교회에서도 영성 세미나라든지, 선교 단체에서 하는 프로그램을 많이 접목시키고 적용하고 있기 때문에 기성교회와 그러한 단체들과의 거리는 많이 좁혀졌습니다. 그러나 아직도 그러한 갈등과 거리감이 전혀 없는 것은 아닙니다.

영적인 분위기가 충만한 집회에 참석했던 이들은 몹시 고양됩니다. 그들은 자신이 충만한 상태가 되었다고 생각합니다.

그러나 영적 실제는 몇 번 은혜를 받고 멋진 강의를 들었다고 해서 순간에 이루어지는 것이 아닙니다. 책을 몇 권 읽고 그 이론을 이해했다고 해서 참된 영적 실제를 경험할 수 있는 것은 아닙니다. 어떤 영적 실제와 원리가 나의 것이 되려면 현실 속에서 수많은 실패와 갈등과 체험을 통하여 서서히 그 자신의 것으로 조금씩 소화될 수 있는 것입니다.

젊은이들의 헌신과 열정은 순간의 열정으로 지나가 버리는 경향이 매우 많습니다. 그러나 분위기에 휩쓸려 울고 헌신을 고백하는 것은 쉬운 일이지만, 실제 삶에서의 불시험을 통과하지 않은 상황에서 그것은 아직 온전한 헌신으로서 입증될 수 있는 것은 아닙니다.

많은 사람들이 주님께 대한 사랑을 고백하지만 막상 구체적인 헌신이 필요한 곳에서, 또한 시험이 올 때에 진정으로 주님 앞에 서 있는 사람은 그리 많지 않습니다.

젊은이들은 기성세대와 기성의 신앙에 대하여 쉽게 비판하는 경향이 있습니다. 그러나 자신의 삶으로 실제에 접하고 실제의 삶을 경험하고 보여줄 수 있을 때에만 그러한 이야기들은 실제가 되는 것입니다.

훈련과 열매

진정한 영적 실제에 접했을 때 그것은 사랑과 포용을 가져다줍니다. 어떤 이가 실제를 접하고 주를 체험할수록 그와는 거리감이 없어지며 연합이 쉬워집니다.

그들은 어떤 훈련을 받았습니다. 그리고 그 결과로 아름다워집니다. 사랑스럽게 됩니다. 그들의 말과 표정은 따뜻하고 풍성해집니다. 그들은 다른 사람들을 사랑하며 다른 지체들에게 전에 주지 못했던 어떤 풍성함을 나누어줍니다. 그때 다른 사람들은 말하게 되는 것입니다. '저 사람이 변화되었다. 무엇인가 달라졌다.'
그것은 본인의 말이 아니더라도 다른 사람들이 느끼는 것입니다.

그러나 현실을 보면 어떤 이가 훈련을 받고 뭔가를 깨닫거나 체험했다고 주장하는 데 바로 그 순간부터 그 체험이나 깨달음 때문에 교회는 분열이 시작됩니다. 그들의 말은 아주 영적인 것 같은데 이상하게 관계는 점점 더 살벌해지고 거리와 벽이 생기게 됩니다. 그것은 그 사람이 영적인 실제에 접한 것이 아닙니다.

어느 단체에 헌신한 한 자매가 있습니다. 그녀는 당연히 그녀의 전 생애를 주를 위해 드렸으며 주만을 섬기기 원하였습니다. 그러나 그녀의 가족은 말하기를 모든 그리스도인이 그녀와 같이 생활한다면 그리스도인이 되고 싶지 않다고 말합니다.

과연 그녀는 실제에 접촉했을까요? 주님보다 가족을 더 사랑하는 이는 주님의 제자됨에 적당하지 않으며 세상은 모두 마귀이므로 이러한 비난을 핍박으로 간주해야 할까요?
그럴지도 모릅니다. 그러나 많은 경우에 있어서 그러한 사람들은 그리스도의 실제에 접촉하고 있지 않으며 다만 착각하고 있을 뿐입니다. 그들은 자신을 영적이라고 생각하고 있지만 그러한 모습은 결코 영적인 모습이 아닙니다. 그것은 환상에 빠져 있는 것입니다.
만일 그녀가 실제에 접하고 있다면 그녀는 구태여 그것을 설명하거나 자신을 변호할 필요가 없을 것입니다. 왜냐하면 실제는 자연스럽게 드러나기 때문입니다.

어떤 그리스도인 부모가 '형제 교회'에 다니는 자신의 아들에 대하여 걱정하면서 그 교단이 이단이 아닌지 밝혀 달라는 질문을 한 것을 어떤 잡지에서 본 일이 있습니다. 그의 호소는 이런 것이었습니다.
"같은 하나님을 믿는데 왜 그리 서로 대화가 안 됩니까?"
그것은 바르지 않은 것입니다. 그 형제가 바른 그리스도의 사랑 속에 있다면 그는 그의 부모와 대화가 단절되지 않을 것입니다. 설사 그의 부모가 그와 대화가 통하지 않을 정도로 낮은 수준에 있다고 하더라도 그는 부모를 사랑함으로 자신을 부모의 수준으로 낮추어서 나눌 수 있는 것을 나누어야 할 것입니다.
사랑은 모든 관념을 무너뜨립니다. 사랑하지 않는 것은 영적이라고 할 수 없는 것입니다. 나만이, 우리만이 영적이라고 보는 것은 실로 무서운 독단이며 무엇인가 착각하고 있는 것입니다.

참으로 훌륭한 예배에 참석한 적이 있습니다. 몹시 은혜가 충만하고 거의 모든 성도가 주님만을 붙잡기를 열망했습니다. 그러나 예배 후 몇 성도와 교제하면서 그런 즐거움이 다소 반감되는 것을 느꼈습니다. 그녀는 "여기만이 진리와 생명이 있습니다." 고 강조했습니다.
그것은 정말 좋지 않은 말입니다.
엘리야도 그런 말을 한 적이 있었습니다.

그는 하나님께 호소하기를 "주님, 이제 저 하나만이 남았습니다. 온 세상의 믿음이 다 타락하고 말았습니다." 했습니다.
그러나 하나님은 말씀하셨습니다.
"그렇지 않다. 바알에게 무릎을 꿇지 않은 자가 7천명이나 있다." 그렇게 대답하셨습니다.
우리만이 영적이며 주님을 제대로 믿고 있다고 생각하는 것은 무서운 착각입니다. 주님께는 항상 그분께 속한 사람들이 있습니다.
나는 그녀에게 말했습니다.
"그렇지 않습니다. 주님께서는 훌륭한 많은 교회와 많은 종들을 보유하고 계십니다."
그녀는 바로 대응했습니다.
"어디에 그런 데가 있어요?"
그렇게 따졌습니다. 이것은 어리석은 일입니다.

자기 확신과 영적 우월감을 가진 많은 사람들이 기성 교회를 비판하고 공격합니다. 그들은 모여서 자신들이 들은 설교의 내용을 서로 나누며 이 얼마나 세속적이고 진리가 결여되어 있는가를 흥분하면서 이야기합니다.
그것은 바른 자세가 아닙니다. 왜냐하면 교회는 그리스도의 몸이기 때문입니다. 완전하고 흠이 없는 것은 결코 아니지만 교회는 그리스도의 몸입니다. 교회에는 비판과 공격보다는 사랑과 눈물과 중보의 기도가 필요할 뿐입니다.
다른 교회나 전체 교회를 욕하는 이들은 부끄러운 줄을 알아야 합니다. 그것은 자기 몸을 치는 것과 같은 것입니다.
왜냐하면 우리는 모두 한 몸이기 때문입니다. 우리는 교회에 문제가 있을 때 그 교회를 위하여 아파하고 고통을 분담하는 것이 필요합니다. 마치 교회가 자기와 상관이 없는 양 비난한다면 거기에는 주님의 은총이 임하지 않습니다.

훈련의 중심

오늘날 많은 훈련이 있습니다. 교회와 영적인 단체와 선교 단체 등에서 많은 주제를 가지고 그리스도인들을 훈련시킵니다.

아버지 학교도 있습니다. 가정 학교도 있습니다. 내적인 치유를 다루는 내용도 있습니다. 전도 폭발과 같은 전도 훈련도 있습니다. 각종 교리 훈련도 있습니다.

그것들은 모두 다 좋은 훈련입니다. 하지만 그 모든 것들은 각론적인 것이며 중심이고 본질적인 것은 아닙니다. 나는 가정 사역이나 아버지 학교 등지에서 많은 훈련을 받고 리더로서 봉사하던 이들이 개인적인 가정사에서는 이혼과 같이 불행한 일을 겪는 것을 더러 보았습니다. 훈련과 교육을 받을 때는 감동을 받지만 그 감동은 얼마의 시간이 흐르면 효과가 떨어진다는 이야기를 많이 들었습니다.

강력한 전도 훈련을 받는 이들도 한동안은 열심히 전도를 합니다. 하지만 역시 시간이 흐르게 되면 다시 그 역동적인 에너지를 상실해버리는 경향이 있습니다.

그 모든 훈련은 다 좋은 것입니다. 그러나 그것은 본질이 아닙니다.
시체가 있습니다. 시체는 죽어있기 때문에 아무 것도 할 수 없습니다. 세수도 못하고 식사도 하지 못하며 인사도, 대화도 할 수 없습니다.
시체에게 가장 중요한 것은 무엇일까요? 식사를 가르치는 것일까요? 인사하는 법이나 대화하는 법을 가르치는 것일까요?
아닙니다. 시체는 생명을 주어 살리는 것이 급선무입니다. 그 외의 모든 것들은 시체에게 근원적인 문제 해결이 되는 것이 아닙니다. 시체에게 멋진 옷을 입히고 화장을 하면 살아있는 것 같이 보이지만 조금 지나면 그가 죽어있다는 것이 드러나게 됩니다.

영적으로 병들고 약한 사람에게 가장 중요한 본질적인 훈련은 무엇일까요? 그것은 바로 주님의 영으로 채워지는 것입니다. 그의 영혼이 주님의 거룩한 성령께 사로잡히고 붙들리는 것입니다.

나는 초대 교회에 오늘날과 같은 다양한 훈련과 세미나가 있었을지 궁금합니다. 아마 없지 않았을까요.

그 당시에 훈련이 있었다면 오직 주님의 영으로 채워지는 훈련이 있었을 것입니다. 그들은 날마다 모여서 교제하며 사도의 가르침을 받고 주님의 영을 공급받으며 간증을 나누고 주님을 나누었습니다. 그들은 오직 주님께 사로잡히는 훈련을 했을 뿐입니다.

나는 어떤 내적인 치유를 다루는 베스트셀러에서 이제는 성령 충만으로 다 되는 시대는 지났다는 글을 읽은 적이 있습니다. 이제는 과거의 기억을 치유하고 마음의 상처를 치유해야 하며 성령의 충만으로는 부족하다는 것입니다.

나는 그렇게 생각하는 이들은 아직 성령의 충만이 무엇인지 모르는 사람이라고 생각합니다. 과거에 하나님의 영으로 사로잡혔던 모세나 엘리야나 다니엘이나 요셉은 결코 그것으로 부족하다고 생각하지 않았을 것입니다. 그들은 그들이 만난 하나님으로 부족하여 영성 세미나나 치유 세미나에 가려고 하지 않았을 것입니다.

오늘날 그리스도인들을 온전케 하고 성장하는 것을 도와주기 위하여 많은 세미나와 강좌가 있습니다. 나는 그 모든 것이 좋지만 가장 근본적이고 의미 있는 것은 그 사람의 영혼을 깨우고 일으켜 주님의 영으로 충만하게 하고 사로잡히게 하는 것이라고 생각합니다. 주님을 아는 것, 주님을 체험하는 것, 영혼이 깨어나고 그 주님의 영광과 천국의 영광에 실제적으로 사로잡히는 것.. 그러한 훈련이 필요합니다. 그리고 그러한 교육이 가장 근원적이고 본질적인 것입니다. 모든 훈련은 오직 우리의 영혼이 주님의 영에 가까이 나아가고 사로잡히게 하는 것이 되어야 합니다. 그것이 종착역이라고 나는 믿습니다. 그것이 훈련의 중심이 되어야 하는 것입니다. 그렇게 주님께 사로잡히고 주님을 알아가게 되는 이들은 더 이상 아무 것도 구하지 않게 됩니다.

영적 체험과 실제

영적인 훈련과 함께 그리스도인의 영적 성장에 중요한 자극이 되는 것이 영적인 체험들입니다. 주님의 임재에 대한 강렬한 체험은 그의 영적 여정에 중요한 요소가 됩니다. 한동안 그 사람은 긍정적인 변화들을 가지게 됩니다.

한 그리스도인의 믿음 생활은 그의 일생에 걸친 몇 개의 체험에 의해서 몇 개의 기간으로 나누어지는 것이 보통입니다. 그가 어떤 강렬한 영적 체험을 했을 때 그의 믿음 상태는 가파른 곡선으로 올라가게 됩니다.

그러나 시간이 점차 흐름에 따라 흥분은 사라지고 그의 영적 상태는 점차로 하강 곡선을 그리게 됩니다. 그렇게 점차로 영적인 열기를 잃어버리게 됩니다. 그러다가 그는 또 다른 영적 체험을 하고 다시 영적 회복을 이루어 가게 됩니다.

이러한 영적 성장의 주기에 대하여 무조건 부정적으로만 볼 필요는 없습니다. 파도에도 밀물과 썰물이 있듯이 영적인 열정의 온도는 어느 정도 주기가 있는 것이 일반적이기 때문입니다.

그리스도와 영적으로 일치된 체험과 강렬한 기쁨이나 권능의 체험과 같은 것은 신앙의 성장에 있어서 많은 기여를 하는 것이 보통입니다. 그는 이러한 체험을 통해서 악습을 끊기도 하며 복된 결단을 하기도 하며 부분적으로 죄에 대하여 승리를 경험하기도 합니다. 그러나 한 순간에 성장을 하는 사람은 아무도 없습니다.

체험 속에 실제는 점점 사라짐

단지 문제가 되는 것은 체험과 열정의 연속성과 일관성입니다. 그 체험의 감동과 맛은 점점 사라지게 마련입니다. 국은 팔팔 끓을 때 맛이 있습니다. 식은 후에 국의 성분은 변하지 않았을지 모르나 맛은 전과 같지 않습니다.

유명 연예인이나 사회저명인사가 있습니다. 그가 어떤 영적 체험을 하고 그리스도인으로 변화 받습니다. 그는 전혀 새로운 삶을 시작하게 되었으며 그는 지명도가 높은 사람이었으므로 여기저기 불려 다니며 간증을 하게 됩니다.

그는 간증을 하면서 자신의 체험 부분에 이르러 감동을 이기지 못하고 흐느껴 울기도 하고 주님의 놀라우신 사랑에 탄성을 발하기도 했습니다.

점차로 그에 대한 소문은 퍼져갔고 그의 간증 횟수는 늘어났습니다. 이제 그는 똑같은 간증을 계속하지 않으면 안 되었습니다. 두 번, 세 번, 네 번, 간증의 횟수가 많아지면서 그는 점차로 자신의 상황과 체험을 좀 더 세련된 표현으로 묘사하게 되었습니다.

점차로 그는 간증의 어떤 부분에서 사람들이 감동을 받으며, 어떤 부분에서 사람들이 폭소하며, 어떤 식으로 끝을 장식하는 것이 좀더 극적인 효과를 줄 수 있다는 것을 알게 되었습니다. 이 때쯤 되어서는 조금씩 사실에 뭔가를 덧붙이기도 하게 되었습니다.
시간이 흘러 갈수록 그는 영적 실제를 잃게 되었습니다. 그가 처음에 간증을 시작할 때 그는 눈물을 주체할 수 없었습니다. 그러나 차츰 이것이 줄어들고 약간 감동이 오는 듯한 정도이더니 나중에는 아주 무덤덤하고 냉랭한 상태에서 이야기를 할 수밖에 없게 되었습니다. 따라서 그는 점차로 자신의 감정을 공연하듯이 꾸며내지 않을 수 없었습니다. 이와 같은 이야기는 흔히 있는 일입니다.

체험이 잘못된 것일까요? 아닙니다.
체험은 좋은 것입니다. 그 체험 속에 영적 생명도 분명합니다. 그러나 그것은 오래가지 않습니다. 사실은 남아 있지만 감동은 여전히 남아 있지 않습니다. 훈련을 받을 때, 어떤 체험을 할 때, 사람들은 뭔가 진리를 깨닫고 전율하며 감동합니다. 세월이 지나 과정을 이수했지만, 사실과 진리는 남아 있으나 실제의 그 충만함은 없습니다. 그것은 바람처럼 공기 중에 날아가 버린 것입니다.

체험 속에 주님만 남아야

우리는 체험과 주님을 바꿀 수 없다는 사실을 알아야 합니다. 체험을 추구하는 것과 주님을 추구하는 것은 다릅니다. 그것은 미묘하지만 분명히 다릅니다.
깨달음과 진리를 추구하는 것과 주님 자신을 추구하는 것은 분명히 다릅니다. 전자는 독단에 빠질 위험을 항상 가지고 있습니다.
우리는 오직 주님을 붙들어야 합니다. 체험은 양식이 아니지만 주님은 양식이 되십니다. 과거에 아주 비싸고 좋은 음식을 아무리 잘 먹었어도 그 추억으로 계속 배부를 수는 없습니다. 그러나 매일의 양식으로는 충분히 살 수 있습니다.
중요한 것은 과거의 체험이 아니고 과거의 훈련이 아닙니다.
바로 오늘의 훈련이며 오늘의 경험입니다.
날마다 생동적인 주님과의 관계를 가져야 하며 오늘의 주님을 붙들고 사는 법을 배워야 합니다. 꺼져 가는 등불처럼 희미한 옛 체험의 추억을 의지하며 살아갈 수는 없습니다.
역사에 위대한 영성인들이 등장할 때마다 교회는 분열되었습니다. 사람들이 주님을 따라가지 않고 그들을 따라갔기 때문입니다. 역사에 위대한 진리들이 밝혀졌을 때도 사람들은 분열되었습니다.
그들은 진리이신 주를 따르지 않고 진리 자체를 따랐기 때문입니다.
체험은 아름답지만 그 직후에 무시되어야 합니다. 체험은 잊어버리고 오직 주님만이 남아야 합니다.

기도원에서 처음 만나는 낯선 그리스도인 중에 만나자마자 대뜸 자신의 체험에 대해서 열심히 이야기하는 이들이 있습니다. 이들은 자신의 신앙과 영성을 과시하기 원합니다. 그것은 주님께 영광을 돌리기 위한 열정의 표현이라기보다는 상대의 기를 죽이기 위한 자기 과시용 체험 간증입니다.
체험은 우리의 목표가 되고 우상이 될 수는 없습니다. 바울이 3층천에 올라갔었던 14년 전의 영적 체험을 거의 얘기하지 않은 것도, 모세가 하나님의 거룩한 영광을 40일 동안 경험하고 그의 얼굴에 광채가 드러나자 수건으로 이를 가린 것도, 그들은 영적 체험이 우상시될 위험에 대하여 잘 알고 있었기 때문입니다.
그리스도를 체험하십시오. 그리고 체험은 버리고 주님만 간직하십시오. 오직 주님만이 영원한 실제이시며 우리의 참 목표가 되시기 때문입니다.

3부 사역자의 환상

사역자는 그의 사역을 통해
그리스도의 생명과 그의 풍성함을
피사역자에게 전달하는 주님의 통로입니다.
그런 의미에서 사역자는 달과 같은 존재입니다.
달이 스스로 빛을 내지 못하고
태양에 의하여 받은 빛을 지구에 반사하는 것처럼
사역자는 주님께 나아가 그 빛에 접촉한 만큼만
유용하게 쓰여질 수 있습니다.
사역자의 영적 풍성함은
피사역자에게 얼마나 놀라운 축복을 제공하는지요!
그러나 사역자가 이러한 영적 실제가 없이
자신의 타고난 재능이나 힘에 의지하여 사역할 때
그 영양 가치는 떨어질 수밖에 없는 것입니다.
따라서 피사역자는
주님의 생명에 대하여 굶주릴 수밖에 없으며
아담의 생명에서 해방되기가 어렵게 되는 것입니다.
사역자는 속히 환상에서 벗어나
영성의 실제 속으로 들어가야 합니다.

1. 사역자의 동기

많은 사람들이 사역을 합니다. 목회를 통하여, 선교 단체를 통하여, 문서나 음악이나 그 밖의 여러 가지의 형태로 사역을 합니다.
이 사역에 있어서 근본적인 문제는 사역에 있어서의 동기입니다. 과연 무엇 때문에, 누구를 위하여 일을 하고 있는 가요?
모든 사람이 자기의 하는 일에서 성공을 꿈꿉니다. 사업가는 사업의 성공을, 가수는 가수로서의 성공을, 목회자는 목회의 성공을 꿈꾸고 소망합니다.
여기서 우리는 그리스도인과 비 그리스도인의 가장 중요한 차이점을 발견할 수 있습니다. 아니 헌신된 그리스도인과 그렇지 않은 사람들과의 가장 중요한 차이점을 구별할 수 있습니다. 그것은 전자는 오직 주를 위하여 일한다는 것이며 후자는 자신을 위하여 일하고 있다는 점입니다.

영적 사역의 근본 동기는 말할 나위조차 없이 주를 위한 것입니다. 주님을 섬기기 위한 것이며 주님의 뜻을 성취하기 위하여 사역을 하는 것입니다. 만약 이러한 근본 동기에 있어서 분명하다면 사역자는 이미 성공자입니다.
사역자는 다만 주님께 순종할 수 있을 뿐입니다. 그리고 그 결과는 오직 주님이 인도하시며 책임지시는 것입니다. 거기에는 아름다움과 풍성함의 열매가 임하게 될 것입니다. 그 외형적인 규모와 상관없이 말입니다.

그러나 현실의 사역 속에서 과연 이러한 분명한 헌신이 나타나고 있는 가요? 현실은 그것과 거리가 먼 것을 보여주는 모습들이 많이 있습니다. 가장된 헌신 속에 수많은 이기적인 욕망의 그림자가 사역의 동기로 보이지 않게 작용하고 있습니다. 그리고 그것은 주님을 잘 알지 못하며 생명의 풍성함을 알지 못하는 수많은 그리스도인들을 양산하는 중요한 원인이 되고 있는 것입니다.

성공에 대한 열망?

어떤 유명한 사역자의 간증을 들은 적이 있습니다. 그는 사역 초기 개척 교회를 하던 시절의 일을 회상하면서 무척 감회가 깊은 듯했습니다.

그는 개척 교회 초기에 몹시 고생을 했다고 했습니다. 식사도 거르는 적이 많았고 옷 입는 모양새도 몹시 초라한 몰골이었습니다. 그런데 그가 어느 날 유일한 단벌 신사복을 입고 가는데 어느 유명한 집의 운전기사가 그를 보고 칵! 하고 그의 양복에 가래침을 뱉었다고 합니다. 그의 젊은 마음에 비통함과 분노를 그는 견디기가 매우 힘들었다고 합니다. 그러나 그는 집에서 기도하면서 분노를 삭였습니다.

'어디 두고 보자! 사람 팔자 시간문제다!'

세월이 흐르고 유명한 사역자가 된 그는 이제 통쾌하게 말하고 있는 것입니다.

"그 유명한 가문은 그 후 멸망하고 말았지만, 나는 지금 하나님의 은혜로 이렇게 성공적인 목회자가 되었습니다!"

이 분은 훌륭한 사역자이므로 이런 예화를 사용하기가 몹시 송구스럽습니다. 그러나 분명한 것은 자신의 억울함과 원통함을 언젠가 보상받는 날이 있으리라 기대하며 '두고 보자, 사람 팔자 시간문제다!' 하는 식의 복음 사역 동기는 결코 좋은 동기라고 할 수 없는 것입니다. 거기에는 주님이 계실 자리가 없습니다. 거기에는 자기의 한이 자리 잡고 있을 뿐입니다.

'두고 보자. 나도 교회를 부흥시키고, 남에게 인정받으며, 남보란 듯이 당당하게 살 때가 있을 것이다. 지금의 설움도 언젠가는 끝날 날이 있으리라!'

그 심정은 충분히 납득이 가며 이해할 수가 있지만, 많은 개척 교회의 사역자들이 이 비슷한 설움을 가지고 있지만, 이것은 결코 주의 사역자로서, 종으로서 가져야 할 사역의 동기라고는 할 수 없습니다.

사역자는 주님의 의도에 대하여 아무런 권리도 가질 수 없습니다. 사역자의 목표는 성공이 아니라 순종입니다. 사역자는 주님이 그를 정복자로 사용하시든, 순교자로 사용하시든 아무런 발언권을 가지지 못합니다. 사역자는 주님이 그를 세상에 드러내시든, 은밀히 감춰 두시든 아무런 항의도 할 수 없는 것입니다.

사역자의 목표는 자신의 성공이 아니라 주님의 성공입니다. 그리고 이 두 가지의 성공은 항상 같은 것은 아닙니다. 사역자는 성공한 듯이 보이지만 주님은 실패하셨으며, 사역자는 실패한 듯이 보이지만 주님은 그를 통해서 많은 것을 이루시는 케이스는 얼마든지 있습니다.

우리는 사람들이 흔히 생각하는 성공의 개념과 주님이 인정하시는 성공의 개념이 결코 같지 않을 수도 있음을 분명히 인식하여야 합니다.

자신이 떠난 교회의 부흥

어떤 교회에서 사역하던 사역자가 있었습니다. 그는 어떤 일로 그 교회를 사임하고 다른 곳에 가게 되었습니다. 얼마의 시간이 지난 후 그는 자신이 사역하던 옛 교회의 성도 한 사람과 우연히 마주치게 되었습니다.
그는 그 교회가 잘 되어 가고 있는지, 성도들의 안부는 어떠한지 물어 보았습니다. 그러나 그가 듣게 된 대답은 별로 밝은 것이 아니었습니다.
"목사님, 목사님이 떠나신 후에 교회 꼴이 엉망이에요. 새로 오신 목사님은 사랑이 없고 권위주의적이고 은혜도 없어요. 우리들은 모이기만 하면 목사님 이야기를 한답니다. 목사님, 돌아오시면 안 되나요?"
사역자는 얼굴에 심히 근심의 빛을 띠면서 안타까운 표정을 지었습니다.
"성도님, 그래서는 안 됩니다. 교회를 위해서 열심히 기도하시고, 새로 오신 분을 위해서도 열심히 기도해 주세요. 저도 저의 사역이 있지 않겠습니까?"
그의 마음속에서는 다소의 아픔이 있지만, 한편으로는 몹시 마음이 기쁩니다.
'역시 나를 알아주는구나. 내가 있을 때는 속을 썩이더니, 사람은 떠나 봐야 안다니까.'

만약에 혹시 그가 반대의 이야기를 듣게 된다면 어떨까요?
"목사님, 요즈음 우리 교회의 상황이요? 정말 놀라워요. 목사님이 떠나시고 새로 오신 목사님이 그렇게 사랑도 많고 은혜스럽고 좋을 수가 없어요. 교회의 분위기가 완전히 달라졌어요. 지금 우리 교회는 나날이 부흥 발전하고 있는 중이랍니다."
이 사역자의 마음은 어떨까요? 과연 그는 '할렐루야!'를 외치게 될까요? 자신이 떠난 후에 교회가 부흥이 되고 단체가 활성화되고 성도들이 복된 성장을 누릴 때 사역자는 어떻게 해야 할까요? 그의 반응은 그가 자신을 섬기는 사역자인지, 주님을 섬기는 사역자인지 잘 보여줄 것입니다.

그가 주님께 속해 있다면 그는 비록 자신의 무력함, 부족함에 대하여 한탄할 수는 있겠으나 주님의 역사의 풍성함에 대하여 깊은 기쁨을 느낄 수 있을 것입니다. 그러한 사역자는 세례 요한의 말처럼 "그는 흥하여야 하겠고 나는 쇠하여야 하리라"는 진리에 익숙해져 있는 것입니다.

사실 어떤 사역자가 사람들로부터 인정받음과 영광을 취할 때 동시에 주님이 영광을 받으시는 것은 쉬운 일이 아닙니다.

어떤 유능한 사역자가 있을 때 사람들은 주를 높이며 찬양하기보다는 그 사역자를 높이고 따르는 경향이 흔히 있습니다.

사람이란 원래 본체이신 주를 섬기는 것보다 우상을 섬기는 것을 더 좋아하는 성향을 가지고 있습니다. 물론 이것은 타락의 결과입니다. 타락의 결과 육신적인 삶이 영적인 삶보다 더 쉬우며, 보이고 만져지는 것이 보이지 않고 느낄 수 없는 본체보다 더 매력적이며 쉽게 끌릴 수 있는 것입니다.

주님께 감탄하는 이는 많지 않지만 주의 사역자에게 경탄하는 이들은 매우 많습니다. 그러한 경향은 아주 보편적입니다. 진정한 사역자는 이러한 우상의 대상이 될 수 있는 위험성을 몹시 두려워합니다.

옆 교회의 부흥

자신이 섬기는 교회는 부흥이 더딥니다. 잘 되지 않는 편입니다. 그런데 바로 옆의 교회는 나날이 번창하고 있습니다. 이것을 순수하게 기뻐하는 사역자가 과연 많겠습니까? 비록 자신이 쓰임 받지 못하더라도 다른 종을 통하여 주의 일이 이루어지고 있다면 이는 감사해야 마땅한 일입니다.

모든 사역자가 주께 붙어 있으며 주의 일을 염려한다면 당연히 그렇게 느낄 것입니다. 그러나 유감스럽게도 현실에서는 이러한 상황이 시기와 미움과 비방의 원인이 되는 것을 많이 볼 수 있습니다.

어떤 개척 교회 사역자가 있습니다. 그는 어려움에 처해 있던 한 자매의 상황을 알게 되었습니다. 그녀는 최근 어떤 큰 교회의 예배에 몇 번 참석했습니다. 그러나 그녀는 구체적인 믿음의 실제에 부딪히지 못했고 자신의 문제 해결을 위하여 무당을 초청하여 굿을 하기도 하였으나 아무런 효험도 없어 심한 갈등을 느끼고 있는 상황이었습니다.

그녀의 문제는 대인 관계의 장애, 특히 남편과의 사이의 갈등으로 몹시 심각한 상황이었습니다. 그녀는 심지어 자살 충동을 느끼기도 했으며 부분적으로 성격 장애도 있었습니다.

개척 교회의 사역자는 그녀와의 상담결과, 문제의 핵심이 그녀와 그녀의 아버지의 관계에 있음을 발견하게 되었습니다. 포악한 아버지의 그녀의 어머니와 그녀에 대한 태도가 그녀의 심령에 몹시 심각한 손상을 주었던 것입니다. 개척 교회의 사역자는 이러한 통찰에 근거하여 주님의 치유가 그녀의 상처 입은 심령, 기억에 임하도록 기도해 주었습니다.

몇 번의 상담과 치유기도 이후 그녀는 주님을 영접하고 새롭게 변화되었으며 남편과의 관계도 사랑으로 바뀌어졌고, 전에는 누릴 수 없었던 자식에 대한 애정도 새롭게 생겨났으며 지겹게만 느껴졌던 예배가 즐겁게 느껴지게 되었습니다.

문제는 그 다음에 생겼습니다. 그녀를 처음 큰 교회로 인도했던 그 교회의 권사님이 이 사실을 알고 노발대발한 것입니다. 그녀는 전도에 몹시 애를 쓰는 분이었는데 자신의 열매라고 생각했던 사람을 다른 조그만 교회에 빼앗기자 그만 화가 치민 것입니다.

그녀는 돌아다니며 그 개척 교회 사역자를 양 도둑이라고 비난을 퍼부어 댔고, 그 변화 받은 자매가 그 권사님의 건물에 세 들어 산다는 약점을 이용하여 위협과 회유를 반복하여 다시 자신의 교회로 데리고 가고 말았습니다.

이것이 아주 드문 일일까요? 유감스럽게도 이러한 분위기, 이러한 풍토는 매우 널리 퍼져 있습니다. 한 영혼의 영적 상태와 변화, 생명, 그러한 관심사보다 우리 교회 교인의 숫자를 늘리려고 하는 열정 말입니다.

구멍가게와 대형 슈퍼마켓이 서로 경쟁이 될 수는 없을 것입니다. 사람들은 당연히 백화점에서 쇼핑하는 것을 좋아합니다. 그러나 영적 생명은 일상 잡화의 구입과는 다른 측면이 있습니다. 큰 것이 반드시 좋다는 논리가 여기서는 통용되지 않을 수도 있습니다.

더욱 중요한 것은 사역자들은 경쟁자들이 아니라는 것입니다. 또한 선의의 경쟁자도 아닙니다. 그들은 동역자입니다. 그들은 주님의 마음을 기쁘시게 하려고 영혼을 위해서 사역하는 동역자들입니다.

한 영혼이 구원받고 변화되었다면, 한 교회가 부흥되고 있다면 그것이 누구를 통해 이루어졌건 모든 사역자는 동일한 기쁨을 누려야 마땅한 것입니다.

어떤 선교 단체의 대표 목사님께서 주신 메시지가 기억이 납니다. "십자가를 아는 목회자는 자기 교회 근처의 약한 교회를 위하여 은밀하게 전도를 해서 도와주는 사역자입니다."라고 그는 이야기했습니다.

적어도 이 말씀에 근거해 본다면 십자가를 아는 목회자가 별로 많지는 않은 것 같습니다.

나보다 뛰어난 사역자

어떤 사역자가 자신보다 여러 면에서 우월하다고 느껴지는 사역자를 만나게 되면 그는 과연 어떻게 반응할까요?

자신이 메시지를 전할 때 청중들은 별로 반응이 없습니다. 그러나 부교역자가 전할 때 많은 성도들이 호응하며 감동을 받습니다. 이럴 때 그는 과연 어떻게 반응할까요?

이럴 때 흔히 나오는 말은 '그 부교역자가 쫓겨날 날이 얼마 남지 않았다.' 는 말입니다. 심지어 어떤 부사역자는 사역자로부터 '설교를 너무 잘하지 말라.' 는 호된 질타를 받기까지 했습니다. 그 사역자는 어쩔 수 없이 개척 교회를 시작하게 되었습니다. 이것은 흔히 볼 수 있는 한국 교회의 안타까운 현실입니다.

자신보다 영성에 있어서, 인격에 있어서, 감화력에 있어서, 지혜와 통찰력에 있어서 뛰어난 사람을 볼 때, 우리가 주님께 속해 있다면 감사하고 기뻐하는 것이 마땅합니다.

그러나 자기 자신에게 속해 있다면 비교 의식을 가질 수밖에 없을 것입니다. 그리고 자신의 위치가 흔들리는 것을 걱정하게 됩니다. 우리가 주의 일에 관심을 가질 때와 나 자신에게 관심을 가질 때의 반응은 전혀 다를 수밖에 없는 것입니다.

초대 교회 시대인 안디옥 교회에서 있었던 사건은 우리에게 중요한 사역의 원리를 가르쳐 줍니다.

바나바는 바울의 변화에 대하여 가장 기뻐하고 신뢰했던 사람이었습니다. 그는 바울의 중심과 그의 탁월한 영성과 지혜에 대하여 탄복을 금치 못합니다. 그러나 당시 교계에서 그 두 사람의 위치는 천지의 차이가 있었습니다.

바나바가 자신의 일체의 재산을 복음 사역을 위하여 헌납한 것이나, 그의 온유하고 훌륭한 성품, 복음적인 열정 등에 의하여 교계에 널리 인정받는 사역자로 알려진 반면, 바울은 회심하여 주님의 깊은 은혜를 경험했다고는 하지만 그의 과거의 잔혹한 경력 때문에 대부분의 사람들에 의해서 기피 인사로 찍혀 있는, 이른바 초야에 묻혀 있는 신세였던 것입니다.

바나바의 훌륭함은 여기서 나타납니다. 그는 초야에 묻혀 있던 바울을 데리고 다니면서 사람들에게 소개를 시키며 그들의 오해를 풀어 줍니다. 그리하여 바울의 훌륭한 재능이 쓰일 수 있도록 여건을 조성해 준 것입니다.

바나바의 탁월한 인격은 여기서 그치지 않습니다. 바나바는 예루살렘 교회에서 당시 막 부흥하고 있었던 안디옥 교회로 파송을 받게 됩니다. 그리고 이 바나바의 사역을 통해 안디옥 교회는 더욱 훌륭하게 부흥됩니다.

성경은 "바나바는 착한 사람이요 성령과 믿음이 충만한 자라 이에 큰 무리가 주께 더하더라"(행 11:24)고 기록하고 있습니다. 많은 영혼들이 바나바의 중개를 통하여 주께 속하게 된 것입니다.

여기서 바나바는 비로소 바울을 생각하게 됩니다. 바나바도 훌륭한 주의 사람이지만, 바나바는 바울의 깊은 영성, 탁월한 논리 능력, 체계적인 신학적 지식, 진리에 대한 통찰력 등이 자신보다 훨씬 더 낫다고 생각합니다.

지금으로 따지면 담임 목사격인 바나바는 바울을 찾으러 떠납니다.

그리고 아직까지 무명 인사인 바울을 담임목사로 모시고 그를 도와주는 동역자로 내려섭니다. 실제로 그 이후에 사도행전에서 펼쳐지는 역사의 무대 속에서 바울은 계속 주인공으로서의 역할을 담당하게 되는 것입니다. 만일 바나바와 같은 아름다운 조연의 역할을 감당하는 사람이 없었더라면, 바울이 아무리 능력이 많았다고 하더라도 그토록 훌륭한 사역을 펼칠 수 있었을까요? 아마 그것은 쉽지 않았을 것입니다.

많은 사람들이 1등을 하고 싶어합니다. 드라마의 주연을 맡기를 원합니다. 스타가 되고 스포트라이트를 받고 싶어합니다.
개척 교회가 세워지는 많은 동기중의 하나로서 2등이 싫어서, 남의 밑에 있는 것이 싫어서, 통제 받지 않고 자기 마음대로 하고 싶어서라는 이유도 많이 작용하고 있을 것입니다.
그러나 사실 2등이, 조연이 더 중요할 수도 있습니다. 배역의 결정은 오직 연출자가 각자의 재능에 따라 맡기는 것이며, 우리의 목표가 오직 연출자의 뜻과 영광이라면 우리는 오직 순종함으로 감사함으로 맡겨진 배역을 수행해 나가야 합니다.

아카데미상의 후보에는 주연만이 대상이 되지 않습니다. 조연도, 감독도, 음악에도, 모든 분야에도 배역의 역할을 충분히 소화해 낸 자에게 상이 있게 마련인 것입니다. 어떤 의미에서 바나바는 바울보다 더 훌륭한 상을 받게 될지도 모릅니다. 사람들은 앞에서 드러나는 사람만을 기억하지만 주님의 눈은 그렇지 않습니다.
많은 사역자들이 자신들의 땀과 눈물과 노고에 대하여, 그리고 그 결과에 대하여 애착을 가집니다. 그들이 일구어 놓은 수많은 영혼들, 그 열매들에 대하여 애착을 느낍니다. 그리고 거기에 안주하고 싶어 합니다.

그러나 사역자의 길은 오직 주님만이 안배하시는 것입니다. 사역자는 자신이 어디로 갈지 전혀 알 수가 없습니다. 그는 완전히 자유로운 존재가 아닙니다. 그는 나그네이며 종일뿐입니다.

주님이 갑자기 어디로 불러내어 어떤 사역을 시키실 지 알 수가 없습니다. 그것은 전혀 안락이 보장되지 않은 길일 수도 있습니다. 끼니를 걱정해야 할지도 모릅니다. 굶을 수도 있습니다. 많이 굶게 되면 바로 주님과 함께 있게 될 것입니다.

그렇다면 이 땅에서 보상은 없는 가요? 주님의 인도하심에 대한 순종을 일생의 좌우명으로 삼고 어떠한 육신의 안락함도 거절하는 이에게 주님은 이 땅에서 아무런 보상도 허락하지 않으실 까요?

있습니다. 분명히 그것은 존재합니다. 그것은 주님과의 친밀함입니다. 주님을 가깝게 경험하고 누리게 되는 은총입니다. 세상이 이해할 수도 없고 알려고도 하지 않는 주님만이 직접 주실 수 있는 복된 교제의 가까움 속에 종들은 들어갈 수 있게 됩니다. 이것이 순종하는 사역자에게 주어지는 축복된 보상입니다.

영광을 거절함

한 형제가 자신의 성경 이름을 갈렙이라고 소개했습니다. 좌중이 그에게 이유를 묻자 그 형제는 다음과 같이 대답했습니다.

"갈렙은 여호수아와 같이 가나안에 들어간 유일한 사람이었습니다. 가나안에서 여호수아는 민족의 지도자로서 가나안 족과의 전쟁을 성공적으로 수행하면서 국정을 이끌었습니다. 반면에 갈렙은 같은 지도자로서 표면에 드러나지 않고 뒤에서 항상 여호수아의 사역을 도와주었습니다. 저는 이런 갈렙의 성격이 저와 어울리는 것 같습니다. 저는 많은 주의 일을 하기 원하지만 이와 같이 숨어서 할 수 있기를 바랍니다. 그래서 희망사항으로 갈렙을 제 성경 이름으로 정했습니다."
나는 이런 마음을 가지고 있는 형제가 많기를 기대합니다. 모두가 갈렙이 되고 여호수아가 하나도 없으면 곤란하지만 그런 일은 아마 없을 것입니다. 어디에 가나 여호수아가 되고 싶어하는 사람은 아주 많이 있기 때문입니다.

사역자들은 대체로 여럿이 사진을 찍을 때 가운데에 앉는 것을 좋아합니다. 앞에 나서는 것을 좋아하며 마이크를 잡는 것을 좋아합니다. 리더를 시키지 않으면 상처를 받는 이들이 교회 안에는 무척 많습니다.

어떤 청년부 모임에서 회장이 자기에게 대표기도 순서가 돌아오지 않았다고 몹시 화를 내는 것을 본 적이 있습니다. 도대체 그는 왜 기도를 하고 싶은 걸까요? 이런 현상은 아주 보편적인 것입니다.

사역자는 앞에 나서는 위험성을 잘 알아야 합니다. 스타가 되는 것을 두려워해야 합니다. 주를 아는 사람은 결코 위대해지려고 하지 않습니다.

어떤 목회 사역자가 있습니다. 그는 사오백 명의 성도님을 모시고 사역을 합니다. 그는 화장실 청소를 결코 남에게 빼앗기지 않습니다. 그는 오히려 설교를 할 때보다 거기에 더 기쁨을 느낀다고 합니다.

언젠가 한번 그가 말씀을 전할 때, 주께서 성도들의 마음을 움직여 주셔서 많은 이들의 눈물과 회개가 있자 예배가 끝난 직후 그는 도망가 버렸습니다. 그는 "목사님, 참 은혜 많이 받았습니다."라는 말을 듣는 것이 몹시 괴로웠던 것입니다.

사역자가 자신을 거절할 수 있을 때, 그 사역의 동기에 있어서 투명할 수 있을 때 주님은 반드시 영광을 받으십니다. 그리고 그를 생명의 사역자로 사용하실 수 있습니다.

2. 참된 성공과 부흥

목회 사역자들이 가지고 있는 가장 큰 관심거리는 교회 성장과 부흥에 관한 것입니다. 어떤 교회 성장에 관계된 책을 보면 한국 교회 목회자들은 항상 교회 성장을 위하여 애쓰고 노력하며 꿈속에서도 이것을 바라고 기도하는데, 이러한 현상은 세계 어디에서도 보기 힘든 몹시 진기한 현상이라고 합니다.

이러한 한국 교회 사역자들의 뜨거운 열정들은 이 땅을 향하신 주님의 특별한 계획과 섭리를 잘 보여 주는 것이라고 나는 믿습니다.

언제부터인지 모르게 우리는 성공, 비전, 부흥, 꿈, 믿음 이러한 용어들에게 익숙해져 왔습니다. 이것은 아름다운 용어입니다.

다만 현대 교회의 방향에 있어서 그 용어의 진정한 의미들이 왜곡된 면이 있습니다. 그런 의미에서 진정한 부흥과 진정한 성공의 개념 정립은 아주 중요한 것입니다.

세계적인 사역자의 간증

이런 간증에 대한 이야기를 들은 적이 있습니다. 우리나라에 있는 장로 교단으로서 세계적인 규모의 교회를 담임하고 있는 목회 사역자가 세계의 장로 교단의 목회자들이 모인 모임에 참석하여 인터뷰를 하게 되었습니다.

사회자는 그에게 이와 같이 세계적인 규모의 목회를 하게 된 비결, 목회 성공의 비결을 간증해 달라고 부탁하였습니다. 그러자 그 목회자는 대충 이런 요지의 대답을 하였다고 합니다.

"여러분은 지금 저를 보고 세계적인 목회자, 성공적인 사역자라고 이야기합니다. 그러나 지금 제가 한 가지 묻고 싶은 것이 있는데 제가 과연 성공한 목회자인지, 아니면 실패한 목회자인지 여러분이 어떻게 아십니까? 저는 그것을 판단하실 분은 오직 주 예수 그리스도 한 분뿐이라고 생각합니다. 어느 날 제가 그분 앞에 서게 되는 날, 그분이 'ㅇㅇㅇ목사야, 너는 착하고 충성된 나의 종, 성공한 사역자이다.' 라고 말씀하시면 제가 성공한 사람이 되는 것이고, 만일 그분께서 'ㅇㅇㅇ목사야, 너는 내가 볼 때 성공한 목회자가 되지 못한다.' 라고 하신다면 저는 실패한 사람이 되는 것입니다.

어떤 도시에 1만 명을 모시고 목회를 하는 하나님의 종이 있다고 하십시다. 물론 그가 그 사역의 과정에서 많은 눈물과 땀과 기도가 있었겠습니다마는, 그는 지금 좋은 자동차에, 편안한 아파트에서 많은 명예와 영광을 받아 가면서 살고 있습니다.

그런데 반면에 어떤 작은 섬에서 사역하는 사역자가 있다고 합시다. 그 섬의 인구는 다해서 백 명도 되지 않고 그 교회에 출석하고 있는 성도라야 불과 20명 정도입니다. 그 목회자인들 문화적 욕구가 없겠으며 자녀 교육의 문제가, 편하게 살고 싶은 마음이 없겠습니까? 그러나 만일 목회자가 그 섬을 떠난다면 그 교회에 다니고 있는 성도들의 신앙은 심각한 타격을 받을 것입니다.

주님께서 보실 때 대도시에서 편하게 살면서 영광 받고 있는 종과, 작은 섬에서 고생하고 있는 종과 어느 쪽이 더 귀하게 생각되시겠습니까? 저는 어느 쪽이 좋다고 말씀드릴 수가 없습니다. 그러나 어느 쪽이든 주님께서 인도하시고 보내시는 곳에서 성실하게 최선을 다하여 순종하며 일한다면 그것이 곧 성공적인 사역자가 아닌가 하고 생각할 뿐입니다."

그는 이와 같은 대답으로 박수갈채를 받았다고 합니다.

그러나 이 사역자의 이러한 인식이 과연 보편적인 것일까요? 유감스럽게도 그렇지 않은 듯이 보입니다. 그와 같은 대답이 박수갈채를 받고 있다는 자체가 그러한 인식은 결코 보편적이지 않다는 것을 잘 입증해 주고 있는 것입니다.

사역자의 성장과 교회의 외적 성장

일반적으로 교회 부흥이나 성공으로 인식되는 기준은 주로 세 가지로 나타나고 있는 것 같습니다. 성도들의 숫자, 교회 예산, 즉 헌금의 액수, 그리고 교회 건물의 크기입니다. 물론 주님께서 이러한 기준으로 교회를 판단하시지는 않을 것입니다.

이러한 기준은 부흥의 외형적인 부분에 속한 것이지만 그것이 모든 것을 포함할 수는 없습니다. 사도행전에 등장하는 초대 교회의 성장하는 모습을 보면 숫자적인 증가도 있었지만 그와 동시에 성도들의 아름답고 풍성한 교제, 가지고 있는 것을 서로 나누어주는 삶, 주님과 은혜에 대한 간절한 열망 등 아름답고 풍성한 열매를 보여주고 있습니다. 따라서 진정한 부흥은 외적인 것과 내적인 요소 양쪽의 성장이 조화롭게 나타나야 하며, 내적 변화와 성숙한 아름다움이 나타나고 이것이 차츰 확산되어 양적 성장이 나타나게 되는 것이 바람직한 성장의 모델이라고 할 수 있을 것입니다.

교회 성장 세미나에는 많은 사역자들이 참석합니다. 이러한 세미나에서는 성장을 위한 방법론적인 여러 원리들을 제공해 줍니다. 전도 훈련을 강조하는 곳도 있고 영적인 능력을 강조하는 곳도 있으며 부흥을 위하여 치유 사역을 중점적으로 강조하는 곳도 있고 부흥을 위하여 찬양사역을 도입할 것을 제안하는 곳도 있습니다.

안면이 있는 사역자의 요청에 따라 그가 주관하는 이러한 성장을 위한 세미나에 참석했다가 나는 그들 참석자들의 모습을 보고 몹시 놀랐던 적이 있었습니다.

그들은 모두 교회의 성장과 부흥에 목을 매는 듯이 보였습니다. 주로 외적으로 확연히 나타나는 성장 말입니다. 그들은 자신들의 영이 변화되고 주님을 가까이 알기 원하는 열망을 가지는 것에는 별로 관심이 없는 듯이 보였습니다.

집회의 분위기는 거칠음과 욕망, 인간적인 많은 악취들이 나타나고 있었습니다. 성장을 위한 그들의 통성 기도는 간절하고도 뜨거웠습니다. 하지만 그것은 아름다운 집회가 아니었습니다.

강사들의 메시지도 참석자들과 별로 다를 바가 없었습니다.
"지금 이 시대는 부흥을 원한다면 반드시 찬양 사역을 해야 합니다!"
부흥을 위하여 찬양이 필요하다는 것입니다. 이것은 정말 어처구니없는 메시지입니다.
"일단 성령을 강조해야 부흥이 일어납니다."
이러한 표현은 더 말할 나위도 없습니다.
"우리도 자녀들을 키우려면 교육비가 많이 필요하지 않습니까? 부흥이 와야 합니다."

그것은 농담일지는 모르지만 어리석은 말입니다. 하지만 "아멘!"을 외치는 사역자들은 아주 진지했습니다. 나는 이러한 집회에 더 이상 앉아있을 수 없었습니다.

왜 그들은 교회 성장을 원하고 있었을까요? 그들은 교회 성장을 위한 주님의 안타까운 마음을 잘 인식하고 있었을까요? 그들은 개척 교회의 설움을 언젠가는 딛고 일어서 남부럽지 않게 살고 싶은 열망으로 불타고 있었을까요? '나는 이렇게 고난을 이겨냈다'는 간증을 하고 싶었을까요? 돌아다니며 '교회 성장 비결'을 강의하고 싶은 꿈들이 있었을까요?

현실적으로 외형적인 교회 성장이 사역자의 급여 수준 향상, 더 좋은 자동차, 사회적 지위의 향상 등과 연결될 수밖에 없는 상황에서 사역자의 마음 비우기는 어쩌면 몹시 어려운 일인지도 모릅니다.
그러나 그렇다고는 해도 사역자가 자신의 영적 성장과 주님께 대한 갈급함보다 외형적 성장에 더 목말라 있을 때 그것은 많은 불행의 시작이 될 수 있습니다. 그럴 바에는 사역자의 길을 가지 않는 것이 훨씬 더 나을 것입니다.

사역자가 그리스도의 생명을 충분히 경험하지 못하고 자기의 타고난 죄성을 그대로 가지고 인간적인 욕망이나 악성에서 벗어나지 못한 상태에서 자기의 생각과 재능으로 사역을 한다고 합시다. 그것이 얼마나 비극입니까? 그는 주님의 생명을 전달하는 통로가 될 수 없습니다. 그는 영적 생명을 사람들에게 공급하는 것이 아니라 성도의 영적 사망을 그대로 방치해 두며 어떤 면에서는 더 심각하게 만드는 사망의 통로가 될 뿐입니다.
그런 상태에서 성도들을 많이 모시고 사역을 한다고 해서 그것이 무슨 의미가 있을까요.. 사람이 많으면 많을수록 그들의 영혼을 더 많이 죽이고 망가뜨리기만 할 뿐인데 말입니다. 그러한 사역이 이른바 성공을 하게 되면 자신은 즐거울지 모르지만 거기에는 주님의 꾸짖으심이 있게 될 것입니다. 그러므로 사역자가 주님으로 충전되고 주님께 사로잡히지 않은 상황에서는 부흥이 와서는 안 됩니다. 성도들이 몰려와서는 안 되는 것입니다. 그는 먼저 주님께 속한 사람이 되어야 하며 주님의 통로가 될 수 있도록 영의 감각과 기능이 열어져야 합니다.

사역자는 결코 자신이 먹지 않은 음식을 성도에게 먹일 수가 없습니다. 그는 사람을 불러모으는 것보다 먼저 음식 준비를 확실하게 하지 않으면 안 됩니다. 음식이 충분히 준비되지 않았는데, 영적인 실제에 대하여 분명히 알지 못하고 생명의 풍성함을 체험하지 않았는데 사람이 많이 모이는 것은 결코 복이 아닙니다. 사역자의 영적 성장 속도보다 성도의 숫자 증가가 빠르다면 그것이 비극입니다.

어떤 사역자가 교회 성장에 있어서 고전을 면치 못하고 있습니다. 그는 아무리 애쓰고 기도해도 별로 성과가 없어 보입니다. 그는 수없이 절망과 낙심, 다시 희망과 기도, 낙담의 교차를 반복하며 허덕입니다. 그에게는 몹시 괴로운 기간이 될 것입니다.

그러나 이것은 그의 영혼에는 얼마나 풍성한 은혜의 계절이 될까요! 이러한 기간을 통하여 얼마나 많은 사역자들이 그들의 아집과 교만과 욕심의 정화를 경험하며 맑고 아름다운 그리스도의 사람이 되는지 모릅니다. 그는 고통과 막혀 있는 벽을 통해서 자신을 반성하며 진정한 그리스도의 일군이 되도록 그 아픔을 통과하게 되는 것입니다.

그것은 말할 수 없이 놀라우신 그리스도의 깊은 사랑의 배려이며 은혜입니다. 그는 이러한 시련을 통하여 겸손과 낮아짐, 통회를 배우며 자신의 재능과 인간의 방법보다는 오직 그리스도를 신뢰하며 인내하는 법을 배우게 됩니다.

여기서 배운 겸손과 생명이 충분하다면 그는 이후에 외적 성장이 와도 거기에 마음을 두지 않고 사람들의 칭찬에도 교만하지 않으며 그리스도를 잃어버리지 않을 것입니다. 그러나 그렇지 못하다면 그는 다시 어렵게 얻은 주님의 생명과 영적인 생명을 잃어버리기 시작할 것입니다. 그는 몹시 바빠져서 일과 행사에 몰두하느라고 그리스도를 찾을 시간이 없게 됩니다. 어느덧 그는 평안을 잃어버리게 되고 점차 짜증과 근심으로 떨어지게 되는 것입니다. 그리하여 그에게는 또다시 서서히 교만과 거짓과 옛 생명의 악취가 드러나게 되는 것입니다.

사역자는 일반적으로 고통 속에 성장하며 평탄함 속에서 안주하는 가운데 영적으로 떨어집니다. 이것은 어쩔 수 없는 하나의 영적 원리입니다. 이것은 사역자나 평신도나 할 것 없이 그리스도에 속한 사람들이 평생 가야할 영적 여정의 과정인 것입니다.
이러한 흐름의 반복 속에서 진실한 사역자는 외적 성공을 두려워하게 되며 오직 주님 한 분만을 붙들기 위하여 애쓰게 되는 것입니다.
성장은 반드시 필요한 것이나 사역자의 성숙은 그보다 훨씬 더 중요한 것입니다. 교회에서 가장 중요한 것은 사역자의 변화이며 사역자는 외형적인 드러남보다 자신의 생명의 증가와 성장에 대하여 더 많은 관심을 기울이지 않으면 안 됩니다.

참된 부흥의 요소

언젠가 정주영 씨가 지은 책 「시련은 있어도 실패는 없다」라는 책을 읽고 몹시 놀란 적이 있습니다. 책에서 나오는 진취적이고, 적극적이며 절망을 모르는 불굴의 투지에도 강한 인상을 받은 것이 사실이지만 그보다 더 놀란 것은 그러한 메시지가 많은 기독교 사역자, 지도자들의 메시지와 너무나 흡사하다는 데에 있었습니다.
실제로 이런 비전과 적극적인 믿음을 강조하는 스타일의 사역들이 외형적으로 많은 성공을 거두고 있는 듯이 보이고 있습니다.
그러나 그러한 성공들은 과연 생명의 체험과 관계가 있는 것일까요?

그러한 사역에는 죄에서 해방되는 열매들이 나타나고 있습니까? 그리스도에 대한 헌신과 이웃을 위한 사랑과 헌신이 그 열매로 따라오고 있습니까? 그렇지 않다면 그것은 진정한 부흥인지 다시금 생각해볼 필요가 있습니다.

외형적인 성장만을 부흥이라고 여길 때, 거기에는 여러 가지의 폐해가 따라오게 됩니다. 그 중의 하나가 방법론의 미화로서 외적 성장에 도달할 수만 있다면 그 어떤 수단도 가치를 부여받게 되는 것입니다.
주님의 방법이 아닌 것이라도, 주님이 말씀하시거나 인도하신 것이 아니라도, 성경적인 정신의 지지를 받을 수 없는 것이라도 외적인 성장에 도움이 된다면 사용할 수 있게 되며 후에는 많은 사람들이 망설이지 않고 그 뒤를 따라가게 됩니다.

흔히 사용하는 약 광고를 봅시다. 어떤 회사의 제품이 많이 팔리느냐 하는 것이 반드시 그 제품의 성분이나 효능의 우수성에 달려 있는 것은 아닙니다. 그것보다는 마케팅 기법이 얼마나 우수하고 효율적이었는지에 달려있을 수도 있습니다. 어떤 인상적이고 자극적인 문구가 광고에 성공적으로 사용되어 구매자의 심리를 자극했을 수도 있습니다. 다시 말하면 잘 팔리는 제품이라고 해서 반드시 좋은 것이 아니라는 것입니다.
물론 이것은 약 광고뿐만이 아니라 모든 제품에도 통용되는 사실입니다. 어떤 젊은 사업가는 상품 내용과 상관없이 선정적인 모습의 여성이 광고에 항상 등장하는 것을 보고 자기는 결코 그런 식의 광고를 사용하지 않겠다고 결심했습니다. 그리고 그 결과 참으로 참담한 실패를 맛보았다고 합니다.
이것이 무엇인가요? 바로 세상입니다. 그리고 세상의 법칙입니다. '악화는 양화를 구축한다'는 그레샴의 법칙은 비단 경제 부문에서만 통용되는 것이 아닙니다. 타락한 세상에서는 예수의 생명이 접목되지 않는 한, 항상 죄와 불의가 득세하게 됩니다. 이러한 세상의 법칙을 교회 부흥에도 적용할 수 있습니다. 그리고 성공할 수 있습니다. 그러나 그것은 결코 생명의 부흥이라고 할 수 없습니다.

야구장에서는 사람들이 많이 모입니다. 물론 구단 관계자들이 뜨겁게 기도하지 않아도 그렇게 인원이 동원될 수 있습니다.
연극이나 영화를 상영하는 극장에서는 작품의 수준이나 완성도에 따라 다양한 감동이나 눈물이 흘려질 수 있습니다. 아무도 기도하지 않았는데도 그러한 감동이 가능합니다.
선거철이 되면 많은 사람들이 자기들의 지지자를 변호하며 소리쳐 환호합니다. 역시 기도하지 않아도 성령이 역사하지 않아도 돈을 들이고 작전을 잘 짜면 그런 축제의 분위기가 형성됩니다.

교회에서도 이러한 세상의 법칙이 얼마든지 작용할 수 있습니다. 기도 없이도, 주님의 인도를 의뢰하지 않고서도 많은 광고와 돈, 사람들의 주의를 끌 수 있는 톡톡 튀는 아이디어와 계획을 통해서 사람들을 모을 수 있습니다. 그것이 부흥일까요? 그렇지 않습니다. 부흥이란 많은 사람들이 모여드는 것 자체가 아니라 그들이 모여서 어떻게 변화되느냐에 달려 있는 것이기 때문입니다.
참된 부흥은 생명과 관계된 것입니다. 그리스도의 생명의 풍성함에 관련된 것입니다.
그리스도의 생명에 너무나도 가난하며 죄와 어두움에 가득 찬 성도와 교회가 그리스도의 풍성한 생명을 체험하게 되는 것이 곧 부흥입니다. 우리는 진정한 부흥에 목말라야 합니다.

그렇다면 진정한 부흥은 과연 어떤 것일까요?
진정한 부흥의 요소를 명백하게 제시하는 것은 쉽지 않은 일이지만 교회사에 나타난 수많은 영성인들의 체험에서 입각하여 보면 부흥에 따르는 몇 가지의 기본적 요소가 있는 것 같습니다. 그것은 죄에 대한 애통, 주님 자신에 대한 목마름, 그리고 버려진 영혼에 대한 안타까움, 복음 운동, 영적 성장에 대한 강한 열망 등입니다.

죄에 대한 애통

참된 부흥이 있는 곳에는 반드시 죄에 대한 처절한 자각과 고통이 있습니다. 역사적으로 부흥이 휩쓸고 간 곳에는 항상 통렬한 회개가 있었습니다. 또한 회개로부터 부흥이 시작되기도 하였습니다. 한국 교회의 대표적인 부흥 운동으로 널리 알려진 1907년의 부흥도 회개로부터 시작된 것입니다.
그러나 오늘날 이 죄에 대한 메시지는 별로 인기가 없으며 별로 언급되지 않는 주제인 것 같습니다.
많은 이들이 죄란 시대에 뒤떨어진 개념으로 생각합니다. 어떤 '적극적인 사고방식' 류의 책에는 '오늘날 교회에서 죄, 실패 등 부정적인 고백이 90%에 이른다.' 고 비판하고 있습니다. 그러한 이들은 죄에 대한 고백이 부정적이며 자기비하 적인 불신앙의 고백이라고 생각하고 있는 것 같습니다.
그러나 주님의 거룩하신 영이 우리에게 임하실 때, 가장 먼저 비춰 주시는 부분이 바로 이 죄에 대한 부분입니다. 참으로 거룩하신 분의 비침을 받을 때, 우리는 다메섹 도상에서의 사도 바울과 같이 고꾸라지지 않을 수 없는 것입니다. 우리가 주님께 가까이 가면 가까이 갈수록 죄에 대한 자각이 예민해집니다. 우리는 자신이 너무도 더럽게 생각되어 견딜 수가 없게 됩니다. 그리하여 오직 주님의 긍휼을 간절히 사모하게 됩니다. 그러면서 서서히 죽어 있는 영적인 어두움의 상태에서 깨어나기 시작하는 것입니다.

오늘날 이 시대는 죄에 대한 자각이 너무나 부족한 때입니다. 이 시대의 그리스도인들은 죄의 심각성을 잘 느끼지 못합니다. 이 세대가 악하고 음란하므로 많은 이들이 그러한 세상의 세례를 받아 마음이 음란한 생각으로 꽉 채워져 있으며 수많은 부부들이 마음속으로는 죄를 지으면서도 그것을 죄로 인식하지 않습니다. 남에게 함부로 말하며 상처를 주고서도 쉽게 잊어버리며 쉽게 원수를 맺습니다. 그러면서도 하나님께서 자기의 예배를 받으실 것이라고 믿고 있습니다.

배반, 미움, 시기, 질투 이러한 것들은 TV 드라마에서 흔히 방영되는 것들이고, 그리스도인들의 삶 속에서도 흔히 나타나는 것들입니다. 이러한 악한 문화에 도취되고, 동화되어 있다면 그들의 영은 마비되어, 주님과 깊고도 생동적인 만남을 갖지 못할 수밖에 없는 것입니다.

죄는 영혼을 병들게 합니다. 구체적인 죄가 고착이 되고 습관이 될 때, 죄는 영을 마비시킵니다. 그는 주님과 교통하는 즐거움을 맛볼 수 없습니다. 그는 주님의 음성을 느끼지 못합니다.

그는 아무리 성경을 읽어도 지겹기만 할 것입니다. 그것은 성경에 문제가 있는 것이 아니라 그의 영에 문제가 생긴 것입니다.

그는 자신의 영이 병든 줄을 모르고 예배는 본시 지루한 것이며 기독교란 매우 따분한 종교라고 믿습니다. 과연 그러할까요? 망가진 것은 오직 자신의 영적 상태입니다.

이것은 지나친 죄책감으로 괴로워하거나 스스로 감당할 수 없는 엄격한 윤리, 도덕적인 기준을 정해놓고 씨름을 하는 것이 좋다는 의미는 아닙니다. 다만 주님의 영이 오실 때, 그분은 우리 속의 죄를 비추시고, 드러내시며, 우리로 고통을 받도록 허용하시고 그 후에 그분께서 비로소 우리를 자유케 하시는 사역을 시작하신다는 것입니다.

참된 부흥이 올 때, 죄들은 견뎌 내지 못할 것입니다. 죄에 대한 심각하고도 처절한 투쟁이 전개될 것입니다.

맛있는 수프를 먹으면서 거기에 빠져 죽어 있는 파리를 건져 내지 않을 사람은 없습니다. 그러므로 우리는 참된 부흥, 영적 실제를 위하여 죄에 대한 진정한 투쟁을 전개해 나가야 하는 것입니다.

주님께 대한 갈망

주님께서 주시는 어떤 선물이나 복을 좋아하는 것과 주님 자신을 사모하는 것은 분명히 다릅니다. 전자는 사실 자신을 사랑하는 것에 지나지 않는 것입니다. 심지어 그가 주님께서 주시는 기쁨과 황홀한 체험에 감전되어 있다 하더라도 그것은 또 다른 형태의 육신적인 즐거움에 불과합니다.

주님을 경험한 사람이 그 순간 분명히 느낄 수 있는 것은 그는 이제 다시 세상으로 갈 수 없다는 것입니다. 그에게는 더 이상 세상이 매력 있는 장소가 아닙니다. 그의 속에는 오직 한 가지의 불타오르는 열망이 있게 됩니다. 그것은 주님을 가까이 하는 것이며, 그분으로 오직 충만케 되는 일입니다.

그에게는 새로운 갈망이 시작됩니다. 그것은 예전에 그가 경험하지 못했던 갈망입니다.

그는 밤낮으로 오직 그분 자신만을 구합니다.

그는 이제 다른 것으로는 도무지 만족하지 못합니다.

그는 마치 열병에 걸린 환자와도 같습니다.

그는 아가서의 술람미 여인과 같이 됩니다. 그는 "내가 잘찌라도 마음은 깨었는데"(아5:2)라고 고백하게 됩니다. 그는 밤중에 주를 인하여 잠을 이루지 못합니다. 그는 "내가 사랑하므로 병이 났다"(아5:8)고 고백하게 됩니다.

고통이 주를 가깝게 해 줄 때 그는 고통을 사모하게 됩니다.

세상에서는 더 이상 그의 위로와 기쁨은 없습니다.

오직 그리스도만이 그의 위로요, 기쁨이 되십니다. 그는 계속 주님을 먹고 마시며 어느 정도 심령에 만족을 경험하기도 하지만 다시금 끊어지지 않는 심한 갈망에 사로잡히게 됩니다.

천국이란 주님이 가까이 계시는 곳이며 지옥은 주님과 단절된 곳입니다.

참된 부흥이 올 때, 모든 영혼들은 주를 흠모하게 됩니다. 그들은 세상의 썩은 음식들보다 주님의 더 풍성하신 임재를 구하게 됩니다. 그들의 관심은 오직 주를 기쁘시게 하는 것으로 바뀌집니다.

진정한 부흥이 올 때 이러한 주를 향한 그리움은 증폭됩니다.

주께 대한 갈망은 증가됩니다.

기도에 대한, 예배에 대한 열망들이 견딜 수 없이 증가되어 사람들은 교회로, 집회로 모이고, 또 모이며 TV앞에서 지루하게 시간을 보내거나 쓸데없는 만남과 수다떨기에서 해방될 것입니다.

진정한 사모함과 그리움이 다 소멸되어 버리고 썩은 것들에 대한 관심과 열망이 가득한 이 시대에 우리는 진정 이러한 생명의 깨어남을 위하여 기도해야 할 것입니다.

복된 부흥과 주님께 대한 진정한 갈망들이 교회 안에 충만케 되기를 기대하는 마음이 간절합니다. 부흥이 올 때 주님은 더 이상 무시되지 않으며 진정한 주로서의 대접을 받게 되실 것입니다.

잃어버린 영혼에 대한 갈증

거룩한 영이 임하실 때, 그분은 죄에 대한 자각과 주님께 대한 열망과 함께 버려진 영혼에 대한 통렬한 자각을 허락하십니다. 기도의 사람 하이드는 잃어버린 영혼을 위하여 많은 밤들을 마음을 쏟아 붓는 애끓는 중보 기도로 보냈습니다. 그는 "오, 주님! 이 영혼을 주소서! 그렇지 않으면 나는 죽습니다!" 하면서 피를 토하듯이 기도를 주께 쏟아 부었습니다. 주님의 영이 임하시는 곳에는 이러한 영혼의 전리품에 대한 사모함이 있는 것입니다.

그것은 교회에 있는 수많은 사람의 머리 숫자 중의 하나가 아니라 천하보다 귀중한 한 영혼에 대한 안타까움입니다.

그 영혼에 천국의 빛이 비춰지고 영혼이 눈을 뜰 때 사람들은 그 무엇보다 더 중요한 것이 영혼의 가치라는 것을 느끼게 됩니다. 그리하여 자신의 영혼이 더 깊이 깨어나기를 사모할 뿐 아니라 다른 사람들의 영혼도 깨우고 일으키고 싶어하게 되는 것입니다.

주님은 영혼을 구하기 위해서 이 땅에 오셨고 제자들을 파송하셨습니다. 오늘날도 주님은 이 사역을 계속 이루기 원하십니다.

과연 누가 주님의 마음을 가지고 이 사역을 감당하며 잃어버린 영혼에 대한 고통과 아픔을 가질 수 있을까요?

그러한 내적 갈망은 우리 스스로가 얻을 수 있는 것이 아닙니다.

오직 주님의 영 만이 그러한 영혼에 대한 고통을 우리 안에 심으실 수가 있습니다.

오직 부흥의 결과로 그러한 애통이 가능할 수 있는 것입니다.

주님께서 우리 안에 임하시고, 그분의 마음을 부으실 때 우리는 주님의 도구가 되어 그분의 심령으로 씨름할 수 있게 되는 것입니다.

영혼의 성장에 대한 갈망

부흥이 있는 곳에서 사람들은 그 무엇보다도 영적 성장을 갈망하게 됩니다. 영적인 일에 대하여 깊은 관심을 가지게 됩니다.
오늘날 그리스도인들의 대화와 주 관심은 영적 성장이 아닙니다. 대부분의 사람들에게 그것은 모호한 개념입니다. 그들에게는 현실적인 여러 가지 문제들이 더 중요합니다. 자녀가 대학에 가는 문제라든지, 경제적인 어려움이라든지, 직장생활이나 가정생활에 있어서의 여러 인간관계의 문제점이라든지.. 이런 것을 가지고 고민하며 괴로워합니다.

그러나 부흥이 올 때 사람들의 관심은 달라집니다. 그들은 실제적으로 그들의 영혼이 깨어나고 자라기를 원합니다. 그들은 영혼의 성장에 대한 대화를 나누고 싶어합니다. 그들은 좀 더 기도를 배우고 싶어합니다. 좀 더 말씀의 진리에 대해서 배우고 알고 싶어집니다. 좀 더 하나님의 뜻에 대해서 알고 싶어합니다. 주님의 음성을 좀 더 듣고 싶어합니다. 영적인 성장에 대해서, 영성에 대한 광범위한 관심과 소원이 일어나는 것입니다.
그것은 환자가 오래 동안 입맛이 없다가 건강이 회복되는 순간부터 이것저것 먹고 싶은 것이 많아지는 것과 비슷합니다. 병들고 오래 동안 가사 상태로 있던 영혼이 깨어나면서 영혼의 양식에 대한 건강한 입맛이 일어나고 회복되는 것입니다. 그러므로 그들은 같이 영적 성장을 사모하는 이들과 즐겁게 만나고 교제하며 행복한 마음으로 영혼에 대한 일과 믿음에 대한 것들에 대해서 나누고 교제합니다. 그것이 전에 알지 못했던 새로운 기쁨이 되는 것입니다. 부흥이 있는 곳에는 이러한 변화와 열망들이 생기는 것이 보통입니다.

사역자는 이와 같은 참된 부흥을 열망해야 합니다. 주님 자신을 만지고, 죄로부터 벗어나며 잃은 영혼을 위한 안타까움과 사역이 충분히 이루어지며 많은 사람들이 영혼을 깨우기 원하고 영적 교제를 즐거워하며 행복한 부흥의 열매가 임하도록 오직 그분이 역사하실 것을 사모하여 기도해야 합니다. 참된 것이 올 때 생명이 아닌 것들은 스러져 버릴 수밖에 없기 때문입니다.

그러나 사역자는 그러한 부흥이 먼저 자신에게 임하게 해 달라고 기도해야 합니다.

진정한 부흥은 사역자 자신으로부터 출발하는 것이며 사역자에게 먼저 생명의 충전과 내적인 변화가 오지 않을 때 그는 결코 진정한 부흥 사역의 도구가 될 수 없기 때문입니다.

한국 교회의 일반적인 영적 수준은 결코 높은 수준이 아닙니다. 교회의 외형을 보고 안심할 만한 상태가 결코 아닙니다. 거룩한 삶에 대한 열망과 그리스도에 대한 추구를 찾아보기 힘들며 세상과는 혼합되어 있고 죄와는 타협하며 영적으로는 지극히 둔감하고 미숙한 모습을 어디서나 쉽게 발견할 수 있습니다. 그러므로 비록 외적으로는 성공한 듯이 보인다고 하더라도 마치 부흥처럼 보인다고 하더라도 우리는 그 내적 근원과 상태를 잘 분별하지 않으면 안 되는 것입니다.

유명한 동화 중에 일곱 마리 아기 양과 늑대의 이야기가 있습니다. 엄마 양이 바깥에 외출하면서 아기 양들에게 늑대가 올지 모르니까 절대로 집의 문을 열어 주지 말라고 신신당부를 합니다.

그런데 정말 늑대가 와서 엄마 목소리를 흉내내어 문을 열어 달라고 하자 아기 양들은 목소리가 틀린다고 문을 열어 주지 않습니다. 늑대는 분필을 먹고 목소리를 부드럽게 한 다음 다시 접근하지만 이번에는 문 아래로 보이는 그의 발이 시커먼 것이 엄마와 틀린다고 아기 양들이 소리를 지릅니다. 여기까지는 어린양들이 교육받은 대로 잘 분별을 합니다.

그러나 늑대는 포기하지 않고 다시 밀가루로 발에다 칠을 한 다음 아기 양들이 사는 집 문을 두드립니다.

아기 양들은 목소리도 같고 발의 색깔도 하얗게 같으므로 결국 문을 열어 줍니다. 그러자 늑대는 어린양들을 다 잡아먹어 버립니다. 외형만을 볼 줄 알고 속은 분별하지 못했던 아기 양들의 어리석음이 그들의 죽음을 초래했던 것입니다.

그러나 아무리 목소리가 비슷하고 털의 색깔이 비슷해도 늑대는 늑대고 양은 양입니다. 영적 근원의 분별은 그래서 중요한 것입니다.

이와 같이 참된 부흥이 아닌 것을 부흥으로 알고 만족하고 있을 때 우리는 결코 진정한 부흥을 경험할 수가 없습니다.

우리가 부흥이라고 안심하고 있을 때 알지 못하는 사이에 우리의 영혼은 악하고 좋지 않은 세상의 기운에 물들어 어둡고 비참하게 될 수도 있는 것입니다.

그러므로 보이는 외형에 만족하지 말고 참된 부흥, 영적인 변화와 은총과 거룩함과 권능의 불길, 부흥의 불길이 진정 임하도록 우리는 기도하고 사모해야 합니다. 무엇이 진정한 부흥이 아닌지, 무엇이 참된 부흥인지 우리가 분별할 수 있을 때 진정한 부흥의 역사는 시작될 수 있을 것입니다.

3. 타고난 재능과 사역자의 생명

가까운 사역자 한 분이 개척 목회를 시작하게 되었습니다. 그와 여러 가지 대화를 나누다가 이런 이야기를 한 것이 기억이 납니다.
"형님이 사역을 하는 데 있어서 형님이 너무 재능이 많으신 것이 걱정됩니다. 형님은 너무 여러 분야에 지식이 많으십니다. 또 말을 잘 하시지요. 몇 마디 대화를 통해서 사람을 사로잡고 이끄는 능력이 있습니다. 그러한 인간적인 매력 때문에 쉽게 사람들이 모일 수 있지요. 또 유머 감각이 풍성해서 사람들을 즐겁게 해 주는 능력도 뛰어납니다. 걱정이 되는 것은 형님이 별로 주님을 사모하지 않고 의뢰하지 않고 무릎을 부지런히 꿇지 않아도 교회 사역이 외형적으로 성공적으로 이루어지지 않을까 하는 것입니다."
그는 결코 재능에 의지하지 않고 겸허하게 주님의 역사만을 의뢰하겠다고 이야기했습니다. 그는 그 후 몇 년만에 교회를 짓고 일단 외적인 성공을 거두었습니다. 그 성공의 내용에 대해서는 주님만이 판단하실 수 있을 것입니다.

외형적인 인상

사람들이 이상적인 사역자를 그릴 때 먼저 생각하는 것은 외형적으로 당당한 체구, 멋진 음성, 지도자적인 분위기, 탁월한 언변, 영화배우 뺨치는 미남의 이미지입니다. 이런 사역자라면 얼마나 멋있을까 하고 생각합니다.

그래서 그런지 예수 그리스도의 초상화를 보면 항상 멋지게 생긴 미남자가 그려져 있습니다. 사도 바울은 찰톤 헤스톤 같은 강인한 이미지, 세례요한은 아마 크린트 이스트우드 같은 고적한 분위기의 미남을 사람들은 연상하는 것 같습니다.

그러나 실제 그들의 모습은 그렇게 멋지지 않을지도 모릅니다. 그들은 주님의 영광 속에 사로잡혀 있었기에 침범할 수 없는 아름다움과 분위기를 가지고 있었을 것입니다. 그러나 그들의 외형이 세상적인 기준에서 멋쟁이였을까 하는 점은 다소 의문이 남는 것입니다.

미스 코리아, 미스 유니버스 등에 뽑힌 여인들은 아름답습니다. 그러나 그것은 외형적인 아름다움일 뿐 내면적인, 영적인 아름다움은 아닙니다. 그들이 거기에 뽑혔다고 해서 그들이 매우 거룩하고 주님께 속한 사람이라거나 인격적으로 매우 성숙되고 훌륭한 사람인 것은 아닙니다. 하지만 사람들은 그러한 그들의 외모에 끌리며 후한 점수를 줍니다.

사역자들에게 대해서도 이러한 시각이 일반적으로 적용되는 것 같습니다. 일반적으로 외형적인 아름다움, 외형적 재능에 많은 가치를 부여하는 듯이 보입니다.

하나님의 거룩한 사람이었던 사무엘도 이러한 실수, 즉 외형을 보고 그 사람의 그릇과 영성을 판단하는 실수를 범했습니다.

하나님의 명령을 따라 이새의 아들들 중에서 하나를 이스라엘의 왕으로 기름 부으러 갔던 사무엘은 장자 엘리압을 보고 하나님의 택하신 자로 오인, 감탄한 것입니다. 그러나 하나님은 말씀하십니다.

"그 용모와 신장을 보지 말라. 내가 이미 그를 버렸노라. 나의 보는 것은 사람과 같지 아니하니 사람은 외모를 보거니와 나 여호와는 중심을 보느니라" (삼상 16:7)

이사야 53장은 주님의 모습에 대하여 표현하기를 '마른땅에서 나온

줄기 같아서 고운 모양도 없고 풍채도 없은 즉 우리의 보기에 흠모할 만한 아름다운 것이 없다' 고 말합니다(사53:2).
사도 바울의 외형은 키가 작고 못생겼으며 말도 더듬고 유창하지 않았던 것으로 알려져 있습니다(고후 10:10, 11:6).

언젠가 어느 신학 대학에서 어떤 후배 형제와 대화를 나눈 적이 있습니다. 그의 외형은 몹시 소심하고 겁이 많은 조그마한 체구의 모습으로 목소리도 몹시 작고 조심스러웠습니다. 그는 그의 작은 체구와 여성스러운 이미지 때문에 모임에서 연극과 같은 여흥이 있을 때에는 항상 여자 역을 맡곤 했습니다.
대학 졸업 후 오랜 시간이 지난 후에 우연히 그와 학교에서 만나게 된 것인데, 그는 벤치에 앉아서 자신이 주님을 만난 이야기, 그분이 자기를 영적 사역에 부르시고 있는 것 같다는 이야기를 더듬거리며 열심히 하고 있었습니다.

나는 그를 조심스럽게 훑어보았습니다. 볼품 없는 왜소한 그의 모습, 강인함이라고는 도무지 보이지 않는 소박한 그의 모습, 작고 더듬거리는 그의 미미한 목소리, 사역자의 조건으로 적당한가? 그러나 나는 그의 소박하고 간절한 모습에서 뭔가 속에서 치밀어 오르는 따뜻한 감동을 느꼈습니다.
'그래 맞아. 주님이 이 형제를 사용하실 것이다. 이 형제가 지금의 간절함을 계속 유지한다면 이 형제에게 임하실 것이다. 왜냐하면 그분은 사람의 중심을 보시는 분이시므로.'
나는 즐거운 기분으로 교정을 나섰습니다. 주님의 일하심을 보는 것은 몹시 행복한 일입니다. 더욱이 초췌한 사람을 통하여 일하시는 주님의 섭리는 더욱 기쁘고 감사한 일인 것입니다.

"형제들아 너희를 부르심을 보라 육체를 따라 지혜 있는 자가 많지 아니하며 능한 자가 많지 아니하며 문벌 좋은 자가 많지 아니하도다 그러나 하나님께서 세상의 미련한 것들을 택하사 지혜 있는 자들을 부끄럽게 하려 하시고 세상의 약한 것들을 택하사 강한 것들을 부끄럽게 하려 하시며 하나님께서 세상의 천한 것들과 멸시 받는 것들과 없는 것들을 택하사 있는 것들을 폐하려 하시나니 이는 아무 육체라도 하나님 앞에서 자랑하지 못하게 하려 하심이라 너희는 하나님께로부터 나서 그리스도 예수 안에 있고 예수는 하나님께로서 나와서 우리에게 지혜와 의로움과 거룩함과 구속함이 되셨으니 기록된바 자랑하는 자는 주 안에서 자랑하라 함과 같게 하려 함이니라" (고전 1:26~31)

타고난 재능은 생명이 아닙니다.
모든 사람은 자기만의 독특한 성향과 재능을 가지고 있습니다. 여기서 말하는 재능은 중생할 때 주어지는 영적 은사와는 다른, 타고날 때부터 주어지는 재능을 말합니다. 어떤 재능이 많은 사람이 그리스도를 섬기게 되었을 때, 그리고 사역을 하게 되었을 때 사람들은 그 사람의 재능을 주목할 것입니다.
또한 그 자신도 자신의 재능을 몹시 자랑스러워하며 신뢰할지 모릅니다. 그러나 과연 그 재능이 영적 사역을 수행하는 데 있어서 어떤 플러스 요인으로 작용할 수 있을까요? 꼭 그렇지만은 않습니다.

어떤 이는 타고난 영리함을 가지고 있습니다. 그는 예리한 통찰력과 판단력을 적절할 때 적절하게 사용합니다. 어떤 이는 성경 말씀을 묵상하면서 순식간에 수많은 아이디어와 메시지를 창출해 냅니다. 그는 불과 5분이면 설교 준비를 끝낼 수 있습니다.
어떤 이는 언어 표현에 매우 재능을 가지고 있습니다. 평범한 예화라고 하더라도 그의 입에 붙잡히기만 하면 매우 극적이고 듣는 이의 심금을 울릴 수 있는 메시지로 변화됩니다. 어떤 이는 타고난 탁월한 유머 감각과 순발력으로 사람의 마음을 쉽게 사로잡습니다.
이러한 사역자들에게 사람들은 쉽게 감탄하며 쉽게 감동을 받게 됩니다. 그러나 그들이 받은 감동과 은혜는 주님의 생명에 속한 것일까요, 아니면 인간적 감동과 자극일까요?
비록 외형적으로는 비슷한 형태를 가지고 있다고 하더라도 그 영적 근원에 있어서 주님께로부터 온 것이 아니라면 그것은 일시적인 감동과 충동을 일으키기는 하지만 그것은 오래 갈 수 없습니다. 그러한 감동은 지속적으로 사람을 변화시키지 못하며 그리스도에게로 이끌어 가지는 못합니다.

방송사에서 근무했던 어떤 언론인이 그리스도를 만나고 변화되었습니다. 그는 소속 교회에서 간증의 기회를 얻었습니다. 언론인 출신인 만큼 그는 문장 감각과 연설에 대해서는 어느 정도 자신감을 가지고 있었습니다.
그는 군중 심리의 흐름을 잘 이해하고 있었으며 간증에 있어서의 적당한 유머와 트릭으로 성도들을 사로잡고 멋진 히트를 기록하려고 결심했습니다.
그러나 그는 간증을 시작하면서 간증이 도무지 그의 계획대로 잘 진행되지 않는 것을 느꼈습니다. 성도들의 반응은 너무나 순수하고 진지해서 자신의 트릭이 잘 먹혀 들어가지 않았습니다.
그는 간증 도중 성도들의 폭소를 유도하기 위하여 전혀 논리가 맞지 않는 질문을 사용하기도 하였으나 순박한 성도들은 그의 유머를 그대로 사실로 믿고 '아멘! 아멘!'을 합창하는 것이었습니다.
그런 유머를 들으면 웃고 넘어가야 하는데 이렇게 순진하게 반응하자 그는 완전히 기가 질려 버려서 그의 독특한 리듬을 상실해 버리고 말았습니다.
결국 1시간 예정의 간증을 20분 정도로 짧게 마무리짓고 강단을 내려온 그는 세상의 연설과 교회의 간증이 완전히 다르다는 것을 깨닫게 됩니다. 여기서는 오직 기도와 순수함, 주께 영광을 돌리기 위한 열망만이 요구되어진다는 것을 그는 발견하게 되었던 것입니다.
간증이 제대로 성공이 되고 듣는 이들에게 은혜를 끼치기 위해서는 자신이 노련한 연설의 기술보다 간절하고 깊은 기도와 주를 의뢰함이 훨씬 더 중요하고 필요하다는 것을 비로소 그는 깨달았던 것입니다.

많은 사역자들이 자신의 재능에 대하여 확신과 자신감을 가집니다. 다른 이들의 설교를 들으며 탁월한 언변가는 이렇게 생각합니다.
'그게 설교냐? 나 같으면 훨씬 더 잘할 수 있을 텐데.'
또한 다른 이들의 찬양이나 간증을 듣고 비슷한 생각들을 하는 재능인들이 많습니다.
나 같으면 이렇게 할 텐데. 너무나 답답하구나.
이러한 것들이 주님께로부터 온 것일까요? 그렇지 않습니다. 그러한 상념의 배후에는 주님보다는 대개 자기 자신의 자아 숭배가 자리 잡고 있는 것입니다.
과연 그러한 사람의 재능과 솜씨는 주님의 생명을 드러낼 수 있을까요? 그렇지 않을 것입니다. 타고난 재주는 사람들을 그리스도에게로 이끄는 힘이 없습니다. 그것은 외형적으로 성공한 듯이 보일지도 모릅니다. 그러나 그것은 즐거움과 감동을 선사할 수는 있으나 회개를 일으키지 못합니다.

한 편의 시를 읽는 것 같은 화려한 문장의 멋진 설교도 그것을 준비하는 과정에서의 눈물과 무릎 꿇음이 동반되지 않는다면 아무런 가치도 부여될 수 없습니다. 그러나 무능한 사람의 한숨과 눈물이 포함된 간절한 기도는 주님의 역사를 일으킬 수 있는 것입니다.

재능은 주를 거스르는 경향이 있습니다

재능은 하나님께서 그분의 영광을 위해 사용하도록 사람에게 주신 것입니다. 그러나 타락한 인간에게 속해 있는 모든 것이 그러하듯이 그 재능 자체는 독립적으로 움직이기 원하며 주님을 거슬러 나가는 경향을 가집니다.

외모가 아름다운 여인은 모두가 그런 것은 아니겠지만 교만할 가능성이 아름답지 못한 여인에 비해서 많은 것이 사실입니다. 머리가 영리한 사람은 그것에 대하여 하나님께 감사하는 것보다는 자신을 높이고 자랑하기 쉬운 것이 사실입니다.

언어 구사에 뛰어난 사람은 말이나 연설에 서투른 사람을 보면 잘 참기가 힘듭니다. 그는 서투른 연설을 들으면서 '저런, 답답하기는! 나 같으면 저렇게 이야기할 텐데.' 하면서 발을 구르기가 쉽습니다.

음악적 재능을 부여받은 사람은 그렇지 않은 사람들의 끔찍한 노래나 화음이 엉망인 성가대의 합창을 들으면 속이 부글부글 끓습니다. 메시지를 쉽게 만들어 내는 이들은 설교를 가지고 오래 씨름하는 이들을 보면 한심하기가 그지없습니다.

이런 현상은 무엇을 의미할까요? 주님께서 그분의 영광을 위하여 허락하신 선물들이 모두가 다 자신을 높이기 위하여, 자신의 영광을 위하여 사용되고 있는 것입니다.

이것이 재능이 가지고 있는 첫 번째의 독소입니다. 어떤 한 재능이 자신을 높이는 데 사용될 때 그 재능과 재능의 사용자는 나중에 주님의 심판을 피할 길이 없습니다. 왜냐하면 그 재능은 자신의 영광을 위하여 주신 것이 아니라 주님을 드러내고 높이기 위해서 주님이 주신 것이기 때문입니다.

재능이 가진 두 번째의 악한 경향은 그것의 독립적인 경향입니다. 어떤 재능의 성향은 주님의 명령에 의하여 좀처럼 순종하려고 하지 않습니다. 그것은 그것 자체의 생명과 독자성을 가지고 있습니다.
주님께서 침묵하라고 말씀하실 때 화려한 언변의 재능은 여기에 순종하지 않을 때가 많습니다.
주님은 조용히 기다리라고 말씀하시지만 영리함은 많은 경우에 있어서 가만있지 않습니다. 유머 감각은 주님의 의도와 상관없이 멋들어진 이야기를 꾸며내고 싶어합니다. 탁월한 재능을 많이 가질수록 그들은 겸손하게 순종하기가 어려운 것입니다.

그러나 재능이 가진 가장 위험한 요소는 그것이 주님의 생명과 대치될 가능성이 많다는 것입니다. 그리하여 그 재능 자체가 주님께 나아갈 길을 방해하는 무서운 요소가 된다는 것에 있습니다. 재능 때문에, 그 재주의 탁월함 때문에 그 소유자는 주님께 나가기가 어렵게 될 수 있습니다.
언변의 재능이 없는 어떤 이가 말씀을 전하도록 부탁을 받았습니다. 그는 어떻게 반응할까요? 아마 어찌할 바를 모르고 당황할 것입니다. 그는 두려워집니다. 무엇을 어떻게 표현하고 말해야 하는가에 대해서 도무지 감을 잡을 수가 없습니다.
그는 시간이 다가올수록 불안하고 초조합니다. 결국 그는 주님께 무릎을 꿇습니다. 그의 한계에서 그는 오직 주님밖에 의뢰할 곳이 없습니다.

그런데 그렇게 걱정하고 조바심을 내면서 강단에 나아갔을 때 의외로 그는 예배에서 주님의 풍성함을 접하게 되는 것입니다.

이것이 무엇일까요? 바로 주님의 은혜입니다. 의지할 수 있는 재능이 없는 그가 간절하게 주님의 은총과 도우심을 구했을 때 주님께서 그를 사용하시는 것입니다.

그가 그러한 성공에 도취해서 주님을 잃어버리지만 않는다면, 아마 그의 그러한 성공은 계속될 것입니다.

반대로 언변이 뛰어난 이가 메시지를 전하게 됩니다. 그는 별로 걱정하지 않습니다. '그까짓 것!' 그는 마음으로 생각합니다. 간단히 준비하면서 그는 확신합니다. '오늘, 완전히 끝내줄 거야!' 물론 그는 주님께 엎드리기는 하지만 그 기도가 어떤 절박성을 가지지 않게 됨은 물론입니다.

그는 주님을 의뢰하지 않고 자신을 의뢰합니다. 아니, 자신의 재능을 의뢰합니다. 그에게 있어서 재능은 하나의 우상이 됩니다. 그가 주님의 도구로 쓰임 받게 되는 가장 무서운 방해물이 되는 것입니다. 그날, 그가 멋지게 말씀을 전하고 있을 때, 청중이 별다른 반응이 없으면 그는 속이 상합니다.

'이런 바보 같은 사람들! 이 정도의 설교를 듣고 깨지지 않다니!'
그는 깨져야 할 사람은 바로 자신임을 인식하지 못합니다.

재능 때문에 사람들은 주님께 나아가기가 어렵습니다. 그들의 탁월함 때문에 그들은 생명을 체험할 기회를 놓칩니다. 바리새인과 서기관들이 그들 자신의 의로움 때문에 그리스도를 영접하지 못한 것처럼 많은 훌륭한 사람들이 그 훌륭함 때문에 계속 사망 속에 거하게 되는 것입니다.

그들 자신은 자신의 영리함, 예민함, 날카로움, 리더십, 담대함, 지혜로 움, 박식함에 대하여 감탄할지 모릅니다. 그러나 그러한 재능들 위에 주님의 생명이 덧붙여지지 않는다면 그러한 것들은 성도의 상태를 바꿀 수 없습니다. 각 사람의 육신 위에 다시 육신을 덧붙이는 것이며 생명의 역사를 전혀 이룰 수 없는 것입니다.

사람이 자기 의가 강할 때 하나님의 의는 그에게 들어갈 곳이 없습니다. 자기는 항상 옳으며 자기 생각은 맞으며 자기 잘난 맛에 사는 사람은 주님께서 그를 통하여 역사하실 수가 없습니다.
마찬가지로 자기 확신으로, 자신으로 충만한 이들에게 주의 영은 임하시기 어렵습니다. 재능은 그 처해야 할 위치를 분명히 파악하지 못할 때 주님을 거스르는 성향을 가지고 있는 것입니다.

재능은 주님께 붙잡혀야 합니다

그렇다면 모든 재능들은 부정되어야만 할까요? 오직 그리스도만을 바라보고 구하며 다른 모든 인간적인 탁월함을 거부하여야 할까요?
물론 그렇지는 않습니다. 재능은 주님께서 주신 귀한 선물입니다. 그리고 그것이 그 자리를 지킬 수 있는 한 그것은 매우 유용한 도구로 쓰일 수 있습니다.
재능의 위치는 주님의 손아래 있어야 합니다. 어떤 재능들이 주님의 통제 속으로 들어갈 때 그것의 독소는 사라지게 됩니다. 그렇다면 어떻게 재능들이 주님의 통제 속으로 들어갈 수 있을까요? 여기에는 주님의 손이 필요합니다. 특히 실패의 체험이 필요합니다.
어떤 언어 구사에 뛰어난 사역자가 있었습니다. 그가 어느 날 유명한 외국인 사역자의 통역을 맡게 되었습니다. 외국어의 통역 설교는 단순히 외국어 실력 이외에 서로간의 호흡이 맞아야 하며 분위기의 파악이라든지 영적 감각이나 센스라든지 많은 부분의 뒷받침이 있어야 합니다. 그는 매우 탁월한 솜씨로 통역을 멋지게 해냈습니다. 대부분의 사람들은 원 설교보다 그 통역에 의해서 더 많은 감동을 받았습니다.
예배가 끝난 후 많은 사람들이 그에게 찾아와서 인사를 했습니다.
"정말 훌륭하십니다. 내 평생에 이렇게 멋진 통역 설교는 들은 적이 없습니다."
이런 많은 인사에 대하여 그는 겉으로는 "별 말씀을 다하십니다."라고 인사했지만 속으로는 '저도 그렇게 생각합니다.' 하고 대답했습니다. 그는 자신의 성공이 몹시 자랑스러웠습니다.

그런데 비극은 그 이튿날 밤에 발생하였습니다. 그가 다시 통역을 하기 시작하는 순간 갑자기 그 유창하고 아름다운 목소리가 잠겨 버려서 도무지 나오지 않는 것이 아닙니까! 그는 계속 해보려고 노력했으나 목소리는 전혀 회복이 되지 않아서 결국 중간에 다른 사람과 교체되어 내려갈 수밖에 없었습니다. 마치 볼 컨트롤이 좋지 않은 투수가 시합 중에 강판 당하는 것처럼 말입니다.
그는 심히 비통한 심정으로 자기의 방에 틀어박혀 이 엄중하신 주님의 채찍에 간절한 마음으로 회개를 했습니다. 그리고 그 다음 날 그는 전혀 이상 없는 목소리로 다시 멋진 통역 설교를 마칠 수가 있었습니다.

이 이야기가 의미하는 바는 무엇입니까? 주님은 자신의 재능이 우상이 되지 않도록 적절한 징계와 인도하심을 베푸신다는 것입니다. 이러한 주님의 통제를 경험하고 깨닫게 되면 재능은 비로소 주님의 손안에 순종하며 독자적이지 않고 주님의 통제 안에 들어가게 됩니다.
한 번의 깨우침이 재능과 자아의 성향을 완전히 뿌리뽑을 수는 없겠으나 그러한 경험과 깨달음이 반복되면서 재능은 주님의 발 앞에 무릎을 꿇게 되는 것입니다.

재능에 주님의 생명이 덧붙여질 때, 그것은 주님의 생명이 흘러나오는 아름다운 도구가 됩니다. 재능이 있는 사역자가 주님의 생명을 접촉하게 될 때 그 재능 속에는 주님의 빛과 생명이 충만하게 됩니다.

여기서 진정한 생명은 그 재능이 아니라 그 재능 속에서 흐르고 있는 주님의 능력입니다.

그러나 사람들은 흔히 그 사역자의 배후에 있는 주님의 영적 은혜를 인식하지 못하고 그 사역자의 외형적인 사역의 형태, 제스처, 말투 등만을 흉내내려고 합니다. 그러나 그것은 영적 실제를 일으키지 못합니다.

나는 유능한 사역자를 흉내내는 젊은 사역자들을 많이 보았습니다. 그들은 유명한 설교자나 사역자의 목소리와 말하는 톤과 습관을 그대로 흉내내었습니다. 하지만 그러한 흉내에는 실제가 없었습니다. 똑같은 음성이고 똑같은 목소리고 모든 것이 비슷했지만 거기에는 영적인 풍성함이 없었습니다. 그러한 것은 실체가 없는 그림자와 같은 것입니다. 영성과 능력은 주님과의 개인적인 관계에서 나타나고 흘러나오는 것이며 다른 사람을 흉내내었다고 되는 것이 아닙니다.

인간적인 재능은 그 자체만으로는 대단한 것이 아닙니다. 잘못되면 심지어 사망의 역할을 담당할 수도 있게 됩니다. 그러나 그것에 주님의 생명이 덧붙여진다면 그것은 귀중한, 놀라운 도구가 됩니다.

많은 성도들이 자신을 가르치는 영적 지도자의 학벌, 외모, 재능 등을 자랑합니다. 그들이 그 자랑의 내용을 바꾸어서 "○○○은 주님께 잡힌 분이다. 하나님의 사람이다."라고 말할 수 있다면 얼마나 좋을까요! 오직 주님께 속한 사람만이, 주님께 사로잡힌 사람만이 그에게 주어진 지식, 재능, 경험, 은사들을 아름답게 사용할 수 있기 때문입니다.

처음에는 은사, 비전, 위대한 정신, 자신감, 재능으로 가득 찬 사역자가 주님의 다루심을 많이 받고 나면 그는 더 이상 자신만만하지 못합니다. 그는 주님이 그를 사용하지 않으실까봐, 그를 혼자 내버려둘까 봐 몹시 두려워합니다.

그는 사도 바울과 같은 위대한 사역자가 복음을 전할 때 두려워하며 심히 떠는 것을 이해할 수 있습니다(고전 2:3). 그는 무릎 꿇으며 안타까이 주님의 도우심을 호소할 수 있을 뿐입니다.

"주님! 도와주십시오! 당신께서 돌봐주시지 않는다면 저는 끝장입니다!"

그는 주님이 임하지 않으실 때 문자 그대로 끝장인 것을 압니다. 그는 자기 혼자서는 전적으로 무기력하다는 것을 압니다. 그의 아름다운 재능들은 주님이 역사하지 않으실 때 다만 허접 쓰레기에 불과함을 그는 인식합니다. 그의 사역의 생명은 오직 주님께 달려 있습니다.

그는 은사와 재능이 아닌 오직 주님 자신만을 간절히 의뢰하고 구하게 되는 것입니다. 그리고 이와 같이 상하고 낮아진 심령 위에 주님은 임하시며 그는 비로소 주님의 사용하시는 도구가 될 수 있는 것입니다.

4. 사역자와 듣는 은사

가르침의 은사와 오해

사역에 있어서 가장 중요시되고 있는 분야는 가르침의 분야입니다. 사역의 은사는 곧 가르침의 은사라고 여겨지기도 합니다. 그래서인지 사역자의 오해 중에서 가장 많이 나타나고 있는 것이 이 가르침의 은사인 것 같습니다.
사역자들의 대부분은 자신이 가르침의 은사가 있다고 확신을 하고 있습니다. 그러므로 그들 대다수는 가르칠 수 있는 기회를 얻지 못할 때 고통스러워하거나 상처를 받습니다. 그들은 왜 자신이 가지고 있는 귀한 깨달음과 가르침을 다른 이들에게 베풀 기회가 없는지 속상해합니다. 그들은 왜 이렇게 인재가 썩고 있는지 안타까워합니다.
왜 이렇게 인재를 알아주는 사람이 없는지 몹시 속이 상해합니다.
그러나 그들은 주님께서는 적절한 시간에, 적절한 그분만의 방법으로 그의 종을 사용하시며 충분히 준비된 사역자를 결코 내버려두는 분이 아니심을 모르고 있습니다. 왜냐하면 그분은 너무도 많은 필요를 가지고 있으시기 때문입니다.

대부분의 사역자들이 가지고 있는 가르침의 은사에 대한 확신은 착각일 경우가 많습니다. 왜냐하면 가르치는 이들이 기쁨과 보람으로 열심히 열변을 토하고 있을 때, 그 시간을 견뎌 내기 위하여 주님의 십자가를 바라보는 성도들이 의외로 많기 때문입니다.

가르치는 사람에게는 확신과 감동의 순간들이, 듣고 있는 자들에게는 아주 지루하고 따분한 시간이 될 수도 있는 것입니다. 물론 이러한 실패의 이유는 사역자의 가르침의 은사 자체가 잘못되었다기보다는 그의 은사 위에 성령의 기름 부으심이 부족한 경우가 더 많다고 보아야 할 것입니다.

많은 이들이 가르치는 것을 몹시 좋아합니다. 그들은 뭔가를 가르칠 때 인생의 보람과 희열을 느낍니다.

어떤 형제가 개척 교회를 시작하게 되었습니다. 그러자 그의 동료들이 여기저기서 몰려들어 자기들의 의견을 개진하기 시작했습니다.

"개척 교회는 이렇게 해야 한다."

"이렇게 하면 반드시 성공한다."

그들은 대부분 그런 사역을 해본 경험이 전혀 없는 사람들입니다. 그들은 그들의 말들이 상대방에게 전혀 도움이 되지 않는 줄을 모르고 오히려 자신이 상대에게 은혜를 베풀었다고 생각합니다. 이러한 환상과 착각은 대부분의 말이 많은 사람들이 공통적으로 가지고 있는 증상입니다.

사역자들, 전도사들이나 신학생, 선교 헌신자나 선교 단체 출신의 간사 등이 참여하는 성경 공부 모임을 보면 잘 진행이 되지 않는 경우가 많습니다. 왜냐하면 그들은 너무 가르치는 은사가 많기 때문입니다. 그들은 서로 서로 가르치려고 하기 때문에 의사소통이 피차 힘들게 됩니다.

그들은 너무나 깨달은 것이 많기 때문에 상대방의 이야기를 듣고 있을 여유가 없습니다. 자신이 체험하고 터득한 많은 진리와 깨달음 들이 있는데 가만히 상대방의 이야기를 듣고 있자면 너무나 시간이 아깝습니다.

그래서 그들은 상대방의 이야기를 중간에 잘라 버리고 나설 때가 많습니다. 물론 잘려 버림을 당한 사람은 당연히 복수(?)할 기회를 찾게 됩니다.

무례하게 상대방의 이야기를 커트 시키지는 않더라도, 그들은 상대의 이야기를 잘 듣지 않고 상대의 이야기가 끝난 다음에 자신이 할 이야기만을 생각합니다. 당연히 그들은 상대방의 이야기를 바르게 이해하지 못하기 때문에 그들 사이에는 동문서답이 오고 가게 됩니다. 그러면 그들은 서로 간에 같이 답답해지게 되는 것입니다. 자신의 생각이 옳고 자신의 견해가 뛰어나다는 서로의 확신 때문에 말입니다.

사역에 있어서 가르침의 비중은 사실 대단히 큽니다. 따라서 가르침의 은사에 대한 활용과 개발은 몹시 중요한 것입니다. 그러나 그 이상으로 중요시되고 개발되어야 할 부분이 있습니다. 그것은 듣는 은사입니다. 그것은 가르치는 은사보다 훨씬 더 중요합니다. 아니, 가르치는 것은 누구나 할 수 있지만 듣는 것은 쉽게 할 수 있는 것이 아닙니다.

듣는 은사의 필요성

다른 사람의 이야기를 잘 듣는 것의 중요성은 물론 말할 나위조차 없는 것이지만, 여기에다 은사라고까지 표현해야 할 필요성이 있는가 의문이 있을 수 있습니다. 물론 이 개념은 성경에서 말하는 주님께서 나누어주시는 '은사' 의 개념은 아닙니다. 다만 은사라고 부를 정도로 개발과 훈련이 필요하다는 것을 부각시키기 위하여 그렇게 표현한 것입니다.

가르치려는 이들은 매우 많습니다. 그러나 들으려고 하는 사역자들은 그리 많지 않습니다. 사실 가르치는 것은 어렵게 느껴지는 면이 없지 않으나 적당한 훈련만 쌓는다면 듣는 것보다는 쉽습니다.

듣는 것은 진정 은사라고 말할 수 있을 정도로 어렵고 힘든 분야입니다. 상대방의 이야기를 잘 들으면서 그 내용을 충분히 이해하고 상대방의 영적 상태를 분별하며 소화하는 것은 결코 쉬운 분야가 아닙니다.

많은 이들이 상담에 실패하는 이유는 그들이 충분히 들을 수 있는 귀를 가지고 있지 않기 때문입니다. 그들은 상대방의 말이 마치기 전에 이미 충분한 대답을 가지고 있습니다. 그들은 상대방이 서론을 시작할 때에 이미 결론을 내립니다.

그들은 상대방이 이야기를 시작하기만 하면 "아! 그거요?" 하면서 유창하게 웅변을 시작합니다. 그러나 그들이 말을 마칠 때쯤 되면 상대로부터 "그게 아니구요..." 하는 대답을 듣게 됩니다.

그들은 다시 "아, 그렇다면 이것입니다!" 하고 외칩니다. 하지만 이번에도 역시 "그것도 아닌데요.." 하는 대답을 듣게 됩니다.

그들의 확신과 자신감은 상대방에게 별 유익을 주지 못할 때가 많이 있습니다. 그것은 자신에게는 좋은 대답으로 여겨질지 모르지만 상대방에게는 그리 도움이 되지 않는 것입니다.

어떤 이들은 한 가지 진리를 깨달으면 몹시 기뻐하며 흥분합니다. 그런 그에게 어떤 사람이 질문을 하거나 도움을 요청한다면 그는 방금 얼마 전에 자신이 깨달은 대답을 할 것입니다. 그것은 상대방의 질문이나 상대방의 요청과는 아무런 상관이 없는데도 말입니다. 이것은 그러한 사역자들은 상대방의 상황보다 자기의 생각이나 입장에 더 많이 빠져있는 것을 잘 보여주는 것입니다. 자신이 깨달은 진리는 자신에게는 도움이 되겠지만 대부분의 다른 사람들에게는 별로 도움이 되지 않습니다. 상대방에게 도움이 되려면 상대방을 알아야 하며 상대방의 마음과 영을 알아야 하며 철저하게 상대방의 입장에 서야 합니다.
어떤 이들은 상대방의 말을 충분히 듣지 않고 도중에 차단해 버리는 습관을 가지고 있습니다. 그것은 자신의 뛰어난 견해가 중요하지 상대방의 이야기는 들으나마나 라고 생각하기 때문입니다.

그러나 그것은 대부분의 경우에 어리석은 짓이며 경솔한 행동입니다. 그러한 태도는 상대방에게 상처나 불쾌감, 무시당했다는 느낌을 주게 됩니다.
그러나 듣는 것이 오히려 좋지 않으며, 상대방으로 하여금 이야기를 계속 하도록 내버려두는 것이 별로 좋지 않을 때도 있습니다. 그러한 경우에는 무한정 상대방의 이야기에 끌려 다니는 것도 좋지 않습니다. 문제는 언제 들어야 하며 언제는 듣지 말아야 하는가 하는 것인데 이러한 것을 훈련하고 분별하고 경험하고 적용하는 것이 곧 듣는 은사의 기능이라고 할 수 있을 것입니다.

마음을 분별하고 느끼는 듣는 은사

말하는 것은 자신을 드러내는 것입니다. 어떤 이가 자신의 무지, 교양 없음, 못된 성품 등이 드러나는 것을 원치 않으면 그냥 조용히 있는 것이 좋습니다. 그러면 다른 사람은 그를 파악할 길이 없습니다. 물론 그의 인상을 통하여 어느 정도의 그의 성향이 드러나기는 하지만 그의 영적 상태는 충분히 알려지지 않습니다.
그러나 어떤 이가 입을 열기 시작할 때 그는 마치 발가벗는 것과 같습니다. 몇 마디만 이야기하기 시작해도 그의 지적 수준, 인격적인 수준, 영적인 수준은 금방 드러나게 됩니다. 아무리 과장하고 포장을 한다

해도 그는 백일하에 자신을 드러내게 되는 것입니다.
그렇기 때문에 함부로 말을 하는 것은 자신에게는 손해가 될 수 있습니다. 세상에서 무슨 무익한 말을 하든지 천국에서 이에 대하여 심문을 받게 된다고 성경은 말합니다. (마 12:36)
어떤 말이 주님께 영광을 돌리는 것도 아니며 상대방에게 어떤 도움을 끼치는 말도 아니라면 그 말은 별로 가치가 없는 말이며 불필요하게 자신을 드러내었을 뿐입니다. 자신의 안에 빛과 사랑과 아름다움의 열매가 충만하지 않은 상태에서 많이 말하고 가르치려고 한다면 그것은 좋지 않은 일입니다. 거기에는 아무런 좋은 열매가 생기지 않습니다.

어떤 이가 주님께 가까이 나아가고 영혼의 감각이 열리기 시작한다면 그는 사람의 마음의 깊은 부분을 점점 더 쉽게 포착하게 됩니다. 그는 다른 사람과 잠시만 같이 있어도 상대의 영과 마음과 상태를 분별할 수 있습니다.
그러나 주님의 생명과 멀리 떨어져 있는 사람들은 사람을 잘 파악하지 못하며 오래 동안 같이 있는 사람에 대해서도 거의 잘 알지 못합니다. 표면적인 모습만 알 뿐 그의 속마음이나 영에 대해서 거의 알지 못합니다.

기성세대와 대부분의 부모들은 젊은이들에게, 그들의 자녀에게 끊임없이 잔소리를 해댑니다. 중요한 것은 여기서 그들이 영적 통찰력을 가지고 있으며 자녀나 젊은이들의 영적 상태와 마음의 상태를 이해하고 적절하고 지혜로운 메시지를 주는가 하는 것입니다. 불행하게도 그러한 경우는 많지 않습니다.
기성세대나 부모들이 젊은이들이나 자녀들에게 지혜롭고 필요한 권면을 하며 평소의 삶이나 언행에 대해서도 존경을 받고 있다면 그들의 가르침이나 메시지는 자녀들이나 젊은이들에게 도움이 될 것입니다. 그러나 존경받지 못하면서 듣기 싫어하는 이들에게 억지로 하는 권면이란 아무런 영향을 끼치지 못하며 오히려 반발을 초래할 뿐입니다.

그러한 이들은 자신은 남의 말을 쉽게 듣고 수용하지도 않으면서도 아랫사람이나 자신의 자녀들이 자신의 말을 잘 듣지 않는 다고 화를 냅니다.
그러나 이들이 주님 앞에서 조용히 자신을 돌아보고 반성하며 주님께서 자신에게 권위를 부여하지 않은 이유를 깨닫지 못한다면 이들은 다른 사람들에게 별로 도움이 되지 못할 것입니다.

듣기 싫은 권면과 가르침이란 사실상 잔소리입니다. 그리고 잔소리는 정말 사람을 피곤하게 합니다. 그것처럼 사람을 효과적으로 파괴하는 것도 드물 것입니다.
왜 그런데 기성세대들은 잔소리를 하는 것일까요? 상대방이 싫어하고 아무런 도움도 되지 않으며 서로의 관계만 불편하고 서로의 마음만 상하게 되는데 왜 그리 잔소리를 하면서 마음고생을 할까요?
그 이유는 간단합니다.
그것은 영적 무감각과 무지 때문입니다.
그들은 자신의 말이 어떠한 대우를 받는지, 상대방이 자기의 말을 어떻게 느끼는지, 그러한 상대방의 마음을 도무지 이해하지 못하고 있기 때문입니다. 그들은 오직 자신의 말이 그저 맞는 말이라고 생각합니다. 자신의 말을 듣지 않는 자녀들이나 젊은이들이 못됐다고 생각할 뿐입니다.
이들은 전혀 사람의 마음을 모르는 것입니다. 곧 듣는 은사가 훈련되지 않은 것입니다.

그런 면에서 듣는 것은 몹시 행복하고 유익이 많은 것입니다. 거기에는 손해가 없습니다. 물론 나쁜 말에서 나오는 악한 영향력이 있긴 하지만 그런 것들도 들으면서 분별하며 방어할 수 있는 훈련을 쌓아야 합니다.

듣는 습관이 잘 되어 있지 않은 사람이 겪을 수 있는 무서운 위험은 상대방을 통해서 하나님께서 말씀하실 수 있는 가능성을 봉쇄해 버릴 수도 있다는 것입니다.

신학 대학에 다니고 있을 무렵, 어느 날 강의 시간이 비어 있어서 교정의 벤치에 잠시 앉아서 휴식을 취하고 있는데 두 형제가 접근해 온 적이 있었습니다.

그들의 소개를 통해서 어떤 선교 단체에 소속되어 있다는 것을 알게 되었는데, 한 형제는 전도 훈련을 시키는 중이었고 그보다 나이가 조금 적어 보이는 다른 형제는 그를 따라다니며 전도에 대한 현장 실습을 하는 모양 같았습니다.

리더인 형제가 열심히 구원과 복음과 제자도에 대하여 침을 튀기면서 설명을 하는데, 대화의 자세가 너무 고압적이고 공격적이어서 별로 편안하지 않은 분위기였습니다. 한참이 지난 후에 이 친구가 조금 잠잠해졌을 때 내가 이야기를 하기 시작했습니다.

"형제가 이야기를 하고 있을 때 나는 혹시 형제를 통해서 주님께서 말씀하시는 것이 있는가 해서 열심히 주의를 기울였습니다. 그런데 별로 새로운 것은 없군요."

"물론 새로운 것이 없을지도 모릅니다. 그러나 중요한 것은.."

그는 재빠르게 내 이야기에 끼어 들었습니다. 나의 말이 끝나기도 전에 내 말에 끼어 든 것입니다. 그는 '새로운 것이 없다'는 표현에 즉각적으로 반응을 한 것입니다.

이러한 부류의 사람들은 많이 있습니다. 그들은 상대방의 말이 약간이라도 자신에 대해서 공격적인 것 같다고 느끼면 반사적으로 튀어나옵니다.
그 말이 옳은지, 충분한 논리적 근거가 있는지, 주님께로부터 온 것인지 분별할 시간도 없이 즉각적으로 자기변호를 시작하는 것입니다.
"잠깐만, 내 말이 아직 끝나지 않았어요."
나는 그의 말을 가로막았습니다.
"상대방의 이야기가 끝나기 전에 대답을 하는 것은 별로 바람직한 태도가 아니죠. 나도 형제의 이야기를 30분간 들어주었으니까 이제 나도 무엇인가 이야기할 수 있다고 생각합니다."

상대방은 좀 머쓱해졌습니다. 그래서 나는 그 형제에게 대화를 시작함에 있어서 상대의 상태를 모르면 적절한 말을 줄 수가 없으므로 가능하면 상대에게 질문을 하든지 해서 상대를 먼저 파악하기에 힘쓰라고 이야기하고, 가능하면 설교조의 강의보다는 대화식의 부드럽고 부담 없는 분위기가 낫지 않겠느냐고 조언을 했습니다.
상대를 벼랑으로 내모는 식의 공격적인 발언은 좋은 이야기의 효과를 반감시키지 않겠느냐는 등의 이야기를 나누었습니다.
그는 다소 불쾌해진 것 같았습니다. 그러나 그에게 공격당할, 전도라는 명목으로 핍박당할 수많은 사람들을 생각하면 무엇인가 그에게 이야기를 해주지 않을 수가 없었습니다. 그래봤자 그에게는 아무런 도움이 되지 않았겠지만 말입니다.
우리는 가르치기에 앞서 그 대상을 이해해야 합니다. 그리고 어떻게 그를 도울 수 있을까를 생각해 내야 합니다.
그 전에 무조건 말을 시작하는 것은 조심하지 않으면 안 됩니다. 상대방과 상관없이 어떤 주제에 대해 항상 동일한 이야기를 하는 것은 의사가 환자의 병명과 상관없이 항상 감기 약 만을 주는 것과 같습니다. 사역자가 상대방을 주의 깊게 살피면서 이야기를 들을 수 있다면, 그러면서 주의 임재를 인식할 수 있다면 그는 자신이 상대방에게 어떤 이야기를 해야 할지 느낄 수 있게 됩니다. 그렇다면 그는 실질적으로 상대에게 도움을 줄 수 있게 됩니다.

주님께서는 어리고 연약한 형제를 통하여 말씀하실 때가 얼마든지 있습니다. 그러나 형제를 통하여 말씀하시는 주님의 음성을 듣지 못한다면 개인적으로, 영적으로 말씀하시는 주님의 음성을 들을 수 있을 턱이 없습니다.

듣는 것은 말하는 것보다 중요합니다. 기다리는 것은 가르치는 것보다 더 가치 있을 때가 많습니다. 열 번의 성급하고 경솔한 말보다 한 번의 주의 깊은 기다림과 들음이 얼마나 많은 유익을 제공하는지 측량할 수 없는 것입니다.

가르침의 조건

바른 가르침을 위해서는 먼저 들어야 합니다. 듣는 은사가 개발되어야 합니다. 그런데 사람에게서 듣고 배우는 것도 중요하지만, 본질적인 것은 주님께로부터 배우고 듣는 것입니다. 엄밀한 의미에서, 주님께로부터 받은 어떤 것이 없다면, 그는 사실 가르칠 자격이 없습니다.

많은 형제들이 가르치는 것은 자신이 배운 것이나 읽은 것들입니다. 그 모든 것들은 진리이며 가치가 있는 것일까요?

그것은 확실하지 않습니다.

그것을 확신을 가지고 가르치려면 기도와 실제적인 경험을 통과해야 합니다. 그리고 주님의 인증을 통과해야 하며 자신이 말하기보다 주님이 자신을 통해서 말씀하시도록 해야 합니다.

그러나 대부분의 경우를 보면 자신이 제대로 소화하지도 못한 다른 이들의 경험과 배운 것과 읽은 것들을 자신이 깨달은 진리인양 확신을 가지고 전하는 이들이 참으로 많이 있었습니다.

사역자들은 가르치거나 말을 할 때 사소한 말이라도 주님의 통제 속에서 하는 훈련을 해야 합니다. 그것이 사역자의 바른 자세입니다.

당신은 분명히 옳은 말을 했다고 느끼는데도 불구하고 속에서 별로 기쁘지 않고 언짢았었던 경험이 없습니까? 만약 있다면 이것은 당신이 주님의 생각과 상관없이 말하고 있음을 잘 입증해 주고 있는 것입니다. 그것은 주님께서 당신의 안에서 당신의 말을 부드럽게 제지하고 있는 것입니다. 당신은 하고 있는 말을 멈추거나 방향을 바꾸어야 합니다. 그런 식으로 우리의 대화는 주님의 감동과 인도를 받아야 합니다.

나는 많은 사역자들과 대화를 했는데, 그 중 많은 사람들이 내가 뻔히 알고 있는 것에 열심히 침을 튀기며 가르치고자 애를 쓰는 경우를 많이 경험했습니다. 그들은 주님의 인도 속에서 말을 했을까요? 가르쳤을까요? 그렇지 않을 것입니다.

그들이 만일 주님의 통제 안에 있었다면, 그래서 말을 하는 중에도 항상 주님의 인도하심을 기다리는 사람들이었다면 그들은 주님께서 자신의 말을 막는 것을 느꼈을 것입니다.

그러한 이들은 주님께 여쭤 보면서 가르친 것이 아닙니다. 그들은 오직 선입견과 습관에 따라, 자신의 느낌과 경험에 따라 이야기한 것에 지나지 않는 것입니다.

언젠가 부흥 집회에서 어떤 열렬한 자매 신학생을 만난 일이 있습니다. 그녀는 몹시 흥분된 어조로 자신이 깨달은 것을 열심히 이야기해 댔습니다. 그녀는 서투른 헬라어 실력까지, 신학교 강의 내용을 총동원해서 설교를 퍼부어 댔고 나는 재미가 있어서 빙그레 웃으며 열심히 들었는데, 며칠 후에 그녀는 내가 목사인 것을 알게 되자 얼굴을 들지 못하는 것이었습니다.

나는 결코 그녀를 비난할 생각은 없습니다. 미숙한 사람들은 어디에나 있기 때문입니다. 다만 분명한 것은 그녀의 말과 간증은 주님의 통제 속에 있지 않았었다는 사실입니다. 그녀는 흥분 속에 있었고, 기쁨 가운데 있었지만, 주님의 인도 속에 있지는 않았습니다. 만약 그녀가 진정 주님께 민감했더라면 그녀는 부드럽게 제지하시는 성령의 내적 움직임을 느꼈을 것입니다.

'경험자는 열변을 토하고 전문가는 웃는다.'는 말이 있습니다. 왜 많은 사람이 흥분 상태에 있을까요? 흥분과 감동은 즐거운 것이지만 그것이 주님의 통제를 벗어나게 된다면 그것은 껍데기와 같아서 흥분이 오고 감동이 와도 별 열매는 얻지 못하게 됩니다.

노인들은 항상 똑같은 이야기를 하는 경향이 있습니다. 노인이 아니더라도 항상 같은 주제만 나오면 동일한 이야기를 되풀이하는 이들이 있습니다. 그들은 처해진 상황과 상대방의 상태와 상관없이 똑같은 말들을 되풀이합니다.

왜 그럴까요? 그들은 주님의 통제에 따라 이야기하지 않고 자신들의 경험과 고정된 생각에 의해서 말을 하기 때문입니다. 항상 똑같은 설교와 가르침을 하는 사람은 주님께 통제 받는 사람이라고 할 수 없습니다.

진정한 가르침은 오직 주님께로만 옵니다. 주님의 음성을 듣지 않는 사람들은 사실 가르칠 자격이 없습니다. 우리는 인간에게 속하고 사람에게서 나온 것이 아름답고 먹기 좋으며 멋진 아이디어와 같이 보인다고 하더라도 그것은 껍데기뿐인 것을 알아야 합니다. 오직 듣기 원하며 주님께 가르침 받기 원할 때만이 우리는 주님의 도구로 사용되어질 수 있습니다.

충고를 즐기는 사람들

나이가 많거나 경험이 많은 사람들은 툭하면 남이나 아래 사람들에게 권면이나 충고를 하려는 경향이 있습니다. 혹은 그렇지 않더라도 남에게 잔소리를 하기 좋아하고 꼭 한마디하는 것을 좋아하는 기질의 사람이 있습니다. 자신의 믿음이 좋고 아는 것이 많다고 생각하는 사람들이 대체로 그렇습니다.

그들은 많은 사람 앞에 나서는 것을 좋아합니다. 쓸데없이 앞에 나서서 한 마디를 꼭 해야 직성이 풀립니다. 그런 기회를 주지 않으면 몹시 화를 내고 자신이 무시당했다고 생각합니다. 어쩌다 마이크가 오면 마치 그것이 구원의 줄인 양 결코 놓치려고 하지 않습니다.

그들은 어려운 상황에 처한 사람에게 자신의 경험담을, 자신의 견해를 쉬지 않고 늘어놓습니다. 특히 어떤 사람이 성격상의 약점이나 문제점을 가지고 있다면 그들은 끝도 없이 잔소리를 해댑니다.
"왜 그 성격을 고치지 못하니? 왜 그리 성질이 급해? 왜 그렇게 경솔하게 말이 많으니?"
그들은 자신의 말이 전적으로 옳은 것이며 상대방에게 꼭 필요한 것이라고 생각하고 있습니다. 그리고 그런 잔소리를 통해서 상대방이 변화

될 수 있다고 믿습니다.
자신이 그러한 충고를 들으면 불같이 화를 내면서도 그러한 자신의 충고는 상대방에게 유익하다고 생각합니다.

그러나 과연 그러할까요? 그것은 진정 무서운 착각입니다. 이 세상에는 충고와 권면과 자기 나름대로의 진리와 잔소리가 너무나 엄청나게 많습니다. 그리고 그러한 말들은 사람들에게 도움을 주기는커녕 역겨움과 반발과 환멸을 초래할 때가 훨씬 더 많은 것입니다.
사람은 섣부른 충고나 잔소리로 결단코 변화되지 않습니다. 사랑과 온유와 지혜가 담긴 사랑의 언어가 사람을 변화시키는 것입니다.
윗사람이 잔소리를 하려고 입을 여는 순간에 젊은이들의 인상은 일그러질 때가 많습니다. 그들은 단지 참고 있을 뿐입니다.
당신은 충고를 즐기는 편입니까? 만약 그렇다면 당신은 주님께 이러한 증상으로부터 해방되게 해 달라고 기도하지 않으면 안 됩니다.

나는 사람의 마음을 잘 이해하는 사람은 함부로 섣부른 위로나 권면이나 충고를 하지 않는다고 믿습니다.
충고하고 가르치는 것은 정말 어려운 작업입니다. 그것은 상대에 대한 깊은 애정이 있어야 하며 주님의 음성에 대한 영적 민감성이 있어야 하며 상대 마음의 움직임을 잘 포착할 수 있는 깊은 섬세함 등이 필요합니다. 그것은 결코 쉬운 일이 아닙니다.
대부분의 사람의 마음은 상대에 대한 충분한 존경이나 신뢰가 없으면 충고나 권면의 말을 받아들이기가 어렵습니다. 특히 자신의 약점에 대해서는 더욱 받아들이기가 어렵습니다. 대부분의 사람들은 자신의 성격적인 약점을 잘 알고 있으며 자신도 고치기를 원하지만 그것이 쉽지가 않아서 많은 좌절을 경험해 왔기 때문에 그런 부분을 건드리는 것은 그들을 괴롭히기만 할 뿐입니다.

하물며 자신이 전혀 존경하지 않는 윗사람이 항상 똑같은 말을 비난을 섞어서 퍼부어 댈 때 그의 기분이 어떻겠습니까? 또는 내용을 별로 알지도 못하면서 지위를 이용하며 애정이 담기지도, 적절하지도, 지혜롭지도 못한 충고를 남발할 때는 어떻게 느끼겠습니까?

많은 사람들이 "내가 옳은 말을 하기 때문에 사람들이 나를 미워한다."고 말합니다. 이것은 무서운 착각입니다. 그들이 미움을 받고 있다면 그 이유는 그들이 사랑이 없이 냉정한 태도와 공격적인 자세로 적절하지 않은 상황에서 합당하지 않게 말했기 때문입니다.

충고를 하기 좋아하는 사람들은 가능하면 상대방이 충고를 부탁하거나 그의 이야기를 들으려고 올 때까지 기다려야 합니다. 그 전에는 하지 않는 것이 좋습니다. 과연 나는 존경받고 있는 사람인지 자문해 봐야 합니다.

내가 권위를 인정받지 못할 때 나의 말도 권위가 없는 것입니다. 말이란 그 자체가 옳으냐 그르냐를 떠나 누구에 의해서 말해졌느냐가 더 중요한 것입니다. 그렇지 않을 때도 충고를 해야 한다면 이것이 주님이 인도하심인지에 대해서 점검해 봐야 합니다. 만약 그렇지 않다면 그 충고는 잘못된 것입니다.

마지막으로 내가 충고하려는 대상을 내가 진정 사랑하느냐 하는 것을 생각해 봐야 합니다. 만약 그렇지 않다면 그의 말은 아무런 권위도, 효과도 지니지 못합니다.

당신이 충고와 가르침을 좋아하는 사람이라면 나는 당신에게 권하고 싶습니다. 제발 그러한 것을 좋아하지 마십시오. 가능하면 조언을 다른 이들에게 주려고 하지 마십시오. 상대방이 '제발.. 제발' 하고 부탁하면서 당신의 조언과 도움을 구한다면 그 때 주님의 인도와 감동 속에서 한마디하십시오. 그렇지 않을 때는 나서지 않는 것이 더 좋은 것입니다.

부디 모든 충고를 좋아하는 이들이 주님의 인도와 감동 속에서 말할 수 있기를! 그렇게만 될 수 있다면 나는 세상이 훨씬 더 아름다워질 것이라고 믿습니다.

논쟁의 원인들

사역자들의 특성 중의 하나는 참으로 확신이 많다는 점입니다. 그들은 확신이라는 용어를 매우 즐거이 사용합니다. 그래서 서로의 확신이 일치하지 않을 때 많은 논쟁이 벌어지게 됩니다. 그들은 자신이 전적으로 옳다고 믿습니다. 그리고 상대방의 의견은 고집이고 억지이며 무지하기 때문이라고 믿습니다.

물론 상대방도 그렇게 생각하는 것은 마찬가지입니다.

그들은 자신의 의견을 관철시키기 위하여 성경 구절을 써먹기도 합니다. 또는 유명한 사역자들의 말이 인용되기도 합니다. 때로는 '하나님의 뜻'도 사용됩니다. 서로 자기의 말이 '하나님의 뜻'과 맞다고 주장하는 것입니다.

적지 않은 경우, 그들은 서로 감정이 상합니다. 그들은 이론적으로는 그리스도인이므로 서로 사랑하지만 별로 서로의 얼굴을 보고 싶어하지 않습니다. 그들은 여전히 자신의 의견을 신봉하면서 헤어지지만 마음은 서로 개운치 않습니다. 그리고 앞으로 저 친구를 만나면 저 문제는 꺼내지 말아야겠다고 결심하게 됩니다.

왜 이런 일들이 그리스도에게 헌신된 사역자들에 의해서 생겨져야 할까요? 왜 그들은 많은 경우에 의견의 일치를 보지 못하게 될까요?

물론 근본적인 것은 그들의 대화와 논쟁이 주님으로부터 말미암지 않은 데에 있습니다. 그들의 대화는 주님의 통제를 벗어난 것입니다.
말이란 것은 그 자체에 생명을 가지고 있어 쉽게 주님의 통제를 벗어나는 경향이 있습니다. 일단 말이 입으로부터 빠져 나와서 논쟁이 시작되면 그것은 자체의 논리와 아집에 빠져들게 되는 경향을 가지고 있습니다. 그 말 자체가 독자적인 생명을 가지게 되는 것입니다.
그리하여 그것은 가는 대로 내버려두면 제멋대로 움직여서 영적인 평화와 기쁨을 상실케 하고 점차로 흥분과 분노와 미움 등의 각종 악한 열매를 생산하게 됩니다.

논쟁하는 사람들의 말은 양쪽이 다 옳은 지도 모릅니다. 그러나 분명한 것은 양쪽이 다 주님의 생명에 속해 있지 않다는 것입니다. 그들이 주님의 생명 속에 거하고 있다면 어느 쪽이 옳든 그것은 별로 중요하지 않게 됩니다.
주님은 어느 쪽이 옳다고 승부를 내려 주시는 심판관은 아니십니다. 그분은 어느 쪽이 자신과 붙어 있는지를 보십니다. 그분은 다만 생명을 주시고 우리에게 형제 사랑을 요구하실 뿐입니다.

대부분의 경우 분쟁은 자기가 가진 진리의 분명함에서 기인하는 것이 아닙니다. 그것은 고집에서 나옵니다. 높은 마음에서 나오며 융통성의 부족에서 나오는 것입니다. 그들은 상대방을 사랑하는 것이 아니고 자신의 의견과 자존심을 사랑합니다. 그들이 목숨 바쳐 지키려고 하는 것은 주님과 진리가 아니고 자신의 고집과 편견이며 체면일 따름입니다.
당신은 어떤 논리에 확신을 가지고 있습니까? 과연 그 확신의 근거는 무엇입니까? 그리고 그 확신은 영원히 변치 않을 정도로, 자신의 일생을 걸 수 있을 정도로 분명한 것입니까?

많은 논쟁의 경우, 상처를 남기는 대부분의 이유는 서로에 대한 존중이 부족하기 때문입니다. 그들이 서로 손상 받는 것은 견해가 서로 틀린 것에 있지 않고 그것을 주장하는 과정에서의 독단성과 인신공격과 상대에 대한 무시에 있습니다.

나는 예전에 사역을 하면서 뚜렷한 확신과 신념을 가지고 이것저것을 강하게 주장한 것이 많았습니다. 그러나 시간이 흐르고 사역이 쌓이다 보니 차츰 깨닫게 된 것은 예전에 내가 그렇게 강하게 믿고 주장했던 것 중에 옳지 않았던 것이 많았다는 것입니다.

얼마나 어처구니없는 일입니까! 이것은 지금도 마찬가지일 것입니다. 지금도 열심히 진리를 찾고 있지만 진리는 오직 예수 그리스도일 뿐 사람은 완전하지 않으며 실수할 수 있습니다. 그러므로 자신의 확신만을 믿고 강하게 주장하는 것은 무척 어리석은 일이 될 수 있는 것입니다.

지나친 확신은 위험한 것입니다. 우리는 나의 믿음이 잘못된 것일 수도 있으며 상대방의 이야기가 오히려 바른 것일 수도 있다는 마음을 가져야 합니다. 우리 자신이 틀릴 수 있다는 가능성은 항상 자신을 겸손하게 하며 상대방의 이야기를 주의 깊게 경청하게 만듭니다.

기독교의 진리 중에서 사실 그렇게 싸워야 할, 양보 못할 진리란 그렇게 많지 않다고 생각합니다. 영적 은사에 대한 논쟁, 성령론에 대한 논쟁 등도 개념을 가지고 하는 씨름일 뿐 양쪽의 입장이 그렇게 다르지 않은 듯이 보이는 것이 많이 있습니다. 사회 정의, 사회 참여에 대한 진보, 보수 논쟁도 결국 상호 보완적인 것이 아닐까요?

결코 양보할 수 없는 진리가 있다면 그것은 하나님은 우리의 아버지시며, 예수는 우리의 구세주, 우리의 왕이라는 것입니다. 우리의 삶은 오직 그분께 드려질 때 가치가 있으며 그분을 사랑하고 그분을 위하여 십자가를 지는 것이 가장 복된 삶이라는 진리입니다.

또한 성경은 하나님의 말씀이며 그분은 그 안에서 자신을 계시하고 있다는 것입니다. 이 정도에서 서로 동의할 수 있다면 충분히 형제로서 사랑하고 함께 길을 걸을 수 있다고 생각합니다.

사역자는 잘못된 아집을 버리고 상대의 입장에 서서 융통성을 가지고 부드럽게 들어줄 수 있어야 합니다. 충분히 진심으로 수용하려는 의사를 가지고 배울 수 있어야 합니다. 잘 듣고 잘 배우는 은사는 가르치는 사역의 전제 조건으로서, 주님의 생명의 통로가 되는 전제 조건으로서 아주 중요한 과제라고 할 수 있는 것입니다.

5. 사역자와 비판의 영

함부로 판단하는 위험

사역자가 빠지기 쉬운 위험한 오류 중의 하나가 비판에 관한 것입니다. 사역자는 영적 지도자로서 자신이 가르치는 이들을 위해 분명한 진리를 제시해야 합니다. 그러므로 그 과정에서 어떤 것이 바른 것이며 어떤 것이 바르지 않은 것인가에 대해서 언급하지 않을 수 없습니다.

이때 진리가 아닌, 옳지 않은 부분에 대하여 제시해야 할 때 그는 자칫 잘못하면 바르지 않은 마음과 영으로 판단하게 될 위험이 있는 것입니다. 젊은 사역자, 전도사, 신학생들이 모여서 여러 가지 대화를 나누다 보면 그들은 고민하지 않고 쉽게 기성의 사역자나 교회나 사역에 대하여 판단이나 단정을 내리는 것을 많이 볼 수 있습니다.

"아, ○○○목사? 그 사람, 말씀은 좋은데 능력이 약해."
"◇◇◇는 감화력과 파워는 있는데 사랑이 부족해."
그들은 명쾌하고도 간단하게 결론을 도출해 냅니다. 그리고 그렇게 함부로 판단을 하고도 별로 두려워하지 않습니다.

그들은 충분하지도 않은 정보와 충분한 연구와 기도도 없이 어떤 사람이나 사건을 판단하고 난도질하면서 별로 두려워하는 기색이 없습니다. 그들은 매우 당당하며 자신감에 넘쳐 있습니다. 기껏해야 몇 권의 책을 읽고 몇 사람에게 교육을 받은 것이 전부인데도 오랫동안 사역을 해온 사역자들에 대해서도 쉽게 함부로 판단하는 것입니다.

하지만 조심해야 합니다. 그러한 판단이 만약 바른 것이며 주님이 기뻐하시는 것이라면 (그럴 가능성은 거의 없지만) 그는 괜찮을 것입니다. 그러나 그렇지 않은 경우에 그는 그러한 판단의 대가를 남은 삶에서 경험하게 될 것입니다. 이 우주 안에는 우연이란 없으며 씨앗을 심은 것이 저절로 사라지는 경우도 없습니다.

특히 남의 약점이나 사물의 어두운 점을 잘 끄집어내는 사람들이 있습니다. "□□□목회자는 참 훌륭한 분이다."라는 이야기를 들으면 그들은 반발합니다. "너 그 사람이 ○○에 관련되어 있는 것 몰라?"하고 그들은 말합니다.
"XXX 교회는 참 은혜가 넘친다."라고 누군가가 말하면 "너 거기의 내막을 모르는구나."라고 말하기를 좋아합니다. "그래도 일단 XXX는 이런 면에서 훌륭하잖아?" 하고 말하면 그들은 "꼭 그런 것은 아니야. 네가 그 사람 속을 알아? 너 참 순진하구나."라고 으쓱거립니다.
그러한 이들은 너무 비판적으로 이야기를 많이 해서 속이 좀 켕켕해지면 "아니, 이런 면은 좋은 쪽도 있어." 하면서 다시 비판의 대상을 올려놓았다 내려놓았다 합니다.

과연 그들은 탁월한 정보를 가지고 있는 것일까요? 과연 그들은 놀라운 통찰력을 가지고 있는 걸까요? 그렇지 않습니다. 충분히 아는 이들은 함부로 말하지 않습니다. 그러한 흠집 내기는 타락한 인간의 추악한 한 본성의 일부분에 지나지 않는 것입니다.
은혜의 세계에 들어오지 못한 원래의 인간은 본능적으로 어두운 부분을 더 쉽게 포착합니다. 어떤 사람을 볼 때 그 사람의 장점보다는 나쁜 점이 더 쉽게 발견되는 것입니다. 그것은 세상에 잘못된 사람들이 많아서가 아니라 그들의 눈이 잘못되어 있기 때문입니다.

인간은 원래 감사하는 것보다 원망하는 것이 더 쉽습니다.
거룩한 삶보다는 타락한 삶이 더 재미있고 쉽습니다. 용서하는 것보다는 이를 갈고 있는 쪽이 더 쉬우며, 남이 잘 되는 것을 보면 기뻐하는 것보다 시기하고 비방하는 것이 훨씬 더 쉽고 본능적인 것입니다.
이러한 판단과 비방이 영적이며 옳은 것일까요? 그렇지 않습니다. 기쁨이 충만한 아름다운 얼굴과 표정으로 남을 비방하거나 판단하는 사람은 없습니다. 판단하고 비난할 때 사람들의 얼굴은 일그러집니다. 그리고 그들의 영은 손상되고 맙니다. 우리는 하나님의 형상으로 지음을 받았기 때문에 우리의 영혼이 좋아하지 않는 말과 행동을 하면 얼굴이 찡그러지고 심장은 뛰고 마음에 평화가 사라지게 되어 있습니다.
은혜를 받기 전에 사람들은 쓰레기를 파헤치지만, 주님의 은혜가 임할 때 그들은 그것을 덮고 사랑하는 것을 배웁니다. 파헤치는 것은 아주 쉽지만 덮어 주고 치료하는 것은 기도와 영혼의 성숙과 주님의 덧입혀진 은혜를 통해서 만이 가능할 수 있는 것입니다.

성경의 입장

성경은 여기에 대해서 무엇이라고 말하고 있습니까? 마태복음 7장 1절에서 3절까지를 보면 "비판을 받지 아니하려거든 비판하지 말라 너희의 비판하는 그 비판으로 너희가 비판을 받을 것이요 너희의 헤아리는 그 헤아림으로 너희가 헤아림을 받을 것이니라 어찌하여 형제의 눈 속에 있는 티는 보고 네 눈 속에 있는 들보는 깨닫지 못하느냐" 라고 언급하고 있습니다. 비판에 대하여 부정적인 견해를 취하고 있는 것입니다.
고린도전서 4장 5절에는 "그러므로 때가 이르기 전 곧 주께서 오시기까지 아무것도 판단치 말라 그가 어두움에 감추인 것들을 드러내고 마음의 뜻을 나타내시리니 그 때에 각 사람에게 하나님께로부터 칭찬이 있으리라"고 기록되어 있습니다. 역시 판단을 금하고 있는 것입니다.

그러나 고린도전서 2장 15절에는 다른 입장이 기록되어 있습니다. "신령한 자는 모든 것을 판단하나 자기는 아무에게도 판단을 받지 아니하느니라" 고 언급하고 있는 것입니다.
또한 고린도전서 6장 2~3절에도 "성도가 세상을 판단할 것을 너희가 알지 못하느냐 세상도 너희에게 판단을 받겠거든 지극히 작은 일 판단하기를 감당치 못하겠느냐 우리가 천사를 판단할 것을 너희가 알지 못하느냐 그러하거든 하물며 세상 일이랴"

고린도전서 5장 12절에도 "외인들을 판단하는데 내게 무슨 상관이 있으리요마는 교중 사람들이야 너희가 판단치 아니하랴" 라고 말합니다. 즉 상황에 따라서는 그리스도 안에서 정당한 판단이 필요하며 가능한 것을 말하고 있는 것입니다.
문맥 속에서 이 구절들을 충분히 살피면 이 구절들은 서로 대립되는 것이 아님을 알 수 있습니다. 그러나 일단 어떤 곳에서는 판단을 금하고 있으나 다른 곳에서는 판단이 당연하며 가능한 일이라고 말합니다. 그렇다면 그 차이점은 무엇이며 어떤 것이 그 기준이 될 수가 있는 것일까요?

이 두 가지의 경우를 하나는 '비판' , 다른 하나는 '분별' 이라고 편의상 구분하는 것이 좋을 것입니다. 비판은 그 내용 속에 어떤 정죄의식을 포함하고 있습니다. 그러나 분별은 정죄감이 포함되지 않은 순수한 것입니다.

성경은 비판을 금하고 있으나 분별은 권하고 있습니다. 왜냐하면 바른 분별력을 가지지 않으면 바른 결론을 내릴 수 없으며 상대를 제대로 도와 줄 수 없기 때문입니다.

비판이 나쁜 것은 그 비판 속에 포함되어 있는 공격성과 정죄의식이 심판적인 의미를 가지고 있기 때문입니다. 즉 비판하는 사람이 상대방에 대해서 비난을 하며 심판을 내리는 의미를 가지고 있는 것입니다. 그것은 분명히 잘못된 것입니다. 왜냐하면 진정한 재판장은 오직 한 분 하나님이시기 때문이며 우리는 그분의 위치를 함부로 차지할 수 없기 때문입니다.

분별은 우리가 주님의 종으로서 그분의 사역을 하는 데 반드시 필요합니다. 주께서 맡기신 일들을 감당하게 하기 위하여 그분은 바른 깨달음의 영을 공급하시기를 원하십니다.

신령한 자는 모든 것을 판단할 수 있으나 자신은 아무에게도 판단을 받지 않습니다. 왜냐하면 그는 자신의 경험이나 지식이나 입장에 근거해서 판단하지 않으며 주님의 입장에서, 주께서 인도하시는 수준에서, 주의 기름 부으심을 따라 분별하고 판단하기 때문입니다.

어떤 사람이 자신의 성향이나 위치, 지식, 경험에 따라 사물, 사람을 판단한다면 그의 판단은 대수로운 것이 아니며 생명에 속한 것이 아닙니다. 그리고 그의 판단과 속마음은 쉽게 노출될 것입니다.

그의 판단이 지식에서 나올 때 그보다 지적 수준이 뛰어난 사람은 그의 판단을 예상할 수 있습니다. 또한 그의 판단이 경험에서 근거한 것이라면 역시 그보다 앞선 경험을 가진 이는 그의 판단과 생각을 알 수 있을 것입니다.

그가 자신의 위치나 입장에서 판단한다면 그와 비슷한 입장에 있거나, 입장을 바꾸어 생각해 볼 때 그의 판단은 충분히 분별될 수 있습니다. 그러나 그가 주님께 속해 있고, 그의 모든 판단을 주께 맡기며 그분께 통제 받는 사람이라면 역시 주님께 밀접하게 붙어 있는 사람 외에 그를 판단할 수 있는 자는 없습니다. 그의 판단은 지식과 경험을 초월한 것이며 주님으로부터 나오는 것이기 때문입니다.

성경은 바른 분별을 가질 것을 거듭 요구합니다. 마태복음 7장의 비판을 금하는 부분에서도 4~5절에는 "보라 네 눈 속에 들보가 있는데 어찌하여 형제에게 말하기를 나로 네 눈 속에 있는 티를 빼게 하라 하겠느냐 외식하는 자여 먼저 네 눈 속에서 들보를 빼어라 그 후에야 밝히 보고 형제의 눈 속에서 티를 빼리라" 고 말씀하면서 바른 분별과 '밝히 볼 것' 을 권면하고 있습니다. '밝히 본 후' 에는 형제의 눈 속에 있는 티를 뺄 수 있다고 말하고 있습니다.

결국 이 본문에서 말씀하고 있는 것은 비판에 대한 전면 금지가 아닙니다. 바르지 않은 심령 상태, 즉 자신의 영적 상태도 제대로 돌아볼 줄 모르는 상태에서의 비판은 가치가 없고 해를 입힐 수도 있음을 말해 주고 있는 것입니다.
그러나 자신의 모습을 충분히 깨닫고 영적 어두움이 제거된 후에 비로소 바른 식별력을 가지게 될 때, 그 때에는 형제를 새롭게 하는 데 쓰임 받을 수 있는 것을 본문은 지적해 줍니다.
결론적으로 비판과 분별의 근본적인 차이점은 마음의 중심, 심령의 상태에서 오는 것이며 그 차이에 따라서 해를 입힐 수도, 도움을 줄 수도 있는 것입니다.

비판의 중심

섣부른 비판은 매우 쉬운 것이며 사람의 타락한 본성에서 나오는 것입니다. 그것은 교만과 시기와 비교의식에서 나오는 것입니다.
반면에 자신의 상태를 돌아보는 것은 매우 어려운 일이며 타고난 본성과 맞지 않는 것입니다. 비판을 잘 하는 사람들은 대부분 자신에 대한 아주 작은 비판도 잘 견뎌 내지 못합니다. 그것은 그들의 영이 잘못되어 있음을 보여 주는 것입니다.
또한 비판은 그 속성상 비난, 흥분, 미움, 적개심으로 발전할 가능성이 매우 많습니다. 그러므로 성숙한, 바른 분별을 위해서는 자신의 영적 상태를 돌아보는 데 매우 익숙해야 합니다.

자녀를 주님의 사랑으로 바르게 양육하는 데에 있어서 사랑 이상으로 필요한 것이 징계와 때리는 것입니다. 사랑 없이 무관심 속에 자라난 아이도 비참하지만 징계 없이 매 없이 자라나는 아이도 그 못지 않게 불쌍하고 비참합니다.
그것은 아이의 영혼을 사망 속에 그대로 내버려두는 것이나 마찬가지입니다. 어릴 적부터 사탄에게 아이를 방치해 두는 것과 같습니다.
매 없이 자란 아이, 어릴 적부터 거의 자아의 손상을 겪지 않고 자라난 아이는 나중에 주님을 영접하게 되더라도 온전히 순종하기까지는 많은 어려움이 따르게 됩니다. 주님은 그 아이가 말할 수 없는 고통과 아픔을 통과하도록 허용하실 수밖에 없으며 그 책임은 전적으로 아이의 부모에게 있는 것입니다.
자녀의 영혼을 사랑하는 부모라면 마땅히 사랑과 함께 기도로, 징계로 아이를 키워야 합니다. 그런데 이 징계란 것이 그렇게 쉽지 않습니다. 징계에는 쉽게 분노와 감정의 격앙이나 미움이 따를 수 있습니다.

그러므로 부모가 바른 징계를 하기 위해서는 기도와 성숙과 성령 충만이 무엇보다도 필요한 것입니다.

비판의 경우도 같습니다. 비판은 필요합니다. 그러나 판단을 할 때 그 마음의 중심이 올바른 상태라야 합니다. 사랑의 영으로, 주님의 영으로 채워져 있어야 합니다. 그렇지 않으면 자신이 하나님의 위치에 서서 심판하고 격노하고 비난할 수도 있게 됩니다.

그것은 일종의 신성 모독입니다. 왜냐하면 하나님의 권위에 대한 침범과 도전이 될 수 있기 때문입니다. 그러므로 사랑이 전제되지 않은 비판, 주님의 감동과 인도하심이 없는 비판에는 심판이 따르는 것입니다.

다른 사람의 단점과 교회의 약점이 쉽게 눈에 띄는 사람들은 자신의 영을 주의 깊게 관찰하지 않으면 안 됩니다. 나는 과연 그를 사랑하는가? 교회를 위하여 안타까운 염려와 애정으로 채워져 있는가? 개인적인 감정과 느낌으로 판단하는 것은 아닌가?

그리고 주님께서 이러한 판단을 기뻐하시며 이러한 판단의 말 이후에도 주님과 교통하는 데 전혀 지장이 없는가? 이런 부분들을 조심스럽게 체크해 보지 않으면 안 됩니다. 왜냐하면 그러한 비판과 부정적인 시각은 자신감의 결여나 열등의식의 발로, 소외감, 불행한 어린 시절이나 과거 등에서 기인하는 경향이 많이 있기 때문입니다.

그러므로 쉽게 남을 미워하거나 쉽게 상처를 받거나 하는 사람들은 결코 판단을 해서는 안 됩니다. 그러한 이들의 판단은 거의 악한 근원에서 나오는 것이기 때문입니다.

그러한 사람들은 주님의 은총을 통해서 사랑의 마음을 충분히 얻은 후에야 조금씩 주님이 허락하시는 범위 안에서 분별하는 것을 해야 합니다.

그 전에는 일체 판단을 하는 것은 위험합니다. 그것은 자신의 미래를 재앙으로 채우는 것입니다.

바르지 않은 공격들

어느 신학 대학에서 이단이라고 알려진 이들에 대하여 비판하는 강의를 들은 적이 있습니다. 그러나 나는 강의를 들으면서 몹시 실망했고 거의 도움을 받지 못했습니다. 강의 내용은 거의 알맹이가 없었습니다. 충분한 논리적 근거를 제시하는 것도 부족했으며 성경적인 뒷받침도 매우 빈약했습니다.

그러나 무엇보다도 실망스러운 것은 그 강사의 강의 태도였습니다. 그에게서는 주님의 진리가 훼손되고 있다는 안타까움이 전혀 보이지 않았습니다. 주님의 교회에 대하여 걱정하고 염려하는 모습도 찾기 힘들었습니다.

그저 상대방에 대한 악의에 찬 인신공격과 비아냥거림만으로 일관하고 있었습니다. 당연히 그러한 내용의 강의는 설득력이 약할 수밖에 없습니다. 논리 능력이 부족한 것은 어쩔 수 없다고 하더라도 적어도 중심의 자세는 명백한 진리의 입장에 서 있는, 객관성을 유지해야 하는 것입니다. 나는 그가 충분히 기도하며 두려워하며 준비했는가에 대하여 의문을 가지지 않을 수 없었습니다.

언젠가 어느 교회의 청년회 수련회에 강사로 갔었던 적이 있었습니다. 주로 회개와 헌신, 주님과의 영적 연합을 강의했었는데 날마다의 오전 시간에는 전도사들의 특강도 마련되어 있었습니다.

하루는 전도사 한 분이 한국 교회의 기복 신앙에 대한 비판적인 강의를 했었습니다. 주제는 하나님 나라에 관한 것이었고 그 과정에서 샤

머니즘적인 것, 영적 열광주의, 사역자들의 타락 등에 대한 비판들이 포함되었었던 것 같습니다.

강의 내용은 논리 정연하고 일리가 있었습니다. 그러나 한쪽으로 치우치는 경향이 있었고, 또 자세는 별로 바람직하다고 보기 어려웠습니다. 자기가 경험해본 적이 없는 영적인 세계와 경험에 대해서 무차별적인 비아냥과 비난을 퍼부으며 사랑의 마음보다는 공격적이고 비난하는 어조로 내용을 전개하고 창조적 대안 제시가 없는 비판 일변도의 강의는 청중들의 영을 신선하게 하기보다는 허탈하게 할 수밖에 없는 것이었습니다. 그것은 영의 풍성함을 제한하고 방해하는 것이었습니다.

나는 선명하게 밀려오는 어두움의 영과 그 압박감 때문에 몹시 고통을 받았습니다. 나는 여러 시간을 기도로 싸우다가 간신히 해방되었고, 마지막 밤 집회를 간신히 마칠 수가 있었습니다.

비록 옳은 말이라고 하더라도 바르지 않은 중심의 자세와 영적 상태를 가지고 있다면 이것이 얼마나 청중의 영을 해롭게 하는지 깨달을 수 있다면 얼마나 좋을까요!

나는 그가 상처를 받을 것이 몹시 걱정이 되었으나 밤 시간에 그 부분을 거론하지 않을 수 없었습니다. 충분한 사랑과 조심스러움이 결여되어 있는 비판적 메시지는 아무리 옳은 내용을 포함하고 있더라도 청중들에게 상처를 줄 수가 있다는 것에 대하여 말입니다.

비판이 가져오는 결과들

많은 사역자들이 강단에서 공격적인 메시지를 전하는 것을 좋아합니다. 대체로 성품이 외향적이고 낙천적인 사람은 긍정적이고 희망적인 메시지를 많이 전하는 편이고 성품이 내성적이고 염세적인 경향이 있는 사람은 공격적인 메시지를 많이 전하는 것 같습니다.

긍정적 메시지는 사람들에게 희망과 용기를 심어 줄 수 있으나 죄감과 정의감이 약하여 성품적인 변화를 가져오기가 어렵고, 공격적인 메시지는 보다 근원적인 개선을 다루기는 하나 그리스도인의 누림과 기쁨보다는 어딘가 눌려 있는 창백한 신자를 양산하기 쉽습니다.

사역자들이 주님의 통제 속에서 균형과 조화를 상실하지 않는다면 문제가 없겠으나 사람이란 아무래도 편향성을 가지기가 쉬운 법입니다. 싸매주는 메시지보다 파헤치는 메시지가 듣는 이를 통쾌하게 만드는 면이 있습니다.

그것은 사람들의 가슴을 후련하게 해줍니다. 비판과 험담이 자라날 수 있는 이유는 그것이 매력적으로 느껴지며 어디서나 청중들을 쉽게 모을 수 있기 때문입니다.

그러나 사랑이 결여된 비판적 메시지는 결국은 영혼에게 상처를 줄 수밖에 없습니다. 창조적 대안 제시가 없는 공격은 영혼을 황폐하게 만들 수가 있습니다. 비판적인 말은 아주 부드럽고, 조심스럽게 행해져야 합니다.

비판적 메시지가 가져다주는 또 하나의 무서운 해악은 그것이 교회의 하나됨을 파괴한다는 것입니다.

교회 안에는 많은 성숙되지 않은, 또는 잘못되어 있는 성도들이 있습니다. 그들이 신비주의에 빠져 있든 기복 신앙에 빠져 있든 그들이 하나님을 아버지로 모시고 있다면 그들은 우리의 형제입니다.

그렇다면 우리의 책임은 그들을 비난하는 것이 아니라 함께 아파하며 짐을 나누는 것입니다. 그들은 우리와 다른 견해를 가지고 있을지 모릅니다. 아니, 그들은 잘못되었을지도 모릅니다. 그러나 그들이 우리의 형제라면 우리는 형제의 의무를 가져야 하며 일체감을 가져야 합니다.

지적인 그리스도인들은 그렇지 않은 그리스도인들을 향하여 쉽게 비난하고 조롱합니다. 그들은 무식하며 교양이 없고 요란한 예배를 드리며 바른 진리를 모르고 있다고 매도하며 당당하게 말합니다. 그러나 그에게 이해할 수 있는 지성과 마음을 주신 분이 분명히 하나님이시라면 그 지성을 통하여 주님께 감사하고 형제를 도울 수 있는 길을 찾아야 합니다.

어떤 이들은 심한 병으로 고생하는 이들이 치유를 얻기 위하여 기도하며 울부짖는 것을 보고 '기독교의 타락'이라고 표현하며 혀를 찹니다. 나는 그 말의 의도에 대하여 이해하지만 그러한 태도에는 동의하지 않습니다.

직접 고통을 겪어 보지 않고 어떻게 그 고통을 조롱할 수 있을까요? 주님께서는 그들에게도 깨달음을 주시기 위하여 그러한 병들을 허용하실 지도 모릅니다.

그러한 메시지에 많이 접한 이들은 교회의 하나됨보다는 분열됨에 점점 더 익숙해지게 됩니다. 그들은 잘못된 신앙이라고 배운 대상에 대하여 적개심이나 이질감을 느끼게 됩니다. 그리고 이로 인하여 교회의 하나됨은 점점 더 파괴되어 가는 것입니다.

나는 교회의 분열의 대부분의 원인이 사역자들에게 있다고 느낍니다. 그들의 완고함과 확신 때문에 교회는 점점 더 분열됩니다. 어떤 비판에 사랑과 하나됨과 용납이 항상 포함되어야 하는 이유가 바로 여기에 있습니다.

비판의 근원은 교만

젊은 사역자들이 충분한 경험이나 깨달음이 없이 선배 사역자들에 대하여 함부로 말하는 경향은 매우 위험한 것입니다. 나도 이 점에 있어서 몹시 두려움을 느끼며 주님의 돌보심을 간절히 바랄 뿐입니다.

사역자들은 사역의 과정에서 점점 노쇠하여가며 열정을 상실하게 되기 쉽습니다. 나이팅게일의 꿈을 간직한 순수한 젊은 간호사들이 시간의 흐름에 따라 점점 불친절하고 사무적이 되어 가는 것은 별로 특별한 현상이 아닙니다.

교직에 대한 분명한 이상과 꿈을 가진 젊은이들이 오랜 교단생활을 통하여 점점 더 직업적이고 습관적인 교사가 되는 경향도 특별한 경향이라고 보기 어렵습니다. 그들은 젊고 패기 있는 간호사, 교사들을 보며 '좋을 때다. 나도 한때 그랬었지..' 라고 생각합니다.

이 세상에는 세월이 흐를수록 순수함과 사랑스러움을 빼앗아 가는 존재들이 분명히 있습니다. 영적 사역이라고 해서 예외가 되는 것은 아닙니다. 아니, 예외는커녕 여기에 대하여는 더욱 심각한 공격이 중단 없이 펼쳐지고 있는 것입니다.

사역자는 몹시 고독한 존재입니다. 온전히 성화되지 않은 인간이기 때문에 언제나 유혹에 넘어질 가능성이 있습니다. 특히 사역자에 대한 어두움의 권세들의 공격은 너무도 치열합니다.

흔히 하는 얘기가 사역자가 30~40대에는 이성 문제로 많이 쓰러진다고 합니다. 그리고 40~50대에는 물질 문제로, 50~60대에서는 명예 문제로 많이 넘어진다고 합니다.

그들은 대부분 20~30대에는 뜨겁고 순수하며 주를 위하여 죽기를 원했던 이들이었습니다. 그들이 주를 위하여 걷기로 결심했었을 때, 거기에는 수많은 사연과 감동과 눈물과 은혜가 있었을 것입니다.
그들이 가난과 고통과 영혼의 어두운 밤 속에서 눈물로 기도하며 헌신하며 사모할 때에 주님은 그들의 눈물을 닦아주시며 한량없는 은혜를 주셨을 것입니다. 그러나 어느 정도의 성공과 안락함과 지위가 주어졌을 때 그들은 옛 열정을 서서히 잃어 갔을지 모릅니다.
주님으로부터 오는 은혜와 기쁨이 아닌 다른 것들에 대한 만족을 조금씩 누려 갔을지도 모릅니다.
권좌에 오른 후 서서히 허물어져 가는 챔피언들처럼 그들은, 마음은 원이로되 몸이 말을 듣지 않는 무기력 속으로 서서히 들어가고 있었을지 모릅니다. 그리고 그러한 영적 탈진 속에서 그들의 실수는 저질러졌을 것입니다.

누가 사역자들을 비난할 수 있을 것입니까? 그들에게는 많은 기도의 조력자가 필요한 것입니다. 누가 나는 절대로 타락하지 않을 것이라고 장담할 수 있겠습니까? 나만큼은 끝까지 순수하게 살 수 있다고 누가 선포할 수 있겠습니까?
아무도 장담할 수 없습니다. 그리고 아무도 신뢰할 수 없습니다. 그러므로 자기 자신을 믿지 않는 것을 배워야 합니다. 가장 믿을 수 없는 것은 자기 자신인 것입니다. 생각과 감동은 영원히 변치 않는 것이 아닙니다. 그것은 언제 어디서 어떻게 바뀔지 모릅니다.

오직 주님을 굳게 붙잡을 때만이 안전합니다. 그러나 언제든지 주님을 놓쳐 버리면 그것으로 끝장인 것입니다. 자기 자신을 신뢰하는 사람은 결코 안전할 수 없습니다.
앞서간 사역자의 실족을 보면서, 현재의 교계의 혼탁함을 보면서 젊은 사역자들은 두려워할 줄을 알아야 합니다. 경고를 받아 더욱 자신을 쳐서 복종케 하여야 합니다. 두려워할 줄을 모르며 쉽게 거품을 물고 남을 비난하는 사람은 항상 그들보다 더 빨리 타락하거나 넘어지게 마련입니다.

당당한 비판의 근원은 무엇입니까? 그것은 그들은 잘못되었으나 나는 그렇지 않다는 인식에서 비롯되는 것입니다. 그것은 자신에 대한 그릇된 우월감과 자아 숭배의 허탈한 망상으로부터 나옵니다.
그것은 주님께로부터 나온 것이 아닙니다. 그것은 아담으로부터 온 것입니다. 나는 어떤 이가 "한국 교회의 90%가 잘못되었다."고 하는 것을 들었습니다. 그 말은 자신이 10%안에 속해 있다는 것을 말합니다. 어떤 여자 신학생이 성경 공부 모임 중에 한국 장로교회의 99%가 칼빈주의의 내용을 이해하지 못하고 있다고 말하는 것을 들은 적이 있습니다. 그녀의 주장의 근거가 어디에 있는지 모호하긴 하지만 어쨌든 그녀가 확신하는 것은 99%가 잘못되었는데 자신은 1%에 해당된다는 이야기입니다.

그것은 바로 교만입니다. 환상이고 착각입니다.
우리는 결코 옳지 않습니다.
우리는 결코 가르칠 것이나 비판할 것이 없으며 진리의 입장에 있지 않습니다. 오직 주님만이 옳으시고 진리이십니다.
우리가 주님과 올바른 관계에 있을 때에만, 주님께서 우리에게 인도하시고 감동 주시는, 그 위탁된 범위 안에서만 우리는 조심스럽게, 사랑을 가지고 혹시 누군가에게 상처를 입히지나 않을까 두려워하며 말할 수 있을 뿐입니다.

못났기 때문에 사랑한다

언젠가 어떤 아가씨에게 복음을 전하면서 여러 가지 대화를 나누었던 적이 있습니다. 그러나 복음이 잘 먹혀 들어가지를 않았습니다. 그녀는 복음 자체에 대하여 관심을 보이기보다는 다양한 한국 교회의 병리 현상에 대하여 열심히 공격적인 질문을 퍼부어 댔던 것입니다.

왜 그렇게 교파가 많으냐, 왜 그리 서로 싸우느냐, 그리스도인들은 위선적이고 독단적이며 배타적이다. 도대체 그 이유가 뭐냐?

나는 별로 대응할 말이 없었습니다. 그녀의 지적들은 사실 옳은 말들이었고, 나는 정말 할말이 없었기 때문입니다.

또한 이러한 공격들에 대하여 방어적인, 변호하는 입장을 보이는 것은 오히려 더 반발을 초래하며 차라리 솔직하게 약점들을 시인하고 반성하는 모습을 보여 주는 것이 더 낫다고 여겨졌던 것입니다.

그녀가 교파가 많은 것을 집요하게 다그치자 나는 이렇게 대답했습니다.

"물론 많은 독특한 교리들이 있고 여러 주장이 있으나, 우리는 근본적으로 하나입니다. 한 부모님 밑에서 자란 자녀들이 다양한 모습과 성격과 스타일을 가지고 있다고 해도 여전히 그들이 한 형제인 것처럼 우리도 다소의 차이점을 가지고 있는 한 형제에 불과한 것입니다."

그녀가 그리스도인들의 삶에 대하여 계속 문제를 제기해서 나는 이런 식으로 대답을 했습니다.

"물론 그러한 모습들이 존재하는 것이 사실입니다. 그러나 그것은 기독교의 진리가 잘못된 것이 아니고 기독교의 진리를 믿고 있는 이들이 충분히 성숙되지 않았기 때문입니다. 어린이들이 어렸을 때는 대소변을 가리지 못하고, 집안을 지저분하게 하고 소란을 부리지만 나중에 크게 되면 방안을 깨끗하게 치우고 엄마 심부름도 하고 남을 돌보는 것도 배우게 되지요. 기독교의 진리는 본질적으로 아름다운 것입니다. 그것은 사람을 변화시키고 사랑스럽게 만들어 줍니다."
그녀는 마지막으로 이러한 요지의 질문을 했습니다.
"하지만 현실적으로 그리스도인들의 삶이 존경스럽지 않고 교회도 많이 부패되어 있잖아요? 그런데 그 안에 있으면서 괴롭지 않으세요?"
나는 한참을 생각하다가 입을 열었습니다.
조용한 음악의 선율이 흐르고 있던 그 카페에서 나는 그녀가 부디 그리스도와 가까워지기를 기도하는 마음으로 이런 요지의 대답을 하였습니다.

"결혼 적령기에 도달한 어떤 아가씨가 있다고 합시다. 그런데 그 아가씨는 여태까지 연애를 해 본 적이 없어서 결혼할 사람을 구하지 못했습니다. 그래서 그 아가씨는 할 수 없이 선을 보기로 결정했습니다.
그녀가 처음 선을 보았을 때 그녀는 상대방을 사랑하는 입장이 아니었기 때문에 상대방의 조건을 생각해 보았을 것입니다. 저 사람의 학벌은? 경제적 상태는? 그리고 장래에 대한 가능성은? 내가 밑지는 것은 아닌가? 그런 생각들을요.
그런데 그 상대방과 여러 번 계속 만나는 가운데 그만 그 사람을 사랑하게 되었습니다. 그리고 나니까 다른 조건들이 문제가 되지를 않는 거예요. 오히려 처음에 마음에 들지 않았던 그런 요소, 그런 조건들이 더 사랑스럽게 보이는 겁니다. 오히려 그 부족한 점들이 더 돋보인다고 할까요?
대부분의 부모들은 그들의 자녀 중에 가장 덜 떨어지고 못생긴, 그런 아이들에게 더 깊은 관심과 애정을 느낍니다. 남들은 바보 같다고, 멍청하다고 욕할지 모르지만 부모들은 그럴수록 더 애정을 느낍니다. 왜 그럴까요? 당연하지요. 그들을 낳았기 때문이고, 또 그들을 사랑하기 때문입니다.

어떤 부유한 환경에서 자라난 처녀가 앞이 보이지 않는 형제와 결혼을 했습니다. 누군가가 그 이유를 묻자 그녀는 대답했지요. '그이가 눈이 보이지 않기 때문이에요. 그이는 내가 필요해요.' 라고요.

물론 그 이유는 정답이 아닐 것입니다. 그녀의 결혼 이유는 상대의 장애가 아니라 그녀의 사랑 때문이었습니다.

나의 경우도 마찬가지입니다. 내가 교회의 밖에 있다면 그 모든 교회의 약점들을 나도 열심히 비난했을지 모르지요.

그러나 나는 교회 안에 있고, 교회는 나와 한 몸입니다. 그리고 나는 교회와 그리스도인들을 사랑합니다. 그들은 나와 한 몸이고 한 식구입니다. 그리고 그들이 아프고 병들었기 때문에 더욱 더 사랑스럽고 애정이 가는 것입니다.

우리는 함께 아프고 함께 울어야 합니다. 이 교회에 소속되어 있다는 것만큼 내게 큰 기쁨과 긍지를 주는 것은 아마 없을 것입니다."

이 이야기가 그녀에게 어떤 감흥을 불러 일으켰는지는 잘 기억이 나지 않습니다. 약간정도 그녀의 마음 문이 열렸던 것 같은 기억이 어렴풋이 날 뿐입니다.

그러나 이 이야기는 우리가 그리스도 안에 있는 한 몸으로서 우리의 형제들을 사랑하고 포용해야 할 중요한 원리를 제시해준다고 나는 굳게 믿고 있습니다. 부족함이 있더라도 함부로 판단하지 말고 비판하지 말고 사랑함으로 용납하고 기도해야 한다는 것을 말입니다.

6. 사역자의 권리

영적 지도자인 사역자의 권위는 어디에서 오는 것일까요? 사역자들은 그 권위의 근거를 어디에서 찾을 수 있겠습니까? 바른 권위의 근거를 발견하고 그 권위를 소유할 수 있다는 것은 사역에 있어서 매우 중요한 것입니다.

그러나 바른 권위를 소유하지 않고 있으며 자신의 말이 사람들에게 영향력이 별로 없다면 그 사역의 성과는 보나마나 할 것입니다.

전문 직업인의 권위

모든 전문 직업인들은 그 직업의 전문성에 의하여 일종의 권위를 갖게 됩니다. 아무도 그 권위를 침해할 수 없으며 그들은 그 전문성을 권위의 근거로 내세울 수 있습니다.

대통령이 몸이 아파서 병원에 갔다고 합시다. 그는 비록 국가의 대표자의 위치에 있지만 의사에게 명령하지 않습니다. 나는 어느 부분이 잘못된 것 같으니 어떠한 처방을 부탁하며 어느 부위에 주사 한 방을 놓아주고 어떤 약을 조제해달라고 요구할 수 없습니다.

다만 그는 의사의 관찰과 처방과 지시를 기다리고, 순종할 수밖에 없는 것입니다. 만약 그가 낫기를 원한다면 말입니다. 그것은 의사가 치유의 분야에서 전문가이기 때문입니다.

마찬가지로 고장 난 보일러를 수리하는 보일러공에게도, 망가진 TV를 고치는 서비스맨에게도, 다른 이들이 함부로 침해할 수 없는 자기만의 권한이 있습니다.
그렇다면 영적 사역자의 권위와 전문성은 과연 무엇일까요? 그는 어떠한 전문성을 통하여 그의 권위의 근거를 내세울 수가 있을까요?

설교, 성경 해석의 권위

설교하는 행위, 성경을 해석하고 가르치는 것을 사역자 특유의 권위의 근거로 볼 수 있을까요? 그것은 어느 정도 중요하다고 할 수 있지만 거기에 절대적인 권위를 두기는 어려울 것입니다.
사역자들은 성경을 이해하는 데에 필요한 정보나 자료의 수집에 있어서 일반인보다 우월한 위치에 있습니다. 그들은 신학교에서 성경의 역사와 배경과 해석학을 배우며 또 주석을 통하여 보다 깊은 지식을 습득할 수 있습니다. 거기에 어떤 권위가 따를 수 있을까요?
하지만 그것은 모든 사람들에게도 가능한 일입니다. 거기에 어떤 특별한 권위의 요인을 찾기는 어렵습니다.

예리한 문장 감각이 있는 사역자는 성경의 문맥을 분석하는 데 그의 탁월한 능력을 발휘할 수 있습니다. '그러므로' 라는 이 접속사는 앞의 문장과의 관계에서 어떤 맥락을 가지는가? 여기서 '그것' 이 가리키고 있는 명사는? 이 동사에서 과거 완료 진행형을 사용한 다섯 가지 이유..
국어 실력이 뛰어난 사람은 이런 식으로 성경을 분석하는 것이 재미있고 또 말씀이 가진 본래의 의도를 파악하는 데 도움이 될지는 모르지만 이런 것을 사역자 특유의 권위로 보기는 어렵습니다.
풍부한 상상력과 기발한 착상을 가지고 있는 사람, 논리 전개의 능력이 뛰어난 사람은 성경 해석에 있어서 좀더 깊이를 가질 수 있을지 모릅니다. 그러나 역시 거기에도 나름대로의 권위를 부여할 수는 있겠으나 그것은 개인적인 실력일 뿐 진정한 권위의 근거로 볼 수는 없습니다.
헬라어나 히브리어 실력에 대해서도 마찬가지입니다. 그것도 대부분의 사람이 몇 달만 고생하면 어느 정도 익힐 수 있는 것입니다.

이러한 여러 가지 성경 해석과 설교에 따르는 요소들, 기능들에 대하여 부정하는 것은 아닙니다. 그것들은 훌륭한 기능들이며 필요한 것이고, 바르게 습득할 수 있다면 요긴하게 사용될 수 있을 것입니다. 다만 그것이 사역자 특유인 권위의 원천이라고 보기는 어렵다는 것입니다.

아마 성경 연구와 묵상을 즐겨하는 평신도들은 자기의 성경 이해나 해석이 사역자보다 우월하다고 생각할지도 모릅니다. 어떤 이들은 사역자의 설교나 성경 해석에 대해서 동의하지 않을 수도 있습니다. 그러므로 사역자의 설교나 성경해석이 절대적인 것이며 절대적인 권위라고 할 수는 없습니다.

신학 이수의 권위

신학 대학이나 신학 대학원을 졸업한 것을 사역자의 권위의 근거로 세울 수 있을까요? 그것 역시 타당한 근거라고 볼 수는 없습니다.
신학교에서는 성경과 신학과 교회에 대한 중요한 과목들을 배웁니다. 그것은 매우 중요하고 훌륭한 과목임에 틀림이 없습니다. 그러나 그것들은 대부분 지식 중심의 교육입니다. 개개인의 영적 상태나 헌신, 성숙도에 대해서는 그 구조상 충분히 다루기가 어렵습니다. 중요한 것은 신학교에 들어갔다는 것이 아니라 그 곳에서 그가 어떻게 변화되었느야 하는 것입니다.

아무리 영어를 오랫동안 전공했다고 해도 그가 졸업 후에 영어 한마디 말해내지 못하고 영어 한 줄도 읽지 못한다면 그는 전문성에 의한 권위를 부여받지 못합니다. 마찬가지로 아무리 신학을 이수했다고 하더라도 그가 참된 실력을 갖추지 못하고 있다면 거기에는 권위가 있을 수 없는 것입니다.

신학교의 졸업장은 어떻게든 등록금을 마련해서 납부하고 수업에 열심히 참석하고 교과서를 외워서 시험을 치고 학점을 따내면 얻을 수 있는 것입니다. 특별한 사유가 있거나 머리가 아주 심하게 나쁘지 않은 이상 신학교에 들어온 사람은 학위를 얻게 됩니다. 그것을 사역자 특유의 권위의 근거로 내세우기는 어렵습니다.

이것은 결코 신학의 과정이 의미 없으며 사역자의 권위가 무시되어야 한다는 것을 의미하는 것은 아닙니다. 다만 사역자의 권위는 주님의 부르심과 사명에서 기인되는 것이지 일정한 과정을 이수하는 것만으로 충분하지는 않다는 것을 의미할 뿐입니다.

연령, 경험, 재능, 리더십, 기타의 권위

연령이 많은 것이나 어떤 은사나 재능, 신앙 경력, 리더십 등에 대해서도 비슷한 이야기를 할 수 있을 것입니다. 어떤 이들은 목소리가 좋습니다. 어떤 이들은 언변이 좋습니다.

어떤 이들은 분위기 파악을 잘하며 분위기를 잘 이끌어갑니다. 어떤 이는 사람을 잘 리드할 줄 압니다. 그러나 사람을 잘 끄는 능력은 기업가나 정치가들도 가지고 있는 것입니다. 아니 오히려 더 뛰어날지도 모릅니다. 그것은 사역자 고유의 것이 아닙니다.

교회와 사역자의 참된 권위

교회의 모든 권위는 오직 그리스도에게서 옵니다. 오직 그리스도만이 모든 권위와 생명의 원천이 됩니다. 따라서 사역자의 권위는 그가 모든 권위의 원천인 그리스도와 얼마나 밀접하게 연합되어 있느냐에 달려 있는 것입니다.

직분 자체에 권위가 있는 것이 아닙니다. 연령이 많다고 교회의 어른이 될 수는 없습니다. 물론 그런 분을 교회에서는 모시고 섬겨야 합니다. 그러나 나이가 많다는 자체로 어떤 지위를 부여할 수는 없는 것입니다. 마찬가지로 신학교를 이수하였다고 해서 권위가 흘러나오는 것은 아닙니다. 모든 권위는 오직 주님께만 속하여져 있습니다.

그러나 어떤 사람이 그리스도와 깊이 연합되어 있다면 그 사람은 권위를 가진 것입니다. 어떤 사역자가 주님을 깊이 안다고 합시다. 그 사역자의 말은 권위를 가질 수 있습니다.

그가 자신의 입장에서 말하지 않고 주님의 입장에서 말한다면, 그가 자신의 지식이나 경험을 말하지 않고 "형제님, 주님께서 당신에게 이것을 원하십니다. 당신의 삶에 대한 주님의 뜻은 이것입니다."라고 말할 수 있고 그 말이 진실이라면 그는 권위를 가질 수 있습니다. 왜냐하면 그 말은 사역자의 말이 아니고 그 사역자를 통한 주님의 말씀이기 때문입니다.

"내 생각에는.., 내가 보기에는.., 내가 유학을 하고 있었을 때에.." 이런 말에는 주님의 권위가 없습니다.

사역자는 오직 주님과 매우 가까워야 합니다. 종이 주인의 의도를 모른다면 제대로 업무를 수행할 수 없는 것입니다. 사람의 말에는 권위가 없습니다. 그러나 하나님의 말씀에는 권위가 있습니다. 사역자의 말이 주의 말씀과 결합된다면 거기에는 권위가 나올 수 있습니다.
아마 이러한 질문들이 생길지 모르겠습니다.
"주님께서 사람의 지식을 통해서 일하시지 않는가? 경험을 통해서 주님과 귀한 진리들을 습득할 수 있지 않은가? 주님과 지식과 경험들을 그렇게 명확하게 분리시킬 수 있는가?"
물론 그것은 맞습니다. 다만 내가 여기서 이야기하고 싶은 것은 주님을 떠나 독자적인 생명을 갖고 있는 지식, 경험, 의견들이 참된 권위를 가져다주지 못한다는 것입니다. 사역자가 주님의 권위에 붙잡혀져 있을 때 그의 지식, 경험, 재능 등은 당연히 주님의 귀한 도구로 쓰이게 됩니다.

참된 권위와 능력

주님의 권위 속에 있는 사역자의 말에는 능력과 권위가 나타납니다. 그의 말속에는 주님께 대한 갈망을 일으키는 힘이 있으며 연약함을 치료하는 힘이 있으며 죄를 미워하게 만드는 능력이 있습니다.
사무엘은 주님과 항상 같이 있었기에 그의 말에는 권위가 있었고 그가 말한 것이 하나도 땅에 떨어지지 않았습니다. 그가 축복하면 축복이 이루어졌고 그가 야단을 치면 그 말대로 되었습니다. 그러므로 백성들이 그를 존경하면서도 두려워할 수밖에 없었던 것입니다.
하나님과 아주 가까이 지냈던 모세에게도 그러한 권위가 있었습니다. 예전에 그가 자신의 힘으로 사람을 쳐죽였을 때는 아무도 그를 두려워하지 않았고 오히려 그가 목숨을 건지기 위하여 광야로 도망갈 수밖에 없었습니다.
그러나 그가 하나님의 임재를 경험한 후에 더 이상 자신의 힘으로 사역하지 않고 하나님의 능력으로 사역하기 시작했을 때 사람들은 모세에게 감히 침범할 수 없는 권위를 느꼈으며 함부로 그를 해할 수가 없었습니다. 천하를 제패했던 바로와 그의 군사들도 모세 앞에서는 참으로 무기력해 졌던 것입니다.

그는 결코 자신을 변호하지 않고 침묵을 지켰지만 그를 비난하던 누이 미리암은 문둥이가 되었습니다. 그녀는 자신이 옳은 얘기를 하고 있다고 확신했으며 자신도 모세 못지 않은 영적 깊이를 가지고 있다고 생각했지만 그녀의 비난은 모세가 대표하고 있는 하나님의 권위, 곧 하나님께 대한 정면 도전이었던 것입니다.

자신의 체면과 권익을 지키기 위하여 분노하고 흥분하는 사람에게는 참된 권위가 없습니다. 그러나 자신의 입장을 변호하지 않으며 묵묵히 도살당할 양처럼 끌려가는 이와 잠잠히 주님께 무릎 꿇는 이에게는 주님의 권위가 나타나는 것입니다.

주님의 손아래 잡혀 있었던 이들은 주님의 뜻에 따라 여러 능력을 행사하기도 했습니다. 엘리야가 기도할 때 하늘에서 불이 임했으며 바울이 선포했을 때 복음을 방해하던 박수가 소경이 되었으며 베드로의 말 앞에서는 앉은뱅이는 뛰면서 걸었고 아나니아와 삽비라는 목숨이 떠나갔습니다.

이것은 그들이 바른 권위, 주님의 손에 붙잡혀 있음을 보여 줍니다. 베드로는 앉은뱅이를 고쳐준 후에 많은 이들이 그에게 주목하자 "우리 개인의 권능과 경건으로 이 사람을 걷게 한 것처럼 왜 우리를 주목하느냐?" (행 3;12)고 반문하면서 그 능력의 원천이 자신이 아닌 주 예수 그리스도이심을 분명하게 밝혔습니다. 그들은 온전히 주님의 도구로 쓰였기에 권위를 가질 수 있었던 것입니다.

권위를 가지기 원한다면 자신의 경험, 자신의 지식, 자신의 재능으로 말해서는 안 됩니다. 오직 주님께 붙잡혀야 합니다.
오늘날 주님께 사로잡혀서 바른 권위 안에 있는 사역자, 영적 지도자를 찾기가 매우 어렵습니다.
따라서 세상 사람들은 그리스도인들을, 사역자들을 별로 두려워하지 않습니다. 그 이유는 무엇입니까? 많은 그리스도인들, 사역자들이 주님의 손에서 떠나 자기의 마음대로 살고 있기 때문입니다.

영적으로 암흑기였던 사사기에서는 당시 이스라엘의 영적 상태를 다음과 같이 섬뜩하게 표현하고 있습니다.
"그 때에 이스라엘에 왕이 없으므로 사람이 각각 그 소견에 옳은 대로 행하였더라" (삿 21:25)
사람들이 각각 자기 생각대로, 자기의 성향에 따라 살아갈 때 주님께서는 그들과 함께 하시지 않습니다. 그들은 그리스도인으로서, 영적인 사역자로서의 권위를 상실하게 됩니다. 그리고 그것은 가장 비참한 일이 될 것입니다.

일반적인 권위

그렇다면 생명의 권위가 아닌 것, 일반적인 권위에 대해서는 전적으로 무시해도 좋은 것일까요?
그렇지 않습니다. 거기에도 하나님께서 허락하신 권위가 존재합니다. 대통령은 대통령으로서, 부모는 부모로서, 노인은 노인으로서, 교사는 교사로서, 그 위치에 합당한 권위를 가집니다. 그리고 마땅히 그 권위는 존중되어야 합니다. 그러한 권위를 통해서 주님의 생명이 구현되지 않는다고 해서 그 권위를 침해할 수는 없습니다.
성경은 하나님께로부터 나지 않은 권세는 없으며 권세를 거스르는 자는 하나님의 명을 거스르는 것이라고까지 이야기합니다(롬 13:1~2). 예수 그리스도는 육신 안에 있을 때 그의 부모에게 순종하며 받드셨으며(눅 2:51), 사도 바울도 자기를 해하려 하던 관리의 권위를 인정해 주었습니다(행 23:1~5).

영적인 지도자는 이러한 일반적 권위에 대하여 무시할 수 있을까요? 그럴 수 없습니다. 참된 권위를 아는 이는 결코 일반적인 권위까지도 거스르지 않습니다. 그들은 순종과 배우는 것에 익숙합니다. 다만 그 일반적 권위에 생명적 권위가 통합되지 않을 때 그 권위는 생명을 살리지 못하는 무력한 것이 되는 것입니다.

그러나 그렇더라도 그 권위에 순종하여야 합니다. 주님은 질서를 기뻐하시기 때문입니다. 주님의 명령과 일반 권위의 명령이 서로 부딪히는 특별한 상황이 아니라면 권위에 대하여 그에 합당한 존경과 신뢰를 보내야 마땅합니다.

권위는 자연스러운 것이다

많은 사람들이 권위를 가지기 원합니다. 그러나 그럼에도 불구하고 권위가 없는 이들이 있습니다. 그들은 지위는 있으나 참된 권위를 소유하고 있지 않습니다. 그의 말에는 원하는 만큼의 영향력과 능력이 없습니다. 그러나 그들은 권위를 형성하고 싶어합니다.

이것은 별로 자연스럽지 않은 것입니다. 이런 것을 흔히 "권위 의식에 사로잡혀 있다."고 말합니다. 그들은 자기의 지위를 인정받기 원합니다. 그러나 사람들이 별로 인정해 주지를 않습니다. 이럴 때, 그는 어떻게 반응을 하게 될까요?

자연스럽지 않은, 억지로 형성되는 권위의 방법은 여러 가지가 있습니다. 그 한 가지가 말을 거의 하지 않는 것입니다.

일반적으로 말이 많은 지도자는 권위를 가지기 어렵습니다. 말이란 사람의 속을 개방하는 것인데 속이 다 보여진 상태에서 존경받을 수 있는 인물은 매우 드물기 때문입니다. 그러므로 그들은 사람들과 거리감을 가지려고 합니다. 자신의 생각을 쉽게 표현하지 않으려고 합니다. 많은 사역자들이 매우 점잖고 무게가 있습니다. 사람들은 그를 두려워할지 모릅니다. 그러나 이것은 권위의 형성이라기보다는 일종의 거리감의 형성이라고 보아야 합니다.

자신을 감추는 가운데 형성된 권위는 진정한 권위라기보다는 작위적인 것에 지나지 않습니다. 그가 입을 열 때 그의 실력은 드러날 것입니다. 인위적인 권위, 태도나 자세로 인한 권위가 있을 수 있으나 그것은 자연스러운 것이 아닙니다.

참된 권위는 과장이나 테크닉에 의해서 생겨나는 것이 아닙니다. 그것은 생명이 그러하듯이 지극히 자연스러운 것입니다. 자신의 실제 이상으로 또는 다른 방향으로 보이는 것은 결코 바람직한 일이라고는 할 수 없습니다. 위엄 있는 태도, 무뚝뚝한 자세, 고압적인 태도로 권위 형성을 위해 애쓰는 이들을 많이 봅니다. 그것은 참된 실제가 아닙니다.

훌륭한 영성인의 노년기

중국에서 사역한 최초의 선교사였던 하나님의 사람 허드슨 테일러의 말년을 보면 몹시 흥미롭습니다. 그가 가는 곳마다 많은 젊은이들이 따라와서 그에게 가르침을 받기를 원했습니다. 이것은 놀라운 일이 아닐 수 없습니다.

보통 노인들은 별로 대우를 받지 못합니다. 그들의 사고는 경직되어 있고 고정 관념으로 가득 차 있으며 독선적이고 과거 지향적이며 잔소리와 푸념이 많은 경향이 있습니다. 그래서 젊은이들은 그들을 피하려고 합니다. 따라서 많은 노인들이 외롭고 고독하게 말년을 보냅니다. 그러나 어떤 사람이 일생 동안 주님과 함께 동행하며 주님의 다루심을 통하여 얻은 풍성한 지혜와 생명과 은혜를 간직하고 있다면, 그래서 그가 주님의 표현이 되며 주의 은혜의 통로가 되고 있다면, 그러한 사람과 함께 교제하며 배우는 것은 얼마나 영광이 되며 영적인 유익이 되겠습니까!

그런 사람에게서는 그리스도의 임재와 권위가 풍성하게 드러날 것입니다. 그는 말년을 고독하게 보내기가 어려울 것입니다. 비록 그가 말년을 조용히 주님과 교통하며, 기도하며 살기를 원한다 할지라도 영적 은혜를 사모하는 수많은 영혼들이 그를 찾을 것이기 때문입니다.

우리는 그리스도의 풍성한 권위 속으로 들어가야 합니다. 진정 이 시대는 참된 주님의 권위가 가득한 사람이 필요한 시기입니다.

교회에서는 오직 그리스도와 연합된 권위가 충만하여야 합니다. 단순히 연령이 많은 것, 재정 상태, 사회적 지위, 실제가 아닌 신앙경력 등에 의하여 지위가 부여될 때 그것은 교회를 부패로 이끌게 됩니다.

오직 그리스도만이, 그리고 그에게 붙어 있는 자만이 교회를 아름다움과 생명으로 풍성하게 채울 수 있는 것입니다.

4부 주님의 실제를 접촉하는 길

기독교의 기초는 주님을 만나는 것이며
주님을 알아 가는 것입니다.
예배나 말씀, 묵상, 기도 등도
주님을 잘 알기 위한 시도인 것입니다.
이 모든 도구들을 단순히
형식적으로만 되풀이하고 있다면
주님의 실제를 인격적으로 접촉하는 것은
어려울 것입니다.
주님의 존재가 개념적인 것이 아니라
실제적으로 우리에게 부딪칠 때
우리는 많은 변화의 역사를 경험하게 될 것입니다.
주님의 실제를 접촉한다는 것은
인생의 목표와 사역의 방향과 비전
그 무엇보다도 중요하며
어느 것보다도 우선적으로 경험되어야 합니다.
그것이 바로 기독교이며
기독교의 모든 것이기 때문입니다.

1. 주를 섬기는 것과 일을 하는 것

주를 섬기는 것과 사역을 하는 것은 다른 것입니다

어떤 사람이 그리스도를 만나서 구원을 받게 되었을 때, 그는 눈이 열리게 됩니다. 그리고 그가 구원을 받은 것이 사실이라면 그는 이 세상과 삶의 가치와 의미에 대해서 새롭게 생각을 하게 됩니다.

'나는 여태까지 삶의 근본적인 의미를 알지 못하고 내 멋대로 방황하며 살았다. 그러나 이제 나는 구원을 받았다. 그렇다면 나는 이제부터 어떻게, 무엇을 위하여 살아야 하는가?'

해답은 자명합니다. 그는 그리스도를 위하여 살아야 합니다. 또한 그는 그리스도께서 가르치시고 명령하신 사역을 하여야 합니다.

이것은 지극히 당연한 일입니다. 다만 여기에 기억해야 할 것이 있습니다. 그것은 이러한 사역을 한다는 것, 일을 하는 것이 곧 주님을 섬기는 것과 일치하는 것은 아니라는 것입니다.

주님을 섬기고 모시는 것과 일을 하는 것은 분명히 다른 것입니다. 그 두 가지는 분명히 연관성을 가집니다.

사역이란 주를 만나고 교통하는 결과로서 우리에게 주어지는 것입니다. 그러나 결코 그 사역 자체가 주를 섬기고 있는 것은 아닙니다. 얼핏 보기에는 별로 의미 없는 구별로 보이는 이 두 가지의 차이를 강조하는 이유는 주님을 섬기는 것 자체보다 일하는 것, 사역 자체에 더 몰두할 수 있는 그 위험성을 경고하기 위한 것입니다.

두 가지의 섬김

"너희 중에 누게 밭을 갈거나 양을 치거나 하는 종이 있어 밭에서 돌아오면 저더러 곧 와 앉아서 먹으라 할 자가 있느냐 도리어 저더러 내 먹을 것을 예비하고 띠를 띠고 나의 먹고 마시는 동안에 수종들고 너는 그 후에 먹고 마시라 하지 않겠느냐 명한대로 하였다고 종에게 사례하겠느냐 이와 같이 너희도 명령받은 것을 다 행한 후에 이르기를 우리는 무익한 종이라 우리의 하여야 할 일을 한 것 뿐이라 할찌니라" (눅 17:7~10)

이 말씀은 주님께서 종이 가져야 할 바른 자세를 가르치신 것입니다. 종들은 비록 그들이 주인의 명령을 성실히 수행하였다고 해서 자신의 권리를 주장하거나 교만한 마음을 가져서는 안 됩니다. 그들은 최선을 다하여 성실하게 주인의 분부를 이행해 가면서도 겸손한 마음으로 '무익한 종 의식'을 가져야 하는 것입니다.

여기에서 종들의 사역은 두 가지로 구분할 수 있습니다.
그들은 먼저 바깥에서 주인의 명령을 따라 밭을 갈거나 양을 칩니다. 그들은 이것이 자신의 본분이므로 마땅히 열심을 내어 봉사합니다. 저녁이 되어 하루의 피곤한 일정은 다 끝이 났고 그들은 지친 육신을 끌고 집으로 돌아갑니다.
이제 그 종들의 돌아가는 곳은 어디입니까? 그들이 사랑하는 아내와 자녀들이 기다리고 있는 가정입니까? 그들의 지치고 더러워진 몸을 깨끗하게 씻을 수 있는 데워진 물과 정성들인 식사가 준비되어 있는, 자녀들의 뽀뽀와 아내의 위로가 기다리고 있는 행복한 가정입니까? 성경은 그렇지 않다고 말합니다.
그는 주인의 집으로 퇴근을 합니다. 하루의 일은 끝났지만 그는 여전히 좋입니다. 주인이 식사를 할 때까지, 그는 그 곁에서 서서 주인의 편의를 돌봐 드려야 합니다. 그는 배가 고플지도 모릅니다. 그는 다리가 몹시 아파서 앉아 있고 싶을 수도 있습니다. 그러나 그가 분명히 종이라면 그는 주인이 식사를 마칠 때까지 주인께 봉사하지 않으면 안 됩니다.

여기서 종이 바깥에서 하는 일을 사역이라고 표현할 수 있다면 집안에서 주인을 섬기는 것을 또 하나의 사역이라고 말할 수 있을 것입니다.

종의 임무는 바깥에서 일하는 것에 그치지 않고, 안에서 주인을 모시는 것도 포함되어 있는 것입니다. 따라서 종은 바깥의 사역에도 유능해야 하지만 안에서 주인을 섬기는 데도 역시 익숙하지 않으면 안 됩니다. 바깥일은 주인의 분부를 따르는 것이며 집안 일은 주인을 모시는 것입니다.

물론 두 가지가 다 주인의 분부에 따르는 것입니다. 그러나 전자는 주님의 명령에 순종하는 것이며 후자는 주님 자신에게 순종하며 섬기는 것입니다. 그리고 후자의 일에는 훨씬 더 섬세하고 민감한 마음이 필요합니다.

바깥일에는 요령과 재능만 있으면 어쩌면 쉽게 성공할 수도 있습니다. 그러나 안의 일은 그 종이 부드러우며 아름다운 모습을 결여한 채 경솔하고 거칠며 강퍅한 인격을 가지고 있다면 비록 그가 바깥일에 유능한 일꾼이라고 해도 안에서는 쉽게 주인의 기분을 상하게 할 수도 있는 것입니다.

바깥에서는 능력이 필요하지만 안에서는 자기 부인과 겸손이 요구됩니다. 그는 자기의 업무가 끝났다고 해서, 안에서 마구 행동할 수는 없습니다. 자신이 몹시 피곤하다고 해서 주인 앞에서 무례하게 행동해서는 안 됩니다.
그는 자신의 입장을 초월하여야 합니다. 그는 자신의 상태를 잊어버려야 합니다. 오직 그는 주인의 필요와 기분에 매우 민감하여야 합니다. 그래야만 그는 사랑 받는 종이 될 수 있는 것입니다.

바깥의 사역에는 구체적인 일의 열매, 밭의 수확이라든가 양의 성장, 증가 등이 있을 수 있습니다. 그러나 후자에는 구체적이고 외형적인 일의 열매는 눈에 보이지 않습니다. 그러므로 어쩌면 바깥 사역에 비해서 이 부분은 소홀히 여겨질 수도 있습니다.
그러나 사실 이 부분은 더욱 더 중요한 것입니다. 주인을 모시고 그분의 음성을 듣는 것, 그분 자신을 섬기는 일은 모든 사역의 기초입니다. 그리고 사역보다 더 본질적인 것입니다. 바깥의 사역보다 그분 자신을 가까이 모시는 것은 더 귀하고 아름다운 종의 임무입니다.

왜 사역을 합니까? 그는 왜 밭을 갈고 양을 칩니까? 그가 밭에 무슨 기업이 있고, 양의 증가에 무슨 관련이 있습니까? 이는 단순히 주인의 분부이기 때문입니다.
왜 우리는 복음을 증거합니까? 그들의 영혼이 불쌍해서입니까? 그것이 우리의 취미이기 때문입니까? 아닙니다. 그것은 주님께서 그것을 명령하셨기 때문이고 주님의 영이 우리 안에서 그것을 강권하시기 때문입니다.
결국 사역이란 주님을 모시기 위하여, 그분께 순종하기 위하여 하는 것이지 그 사역 자체에 의미가 있는 것은 아닌 것입니다.
종이 이것을 잊어버렸을 때, 그는 자칫하면 쫓겨날지도 모릅니다. 그가 바깥의 일을 성공적으로 마쳤으므로 집안에 들어와서 거들먹거린다면 어느 날 주인은 말할 것입니다.

"좋아, 너는 네 분수를 모르는구나. 바깥 어두운 데로 나가거라."
어떤 사역자에게서 이와 같은 말을 들은 적이 있습니다.
"저는 설교를 할 때 몹시 마음이 기쁩니다. 많은 성도들이 은혜를 받고 좋아하는 것을 보면 아주 흐뭇하지요. 그러나 설교가 끝나고 성도들이 모두 집으로 돌아가고 조용해지면 저는 다시 주님 앞으로 갑니다. 사람들의 환호를 받던 것은 다 잊어버리고 이제 저는 한 사람의 종으로 주님 앞에서 그분을 모시지요. 이 때가 훨씬 더 즐겁고 행복한 시간입니다."
그의 이야기에는 바깥의 사역에도 성공적이며 안의 사역에도 역시 풍성함을 누리는 사역자의 아름다움이 잘 나타나있습니다.

두 가지의 섬김이 있습니다. 하나는 사역을 섬기는 것이고 하나는 주님을 섬기는 것입니다. 하나는 바깥의 일이고 하나는 안의 일입니다. 이 두 가지 중 어느 한쪽이 더 중요하다고 여기며 한쪽에만 집중적으로 치우쳐서는 안 될 것입니다. 그러나 좀 더 본질적인 섬김은 안의 섬김입니다.
이 기초가 없이 바깥의 일을 할 때 사람들은 성공같이 보이는 실패를 거듭하게 될 것입니다. 몸은 항상 분주하지만 깊은 내적 평안을 누리지 못할 것입니다. 이 두 가지의 섬김의 차이점은 분명히 인식되어야 합니다.

본질에서 벗어날 가능성

앞장에서 실제가 있는 기도와 실제가 없는 기도에 대해서 언급한 바가 있습니다. 기도란 본질적으로 주님과의 대화이며 기도를 통해서 얻어지는 어떤 부산물은 그 본질이 아니라는 것을 이야기한 바 있습니다.

그러나 기도가 그 본질이 아닌 방향으로 가게 될 가능성은 매우 많습니다.
어떤 이가 골방에서 혼자 무릎을 꿇는다면, 물론 이것은 규칙적인 기도의 훈련이 되어 있지 않은 사람이라면 몹시 힘든 일일지 모르지만 그는 기도의 순결성에 있어서 방해받는 일은 적을 것입니다.

그러나 그가 많은 사람들 앞에서 기도를 하게 된다거나 하는 상황이라면 여기에 육신적인 것이 침투할 가능성은 매우 많습니다. 즉, 그는 주님을 의식하는 것보다는 사람을 더 많이 의식하고 싶은 유혹을 받을 수도 있는 것입니다. 자신의 기도가 얼마나 영적으로 보이고, 들려지는가에 대해서 지나치게 신경을 쓰게 될 수도 있습니다.
그렇기 때문에 주님께서는 외식하는 기도, 큰 거리 어귀에 서서하는 기도, 긴 옷을 입고하는 긴 기도에 대하여 경고하셨던 것입니다(마 6:5~7). 이것이 본질을 벗어난 기도의 예입니다.
또한 기도자는 기도의 대상인 주님보다 자신의 이야기에 더 몰두할 수도 있습니다. 그는 자신의 말을 이어가는 것, 논리의 전개에 더 집중하느라고 자신이 주님과 이야기하고 있다는 사실 자체도 잊어버릴 수가 있는 것입니다. 이것도 본질을 벗어난 기도의 예입니다.
이와 같이 어떤 사역 아닌 일에 몰두해서 주님 자신을 잃어버릴 가능성은 조심하지 않으면 항상 있을 수 있는 것입니다.

종은 주인의 명령을 따라 일을 하면서, 그 일이 주님을 기쁘시게 하고 주님을 섬기기 위한 것이라는 사실을 깜박 잊은 채로, 그 일 자체에 몰두하고 그 일 자체에 의해서 성취감과 보람을 느낄 수도 있습니다. 이러한 일 중독과 사역 중독은 현실적으로 쉽게 볼 수 있는 현상입니다. 그것은 물론 바르지 않은 것입니다. 사역자는 일과 성취와 그 열매를 통해서 보람을 느끼는 것보다는 주님의 칭찬과 격려를 통해서 더 깊은 만족감을 얻어야 합니다. 일 자체의 만족이 아니고 사람들의 칭찬도 아니며 주님에게서 오는 아름다운 임재와 가까이하심이 사역자에게 큰 보람과 의미가 되어야 하는 것입니다.

본질을 벗어날 가능성은 모든 분야에서, 누구에게나 있습니다. 예를 들어 돈을 버는 것이, 이를 통하여 주를 섬기고 자녀를 기르며 건강한 삶을 영위하기 위한 하나의 도구가 아니라 돈 자체에 의미를 부여하고 그 노예가 될 가능성이 존재하는 것처럼 말입니다. 특히 몹시 활동적인 기질, 일을 섬기기 좋아하는 사람들에게 있어서 이 본말전도의 가능성은 매우 높다고 할 수 있습니다.

일을 섬기기 좋아하는 사람

체질적으로 일을 벌이는 것을 좋아하는 사람이 있습니다. 그는 가만히 견디는 것이 몹시 힘이 드는 사람입니다. 그러한 이들은 "나의 영혼이 잠잠히 하나님만 바람이여"(시 62:1)와 같은 고백을 하기가 힘이 듭니다. 그의 마음은 항상 분주합니다. 그는 일하지 않고 있을 때 고통을 느낍니다. 그는 조용히 주님의 발아래 엎드려 그분의 음성을 기다리는 것보다 밖에 나가서 일하는 것이 훨씬 더 편하고 익숙합니다. 주인이 종을 불러 출근 전에 조회를 하면서 일의 지침을 시달하려 해도 그는 이미 일터로 뛰어나간 다음입니다.

이러한 사람은 주님을 섬기기보다 일을 섬기는 사람입니다. 실제로 그는 일을 잘 할지 모르지만 (사실 일을 잘 할 수도 없지만) 주의 마음은 잘 모르는 것입니다. 그러므로 그는 주님을 잘 섬길 수 없습니다.

몹시 활동적인 남편이 있습니다. 그런데 그의 아내는 내면적인 성품을 가지고 있습니다. 남편은 몹시 일과 활동을 즐기고 아내는 남편과 함께 조용히 뜻깊은 시간을 보내는 것이 소원입니다. 그러나 남편의 마음은 그렇게 여유가 있고 한가하지 않습니다. 자연 아내는 버려진 느낌을 가지게 됩니다. 그녀는 가끔 진지하게 묻습니다.
"여보, 당신은 나를 사랑하나요?"
남편은 어처구니가 없어서 대답도 하지 않습니다. 그러나 아내는 진지하게 계속 묻습니다. 그러면 남편이 되묻습니다.
"여보, 그걸 말이라고 해? 왜, 내가 뭐 딴 생각하고 있는 것 같아?"
아내는 물론 아니라고 말합니다. 그러나 그녀는 뭔가 만족스럽지 못합니다. 그녀는 좀더 따뜻함과 애정이 흐르는 분위기와 표현들을 원합니다. 그러나 남편은 그런 것에 익숙하지 않습니다.
"여보, 이만한 집에, 이 정도 월급에, 내가 바람피우는 것도 아니고, 도대체 뭐가 불만이야?"
퇴근하고 돌아오면 별 말이 없이 TV와 신문에 매달리는 것을 지고의 법칙으로 아는 남편을 위하여 음식을 준비하면서 아내는 허탈감을 느끼게 됩니다.

일과 사랑은 같지 않은 것입니다. 아내를 행복하게 하는 것은 일 잘하고 월급 잘 갖다 바치는 데 있지 않습니다. 사랑에는 노력과 기술과 센스가 필요합니다. 가정의 행복을 위해서는 상대방에 대한 좀더 깊은 이해와 영혼의 교류가 있지 않으면 안 됩니다.
주님과의 복된 관계는 단순히 열심히 일을 하는 것과 기계적인 순종에 있지 않습니다. 더 깊은 차원의 교류가 있어야 하며 그러기 위해서 주님의 마음을 이해하려는 노력과 훈련이 필요한 것입니다.
일 자체를 섬기는 사람은 영적인 실제를 잃어버릴 위험이 매우 높습니다. 어떤 음식점에서 가장 음식에 질려 버리는 사람은 요리사입니다. 그는 항상 음식을 만지지만 음식을 즐기는 데는 더 어려울지 모릅니다. 열심히 일을 하다가 주님의 임재, 향취를 잃어버리는 것처럼 무섭고, 위험한 것은 또 없을 것입니다.

그러한 이들은 항상 마음이 바쁘고 쫓기고 많은 일들을 하지만 그의 내면의 심령에서는 결코 깊은 행복감과 만족감이 오지 않습니다. 그러한 깊은 만족감은 오직 주님께서 오셔서 직접 주시는 것이기 때문입니다.

우선순위

주를 아는 것과 일을 하는 것, 이 두 가지에 있어서 우선순위는 무엇입니까? 당연히 그것은 주를 아는 것입니다. 주를 섬기기 위해서는 먼저 그분을 알아야 합니다. 그분을 이해할 수 있어야 합니다. 그분의 심정을 충분히 이해할 수 있을 때, 그분 안에 항상 거하는 것을 배울 때에 비로소 외부의 사역을 성공적으로 이루어 나갈 수 있습니다.

누가복음 15장에는 그 유명한 탕자의 가출 사건이 등장하고 있습니다. 그는 아버지의 사랑과 풍성함을 떠나 자기만의 세계를 만들기 위하여 미지의 세계로 떠납니다. 그러나 그는 그 방황의 결과 허탈과 좌절만을 경험할 뿐 그가 원하고 있는 것을 얻지 못하고 귀향 길에 오르게 됩니다.

아니, 사실 그는 자신이 무엇을 얻기 원했는지도 모를지 모릅니다. 아무튼 처절한 패잔병의 모습으로 그는 고향을 찾는데, 아버지는 상상을 초월한 사랑으로 그를 반깁니다.

여기에는 다양한 메시지가 존재할 수 있습니다. 스스로 에덴의 풍성함을 걷어차 버린 인간의 어리석음, 주님의 가치를 알지 못하고 허탄한 것들을 추구하는 사람들의 모습, 실패와 영혼의 밤 속에서 비로소 참

가치를 갈망케 되는 영적 원리, 그러나 여기에서 그 무엇보다도 더, 탕자의 방황보다 더 포인트를 두어야 할 점은 아버지의 기다림, 아버지의 상처와 찢긴 심령, 그분의 값없는 사랑에 대한 점일 것입니다.

이 드라마는 탕자의 귀향과 아버지의 환영, 그리고 잔치, 이렇게 해피엔딩으로 끝납니다. 그러나 그 다음에 이어지는 장면은 결코 해피엔딩이라고 표현할 수 없는 상황입니다. 이 이야기는 집안에 남아있던 맏아들의 돌아온 동생에 대한 반응으로부터 시작됩니다.
그는 밭에서 땀 흘려 일하다가 귀가하는 길에 집으로부터 들려오는 풍악 소리에 놀랍니다. 그리고 그 잔치의 원인이 무엇인지 알게 되자 분노합니다. 아니, 이럴 수가 있는가! 아버지의 권면에도 불구하고 그는 울분을 터뜨립니다.

"아버님, 도대체 이럴 수가 있습니까? 저놈은 당신의 재산을 유흥비로 다 탕진해 버린 놈이 아닙니까? 우리 가문에 먹칠을 하고, **뻔뻔스럽게** 돌아온 저놈에게 잔치라니요? 이게 도대체 무슨 난리입니까? 제놈이 양심이 있으면 어떻게 돌아와요? 아버님은 그게 그렇게 자랑스러우세요? 저를 보십시오. 저는 여태까지 아버님 속을 한 번도 썩여본 적이 없습니다. 제가 아버님 명령을 거부한 것을 보셨습니까? 그런데도 아버님은 아주 작은 파티 하나 안 해 주셨지요? 그런데 이건 정말 너무한데요. 이렇게 불공평해도 되는 겁니까?"

그의 논리는 지극히 정당해 보입니다.
그는 자신이 옳다는 확신 속에서 당당하게 그의 분노를 표출하고 있습니다. 그는 아마 그날따라 몹시 힘든 노동을 하고 돌아왔는지도 모릅니다. 밭의 일을 하다가 불의의 사고로 어딘가를 다쳤을지도 모니다. 그는 땀범벅이 된 자신의 모습을 돌아봅니다. 그는 지금까지 성실과 순종으로 어려운 일도 마다 않고 열심히 살아왔습니다. 반면에 동생은 일이 싫다고 빈둥거리다가 급기야는 가출하여 쾌락 속에 젊음과 인생을 탕진하고 돌아왔는데 아버지는 그를 위하여 성대한 잔치를 베풉니다.

그는 몹시 속이 상합니다. 자신의 노력과 공로에 대한 보상에는 인색하시던 아버지가 동생의 불장난에는 매우 관대하신 것을 봅니다. '내가 과연 이런 풍토 속에서 진땀을 흘려야 할 필요가 있는가?' 그와 같은 수많은 상념들이 그의 뇌리를 스치고 지나갑니다.

그는 논리적으로 옳을지도 모릅니다. 사실 상당한 정당성이 그의 논리 가운데 존재합니다. 그러나 그가 도무지 이해하지 못했던, 간과해 버렸던 너무도 중요한 부분이 있었습니다. 그는 "내가 여러 해 아버지를 섬겨 명을 어김이 없거늘.." 이라고 자신의 공로와 충성심을 호소했습니다.

이러한 표현은 세리와 바리새인의 기도 중에서 바리새인이 기도하기를, "주님, 저는 저 세리와 다릅니다. 저는 십일조를 드리고 금식을 하며, 토색도 하지 않고, 열심히 주님을 섬기고 있습니다."라고 고백했던 그 톤과 너무 비슷하지 않습니까?

우리는 문맥 속에서 이 탕자의 비유가 바리새인과 서기관들에 대하여 주어진 말씀임을 발견할 수 있습니다. 즉, 그들은 예수께서 죄인들을 영접하고 같이 식사하시며 교제하시는 것에 대하여 심한 분노를 느꼈고 자신들의 신앙과 영적 수준을 잘 알아주지 않는다고 몹시 불평을 하였던 것입니다(눅 15:1~2).

그러므로 맏아들의 이러한 고백을 통하여 예수께서는 외적으로는 열심히 믿는 것 같지만 율법적이고 형식적인 신앙에 그칠 뿐 내적인 실제인 그리스도 자신을 알지 못하던 바리새인의 모습을 비춰 주시고자 하셨던 것입니다.

맏아들.. 그는 그의 말대로 아버지의 명에 어김이 없었는지 모릅니다. 그는 아마 대부분의 바리새인들이 그렇게 종교 행위에 열중했듯이 새벽부터 일어나 밭으로 나갔을 것입니다.
그는 아버지의 시키신 일에 정말 열심을 다하여 일을 했을 것입니다. 그러나 다만 그는 아버지의 마음을 이해하지 못했던 것입니다.
그는 동생을 잃은 아버지의 찢긴 심정을 잘 알지 못했습니다. 아버지의 심령의 슬픔이 얼마나 뼈저린 것이었는지 그는 이해하려고 하지도 않았습니다. 아버지가 수없이 많은 밤에 침상을 눈물로 적시는 것을 그는 도무지 깨닫지 못했습니다. 그는 다만 일 자체에 몰두했을 뿐 아버지와 깊은 마음의 교통은 하지 않았던 것입니다.

어떤 면에서 그는 진정한 의미의 탕자인지도 모릅니다. 그의 동생은 먼 곳으로 아버지를 떠나갔지만 그러나 그의 마음 한구석에는 항상 아버지를 향하는 마음이 있었고, 결국 그는 돌아왔던 것입니다.
그러나 형의 경우 그는 물리적으로는 아버지와 가까이 있었을지 모르나 그 영적인 거리는 실로 멀고도 먼 것이었습니다. 그는 아버지의 심령과 너무도 먼 거리에 있었던 것입니다.

일을 열심히 하는 것은 몹시 중요합니다. 그러나 그것보다도 훨씬 더 중요한 것은 주님의 마음을 알아주는 것입니다. 주님의 심령을 이해하는 것입니다. 그러기 위하여 우리는 주님의 심령 속으로 깊이 들어가야 합니다. 우리는 그분과의 깊고 깊은 교통과 연합을 사모하여야 합니다. 그래야 만이 올바른 사역을 할 수가 있는 것입니다. 이것이 참된 사역의 전제이며 기초입니다. 어느 누구도 일 자체와 일의 결과인 가시적 효과에 모든 의미를 부여해서는 안 됩니다.

우선순위의 상실이 가져오는 것

오늘날 많은 그리스도인들에게 이 우선순위가 분명하지 않습니다. 수많은 영적 행사에 '도대체 주님은 어디에 계신가?'라고 의문을 표시할 만한 요소가 있습니다.

많은 영적 지도자들이 교회에서 열심히 봉사를 합니다. 심지어 성가대, 교사 등 여러 가지의 직분을 맡아서 열심히 뜁니다. 그러나 일을 하면 할수록 심령 속에 허탈감이 커집니다. 몸은 많이 움직이지만 내적인 자유함은 별로 많지 않습니다.

당신의 봉사는 주님의 능력으로 인하여 이루어집니까? 아니면 당신 자신의 힘으로 이루어지는 것입니까? 후자의 경우, 당신은 결코 사역의 기쁨과 만족감을 누릴 수 없을 것입니다. 당신에게는 단지 초조함, 의무감, 불안감만이 있을 뿐입니다.

그러므로 봉사를 하기 이전에 먼저 주님께 나가서 그분께 충분히 영적인 능력을 공급받는 것을 배워야 합니다. 그리하여 주님의 힘으로 일을 해야 합니다.

일을 하기 전에 주님의 심령 속에 깊이 나아가는 것을 배워야 합니다. 어떤 결정을 하기 이전에 반드시 주님의 음성을 들어야 합니다.

이러한 우선순위가 잘못된 사역은 결코 올바른 사역이라고 할 수가 없습니다. 비록 외적인 성취가 있을지라도 우선순위가 바르지 않으면 그 열매는 오래 가지 않습니다.

유명한 사역자의 이러한 간증을 읽은 적이 있습니다. 그는 자신과 잘 아는 사이였던 세계적 부흥사인 외국인 목사의 예를 들었습니다. 그가 어떤 부흥 집회의 인도차 그 사역자와 한 호텔에 묵게 된 적이 있었습니다. 그는 집회가 끝난 후 밤이 늦어 호텔 방에 들어왔고 우연히 그 외국인 목사가 술을 따라 마시고 있는 것을 발견했습니다. 놀라서 그 연유를 묻자 그 외국인 목사는 이와 같이 대답했다고 합니다.
대형 집회가 끝나고 나면 모든 긴장이 풀리면서 말로 형용하기 어려운 허탈감이 온다고 합니다. 그 때는 기도도 되지 않고 성경도 읽을 수가 없으며 심령이 텅 비어있는 느낌이라고 합니다.

그는 그러한 상태를 극복하기 위하여 술을 한 잔씩 따라 마시던 것이 점차 양이 늘어나 거의 알코올 중독 상태에 이르게 되었다고 합니다. 그 사역자는 말을 이었습니다. 그 외국인 목사는 지금 거의 폐인이 되었다고 합니다.
자신도 큰 집회를 마치고 나면 그러한 허탈감을 느끼는데 그 때는 머리 속이 대낮처럼 밝아 잠도 잘 이룰 수 없다고 합니다. 그래서 그는 가벼운 소설, 수필류의 책을 가지고 다니면서 그러한 시간들을 극복한다고 합니다.
여기에는 다소 의문의 여지가 있습니다. 열심히 사역을 한 후에 허탈감이 반드시 따라온다면 그 영적 근원은 과연 옳은 것인가 하는 문제를 생각할 수 있는 것입니다. 여기서 이것을 깊이 분석하고 싶지는 않습니다. 그러나 중요한 것은, 주님과 교통하는 것과 일 자체에 매달리는 것의 균형을 상실할 때 풍성한 만족감 대신에 허탈감과 압박감이 찾아올 수가 있다는 것입니다.
나는 주일 밤의 예배가 끝나고 모든 순서가 끝나면 깊은 허무감과 탈진에 빠져 그 공허한 마음을 해결하기 위해서 밤이 새도록 차를 몰고 다닌다는 어떤 사역자의 이야기를 들은 적이 있습니다.
그러한 이들은 일 자체보다 주님 자신을 가까이 경험하는 것에 좀 더 힘써야 합니다. 일에 빠진 이들은 탈진할 수 있으나 주님께 빠진 사람은 탈진하지 않으며 그 내면의 심령에 세상이 이해할 수 없는 거룩한 영광과 기쁨과 행복감이 넘쳐나게 되기 때문입니다.

외형적인 목표를 가지고 있는 이들은 결코 만족감을 얻지 못합니다. 그들은 원하던 것을 얻고 또 얻어도 그들의 심령이 허탈하며 진정한 만족감이 없는 것을 느낍니다. 그러나 오직 주님 한 분만으로 만족하며 그분의 목적에 자신을 드릴 수 있고, 그분 앞에 무릎 꿇을 수 있는 이들은 그 만족을, 희열을 경험할 수 있습니다.
그 행복감은 외부에서 오는 것이 아니라 그의 깊은 안에 계시는 내면의 주님께로부터 오는 것입니다.

일하는 것보다 더 중요한 것은 주님을 아는 것입니다. 우리는 먼저 주님께 깊이 나아가야 합니다. 그리고 그분의 임재 가운데 깊이 들어가야 합니다. 일을 하기 전에 일을 할 수 있는 주님의 임재와 능력을 공급받아야 하며 일을 마친 후에는 주님 안에서 안식하면서 그 풍성한 기쁨과 은총을 경험해야 합니다.
사역은 결코 우리 자신의 힘으로 할 수 있는 것이 아닙니다. 오직 주님께로 간 사람만이 그분으로부터 보내어질 수 있으며 그분으로부터 능력을 얻은 사람만이 그분의 풍성함을 이 어두운 세상에 공급해 줄 수 있는 것입니다.

2. 그리스도에게 나를 드림 (for christ)

그리스도의 실제를 접촉하기 위한 원리로서 나는 'in Christ, for Christ, by Christ'라는 말을 사용하는 것을 좋아합니다.
in Christ는 그리스도 안에 거하는 것, 주님께 속하는 주님과의 연합에 관한 측면을 말하고, for Christ는 그리스도를 위한 삶, 그분께 자신을 드리는 헌신을 의미하며, by Christ는 주님의 뜻과 사역을 이루는 데에 있어서 그분께 지배를 받는 것을 표현한다는 의도로 이런 말을 사용하고 있습니다.
이 중에서 영적인 실제를 위하여 가장 중요한 첫걸음이 되는 것은 for Christ, 주님께 나를 드리는 헌신입니다. 이 세 가지 중에서 무엇이 가장 더 중요하다고 할 수는 없겠지만 그리스도의 실제를 체험하고 누리는 데 있어서 이 헌신만큼 중요한 의미를 가지는 것은 없을 것입니다.

주님은 인격이시다

주님을 접촉하는 데 있어서 헌신이 무엇보다도 중요한 이유는 그분이 인격적인 분이시기 때문입니다. 성령의 체험에 있어서 그분이 인격적 실제라는 것만큼 결코 잊어서는 안 될 사항도 없을 것입니다.
그분은 결단코 어떤 기계적 법칙이나 원리가 아니십니다. 영적 체험을 간절히 원하는 어떤 부류의 사람들은 이 부분을 오해하고 있는 듯이 보입니다. 그들은 주님을 청중의 흥분도가 어느 정도 이상이 되면 역사하시는 분으로 여기는 것 같습니다.

물이 100도가 되면 자연적으로 끓듯이, 스위치만 올리면 불이 들어오듯이 성도들의 몸짓과 목소리의 강도가 증가되면 주님께서 임하신다고 생각하는지도 모릅니다. 그러나 단순히 뜨겁다고 해서 주님이 임하시는 것은 아닙니다. 야구장이나 복싱 경기장의 관전 분위기는 굉장히 뜨겁지만 그 곳에 주님이 임하시지는 않습니다.

주님의 임하시는 데에는 여기에 적용되는 다양한 영적 원리들이 있으며 그 중 하나가 간절하고 강력한 발성 기도와 찬양입니다. 그것은 영의 흐름을 풀어놓는 효과가 있으므로 집회에 있어서 그러한 것들은 중요한 요소가 되는 것이 사실입니다.

그러나 그것보다도 훨씬 더 중요하게 인식해야 할 원리는 그분이 지성과 감정과 의지를 소유하신 인격적인 분이시라는 것입니다.

이것은 성도가 그분과 깊은 교제를 나누기 위해서는 깊은 정서적 연합과 마음의 교류, 의지의 동의가 반드시 필요하다는 것을 말해주는 것입니다.

생각과 사상과 기호와 성향이 전혀 다른 두 사람이 서로 깊은 친구가 될 수 없다는 것은 너무도 자명한 일입니다. 주님이 인격이시고 우리도 고유한 인격을 가지고 있기 때문에 진정 그분과 동행하며 가까이 그분을 접촉하기 위해서는 먼저 우리의 중심이 그분에게로 철저하게 드려져야만 합니다.

나는 상처 입은 심령에 대한 상담과 치유를 나누는 것을 좋아합니다. 거기에는 인간성에 대한 깊은 이해와 사랑, 상대방의 영적 상태에 대한 깊은 통찰력, 주님의 음성과 인도하심에 대한 영적 민감성, 정신 의학적인 지식 등 여러 요건이 필요하며 여러 가지 어려움이 따르는 결코 쉽지 않은 사역입니다. 그러나 이러한 마음의 치유 사역은 복음 사역의 한 부분이며 그 사역의 결과에 대한 뿌듯한 보람들을 생각하면 고생을 할 만한 충분한 가치가 있다고 생각합니다.
주님의 은혜로 나는 어느 정도 사람들에게 도움을 줄 수 있었습니다. 초기의 목회 사역에서 나는 작은 방을 상담실로 꾸몄는데, 그곳에 일단 들어오는 이들은 거의 눈물범벅이 되어 나갔으므로 사람들은 그 곳을 '고문실'이라고 불렀습니다. 많은 눈물을 흘린 후 그들은 마음에 자유와 평화를 얻게 되었으므로 그것은 행복한 고문이었습니다.

사람들에게서 상담의 요령에 대하여 질문을 받은 적이 몇 번 있습니다. 그 때마다 나는 '그것은 테크닉이 아니고 사랑이다'라고 이야기합니다. 요령이 없고 테크닉이 부족해도 진실한 애정은 사람의 마음을 움직입니다. 그리고 도움을 줍니다.
주님과의 관계를 개선하는 것도 마찬가지입니다. 주님을 감동시키는 것은 어떠한 언어 표현이나 테크닉이 아닙니다. 그것은 우리 내면의 순수한 마음입니다. 주를 향하여 모든 껍질을 벗고 솔직하게 자신의 깊은 내면을 열 때 주님의 실제는 다가오기 시작하는 것입니다.

나는 많은 그리스도인들에게서 "나는 하나님의 임재하심을 체험한 적이 없다."는 불평을 들었습니다. "나는 그리스도의 풍성함이나 따뜻함을 느껴 본 적이 없다."고 그들은 말합니다.
어떤 이들은 "나는 영감이 둔하다. 나는 그런 체질이 아닌 것 같다."라고 이야기합니다.
그러한 영적 메마름을 많이 경험한 이들은 나중에 '믿음은 느낌이 아니다.'라고 자신의 메마름을 자위하기도 합니다.
그 말은 어떤 면에서 옳습니다. 우리는 주님을 추구해야 하며 내적인 달콤함 자체를 추구해서는 안 됩니다. 그러므로 그 말은 맞습니다.

그러나 그 말은 또한 어떤 면에서 옳지 않습니다. '믿음은 느낌이 아니다.'라는 말도 극단적으로 적용할 때 문제가 되는 것입니다.

믿음은 느낌이 아니다, 그러므로 느낌을 주의할 필요가 없다. 느낌은 있어도 좋고 없어도 좋은 것이다.. 이런 생각을 가지고 느낌이나 감동에 전혀 주의를 하지 않게 되면 마음과 심령이 점점 더 메말라지게 됩니다. 기독교가 의무가 되고 형식이 되며 기쁨과 자유함을 얻지 못하고 피곤한 신앙이 되어 짐을 지고 살아가게 되는 것입니다.

그러한 영적 메마름 속에서 살고 있는 이들이 아주 많이 있습니다. 그러한 사람들은 자신의 영이 병든 것을 알지 못하고 기독교가 매우 재미없는 것으로 생각합니다. 예배는 본시 따분한 것이며 설교는 당연히 지루한 것의 대명사로 여깁니다. 그들의 병든 영이 그리스도의 풍성함을 누리지 못할 때에도 그들은 '믿음은 느낌이 아니다.' 하고 있는 것입니다.

그러나 그들의 영이 깨어나면 그들은 더 이상 그러한 지겨움과 따분함 속에 있지 않게 됩니다. 주님은 더 이상 그림책 속의 왕자님이 아닙니다. 그들은 점차로 예배와 기도와 말씀의 즐거움 속에, 그리스도를 향유하는 즐거움 속에 들어가게 될 것입니다.

믿음은 진정 느낌이 아닙니다. 우리의 영적 성숙도는 감정의 달콤함에 따라서 좌지우지되는 것이 아닙니다. 그러나 때때로 감정은 우리의 영적 상태를 감지할 수 있는 중요한 지표가 될 수 있습니다.

우리는 주님의 깊은 달콤함과 임재를 어느 정도 경험해야 합니다. 그것은 우리의 영혼을 아름답고 충만하게 만들어줍니다.

자신이 주님의 깊은 임재와 평강을 체험하지 못했다고 생각하는 이들에게 나는 항상 묻습니다.

"당신의 헌신은 분명합니까? 당신의 인생은 그리스도에게 바쳐졌습니까? 당신은 진정 그리스도를 위하여 살기를 원하십니까? 당신은 진정 그분을 깊이 알기를 원하십니까? 그리스도를 더 깊이 알아 가는 것이 당신의 삶의 가장 중요한 목표입니까?"
당신이 이러한 질문들에 대하여 '예'라고 대답할 수 있다면 나는 당신이 주님을 알고 체험할 수 있는 준비가 되었다고 생각합니다. 만약 당신이 당신의 골방에서 주님 앞에 무릎을 꿇고 이러한 것들을 고백한다면 당신은 조금씩 당신의 내면의 깊은 곳에서 무엇인가가 움직이는 것을 경험하게 될 것입니다.

깊은 밤, 당신을 방해하는 것이 아무 것도 없는 당신만의 공간에서 조용히 주님 앞에 무릎을 꿇고 당신의 헌신을 고백하십시오. 당신 자신을 주님께 드리는 고백을 하십시오.
주님이 당신에게 얼마나 귀한 분인지를 고백하며 주를 위하여 모든 것을 드리기 원한다는 것을 차분하게, 구체적으로 분명히 이야기하십시오. 점차 당신은 주님의 실제를 경험하게 될 것입니다.

그것이 어떤 체험이라고 분명히 말을 할 수는 없습니다. 아마도 당신은 말로 표현하기 어려운 깊은 자유함과 평안, 행복감들이 조금씩 내면의 깊은 곳에서 피어오르는 것을 느끼게 될지 모릅니다.
경험은 사람에 따라 다양할 수 있습니다. 그리고 어떤 경험이 중요하며 영적인 것이라고 할 수 있는 것도 아닙니다. 그러나 분명한 것은 그러한 진실한 고백이 있을 때에 주님은 자신의 일부를 계시하시기 시작하신다는 사실입니다. 이것은 주님께로 향하는 첫걸음입니다.
그것은 높은 산에 올라가서 도를 닦지 않아도 되는 쉬운 것입니다. 어디든지, 어느 때든지 진실하고 순수한 심령 위에 주님은 임하십니다.

그분은 인격적이시며, 우리의 깊은 중심을 잘 아시는 분이기 때문입니다.

결혼식장에서 주례가 신랑과 신부에게 말합니다.

"그대는 상대방이 병들 때, 가난할 때, 힘들 때, 외로울 때에 항상 짐을 서로 나누는 남편과 아내로서 받아들이겠는가?"

그리고 신랑과 신부는 "네!" 하고 대답합니다. 그것은 아주 아름답고 감동적인 장면입니다.

그들이 그러한 서약과 고백을 항상 기억하여 아플 때나 힘들 때나 슬플 때나 괴로울 때나 언제 어디서든지 상대방을 사랑하며 서로에게 헌신한다면 그들의 결혼생활은 아름답고 행복한 것이 될 것입니다. 그러나 결혼할 때의 감격과 다짐을 잊어버리고 자기중심적으로 마음대로 산다면 그 결혼 생활은 행복하지 않을 것입니다.

그리스도인들은 주님과 결혼한 사람들입니다. 이 결혼 생활을 행복하게 할 수도 있고 서로에 대하여 무관심한 상태로 형식적인 결혼 생활을 할 수도 있습니다. 만일 그리스도인들이 서약을 지키며 그리스도를 위하여 자기를 부인하고 섬기는 것을 즐거워하며 오직 그리스도를 위하여 존재하기를 기뻐하고 모든 삶의 목표가 그리스도가 된다면 그 주님과의 관계는 항상 아름답고 풍성하며 감격적인 것이 될 것입니다. 이것은 결코 변할 수 없는 진리입니다.

헌신의 의미

많은 그리스도인들이 헌신을 어떤 특별하고 높은 경지라고 생각합니다. 주님께 헌신을 고백한 이들은 일종의 선민의식, 엘리트 의식을 가지는 것이 보통입니다. 그들은 자신이 수많은 보통의 신자들 사이에서 선택되어진 매우 영적인 존재라고 믿습니다.

그러나 헌신이란 특별한 행동이 아닙니다. 그것은 마땅히 그리스도인으로서, 인간으로서 해야 할, 나가야 할 방향인 것입니다. 그것은 선택과목이 아니고 필수 과목입니다. 다만 이 필수 과목을 이수하는 사람들이 많지 않을 뿐입니다.

인간의 창조주는 하나님이십니다. 그리고 그분은 그 창조의 과정에서 인간의 속에 하나님의 성분을 불어넣으셨습니다. 이것이 사람의 마음 깊은 부분에 있는 영이며 이 곳에 하나님의 영을 모실 수 있습니다.

인간은 하나님을 담을 수 있는 그릇으로서 창조되었으며 그 그릇에 하나님의 영이 채워져 있지 않을 때 그는 결코 행복할 수 없습니다. 그러나 인간은 사탄의 꼬임에 빠져 하나님과의 관계가 단절되었으며 심령은 하나님의 생명을 공급받지 못하는 텅 빈 상태로 떨어지고 말았습니다.

심령 속에 영적인 실제를 상실한 것.. 그것이 인간이 지닌 모든 비극의 원천입니다. 주님이 머무르지 않는 심령은 계속 불안, 초조, 공허, 허탈감, 두려움, 분노 등 각종 어두움의 열매를 생산해 냅니다. 인간의 비극은 환경적인 것이 아니라 하나님과의 관계가 단절된 영적인 진공 상태에서 기인하는 것입니다.

하나님께서는 그리스도의 십자가를 통해서 다시 영적 교제, 영적 공급의 길을 열어 주셨습니다. 그러므로 인간은 하나님께로부터 떨어져 나왔던 관계를 회복할 수 있게 되었습니다. 그렇게 주님께 되돌아가는 방법이 바로 헌신인 것입니다.

그리스도를 그의 삶의 중심에 영접하고 헌신함으로써 인간은 태초부터 누렸던 주님의 임재와 사랑을 다시 누릴 수 있습니다. 다시 그분의 풍성하심에 들어갈 수 있는 것입니다. 헌신은 결코 특별한 행위가 아니며 특권의식을 가질 만한 것이 아닌, 모든 인간이 나아가야 할 방향인 것입니다.

인간에게는 선택의 여지가 없습니다. 헌신이 이루어지지 않을 때 그것은 하나님께로부터 떨어져 나간 죽음의 상태에 그대로 머물러 있는 것입니다. 비록 본인 자신이 느끼지 못해도 그는 영적인 사망 가운데 있는 것입니다.

우리는 쉽게 '구원의 확신'이나 '예수 영접'이라는 용어를 듣습니다. 하도 많이 쉽게 들어왔기 때문에 우리는 이 용어에 익숙해져서 이 용어가 가지고 있는 엄청나고 놀라운 의미와 메시지에 대해서 별로 놀라지도 않습니다. 그저 쉽게 이 메시지를 받아들이고 당연하다는 듯이 구원을 받아들이며 구원의 확신을 얻었다고 말합니다.

전도자는 아주 쉽게 이야기합니다.

"형제님 보십시오. 여기 계시록 3장 20절을 보시면 예수님이 문밖에 서서 문을 두드린다고 했습니다. 그분을 영접하기만 한다면 당신은 구원을 받게 됩니다. 아시겠습니까? ...저를 따라서 기도해 주십시오.. 당신은 분명히 고백했습니까? 그렇다면 당신은 구원을 받은 것입니다.."

그것은 정말 쉽습니다. 하지만 정말 그것뿐인가요? 예수를 영접하고 구원을 받아들이는 것은 간단하고 단순해 보이지만 그러나 구원으로 이르게 하는 그 예수 영접이라는 개념은 그렇게 간단한 것이 아닙니다. 그저 말 몇 마디로 되는 것이 아니라는 사실입니다.

나는 결코 성경에 있는 진리를 부정하려고 하는 것이 아닙니다. 다만 '예수 영접'이라는 표현은 그렇게 간단히 몇 마디의 고백으로 완성되는 것이 아니라는 사실입니다.

오늘날 예수를 영접했다고 생각하는 많은 사람들이 그리스도를 위하여 살지 않고 자신을 위하여 삽니다. 그들의 목표는 그리스도가 아닙니다. 그들은 주를 위하여 말하지 않고 자신을 위하여 말합니다.
그들은 그리스도를 위하여 분노하지 않고 자신의 자존심을 지키려고 분노합니다. 이것은 진정으로 예수를 영접한 상태라고 볼 수가 없습니다. 예수는 오직 왕으로서, 주권자로서만 우리에게 영접되시기 때문입니다.
물론 그러한 고백이 의미가 없다거나 잘못되었다는 것은 결코 아닙니다. 다만 그러한 고백은 시작일 뿐이며 거기서부터 멀고 먼 성숙과 훈련의 과정을 걸어가야 한다는 것입니다.
그리스도인이 주님을 영접하고 주님을 받아들이는 것은 시작이며 지속적으로 날마다 자신을 주님께 드리며 헌신하는 것은 이 구원을 이루어 가는 과정이라고 할 수 있는 것입니다.

헌신은 이와 같은 구원의 연장선상의 개념에 있는 것입니다. 어떤 사람이 그리스도를 아는 눈이 열리기 시작했을 때 그에 대한 구원사역은 시작됩니다. 완성이 아니고 시작입니다. 그에게는 아직도 수많은 죄성이 있으며 처리되어야 할 사망의 요소가 가득합니다.
헌신이란 이러한 그의 속에 있는 사망의 요소를 제거해 주는 과정입니다. 자기중심을 그리스도 중심으로 바뀌게 하는 작업입니다. 육신 중심의 삶을 영 중심의 삶으로 바꾸는 과정입니다. 이러한 헌신으로 그에게는 차츰 그리스도의 성분이 많아지게 되는 것입니다.
헌신은 원래의 인간이 가야할 길로, 제자리로 돌아가는 길입니다. 이 우주 안에 그리스도에 대한 헌신 없이 행복할 수 있는 사람이 단 한 사람이라도 있을 수 있을까요? 그런 사람은 결코 존재하지 않습니다.
당신이 아직까지 당신 삶의 전부를 그리스도께 드리지 않았다면 당신의 삶은 별로 재미가 없을 것입니다. 인간은 원래 그렇게 창조되었기 때문입니다.

청소년들을 대상으로 하는 '행복은 성적순이 아니잖아요'라는 영화가 있었습니다. 성적에 대하여 지나치게 압박을 받아 노이로제에 걸릴 정도인 학생들에게 많은 반응을 일으킨 영화입니다. 그런데 그 영화를 홍보하는 포스터에 이런 표현이 있던 것이 생각납니다. '이 세상에는 성적보다 더 중요한 그 무엇인가가 반드시 있을 거야!'

그것은 아주 인상적인 표현이었습니다.

그렇습니다. 이 세상에는 성적뿐이 아니라 학벌, 재산, 미모, 권력 등 그 어떤 것보다도 벅차고 감격스럽고 스릴 넘치는 추구의 대상이 분명히 있습니다. 그것은 예수입니다. 그리고 행복은 성적순이 학벌순이 아니라 은혜순입니다. 주님의 은혜가 임하는 곳마다 말할 수 없는 행복이 넘쳐흐릅니다. 그런데 그러한 주님의 은혜를 경험하는 지름길이 곧 헌신인 것입니다.

그리스도를 추구하지 않는 삶은 재미가 없는 삶입니다. 가치가 없는 삶입니다. 거기에는 두려움, 염려, 분노, 긴장, 추악한 죄성의 악취와 부패한 영혼의 썩은 냄새가 가득한 삶입니다.

그러나 그리스도를 향하는 삶은 너무나 감미롭고 아름다운 길입니다. 십자가는 천국의 지름길입니다. 주를 위하여 고난 받으며 감사하고 순종하며 나아가는 삶은 내면 깊은 곳에서 천국의 달콤한 향취가 흘러넘치는 삶입니다.

그리스도를 위하여 살고, 그를 위하여 죽는 것보다 더 가치 있는 것은 세상에 전혀 존재하지 않습니다. 헌신은 인간에게 주어진 최상의 특권이며 축복이며 은총인 것입니다.

주님은 성도를 헌신으로 인도하십니다

안타깝게도 죄로 오염되어 태어나는 인간은 본능적으로 하나님을 멀리 하고 싶어합니다. 사람은 날 때부터 제멋대로 하고 싶은 속성을 가지고 있습니다. 날 때부터 자연스럽게 주님을 갈망하는 사람은 없습니다. 사람에게는 불순종과 이기주의와 고집과 죄악들이 원래 더 쉬우며 재미있는 것입니다.

주님 없이 살 수 없으며 오직 그분 안에 거하는 즐거움을 추구하는 사람들은 이미 많은 하나님의 다루심을 통과한 사람들입니다. 그것은 결코 날 때부터 스스로 가지고 나오는 속성이 아닙니다.

주님께서는 인간의 이 비극적인 속성을 그대로 내버려두시지 않으십니다. 비록 그것이 눈에 보이지 않고 때로는 지극히 미미하게 보인다고 할지라도 주님께서는 그 사람을 사로잡으시기 위한 역사를 시작하십니다.

어떤 사람이 그리스도를 알고 구원받았다고 해서 주님의 다루심에 대한 예외가 될 수 있는 것은 아닙니다. 주님께서는 그가 단순히 구원만을 받은, 간신히 익사 직전의 물에서 건져내어진 것으로는 만족하시지 않습니다.

그분은 좀더 신자와 깊은 관계를 맺고 싶어하십니다.

이를 위하여 그분이 사용하시는 것이 고난이며 징계이고 아픔들입니다. 타고난 인간의 교만과 세상을 사랑하는 마음, 자기를 사랑하는 마음을 깨뜨리시기 위하여 그분은 다양한 시련들을 허용하십니다.

각 사람의 강퍅한 수준에 따라 강약을 조절하여 적절한 수준에서 고통의 계절이 다가오게 됩니다. 때로는 그것이 간헐적으로 다가오며 때에 따라서는 밀려오는 파도와 같은 파상 공격으로 정신을 차릴 수 없을 정도로 엄습합니다.

이러한 고통들은 우리의 영혼을 깨우고 일으켜 지금까지의 삶의 방향에 회의를 가지게 하며 인생의 참된 가치가 무엇인지, 바른 방향이란 어떤 것인지에 대하여 새롭게 깨우치는 작업을 하는 것입니다.

고통은 사람의 자아를 굴복시킵니다. 아직 굴복하지 않은 자에게는 좀더 강한 수준의 시련이 다가옵니다. 그러므로 비로소 사람은 주님께 무릎 꿇는 것을 배우게 됩니다. 겸손과 낮아짐이란 결코 강의실에서 습득할 수 있는 것이 아닙니다.

그것은 주님의 수많은 다루심을 경험한 이들에게 있어서 자연스럽게 나타나게 되는 자연적 현상인 것입니다. 허다한 주님의 다루심을 경험하게 되면 자신의 능력만을 의뢰하는 것은 어렵게 됩니다. 그는 주를 의뢰하는 것, 사람이 아닌 주만을 바라보는 것을 점차로 배우게 되는 것입니다.

고통은 무릎 꿇음을 산출합니다. 평탄한 길은 부패와 타락으로 이끄는 속성이 있습니다. 평탄과 축복 중에서도 무릎 꿇음을 잊지 않는 것은 많은 훈련과 광야를 통과한 후에야 가능한 것입니다.

많은 그리스도인들이 주님을 시인하면서도 제멋대로의 삶을 삽니다. 자기중심적인 삶을 추구합니다. 육신의 인도를 따라 살아갑니다. 그러나 머지않아 어려움이 오게 됩니다. 머지않아 주님의 개입하심이 있게 되며, 거기에서 사람은 주님께 무릎을 꿇게 됩니다. 만약 그가 좀더 버틴다면 좀더 많은 시련의 과정을 통과할 따름입니다.

모든 시련은 그리스도인을 더 깊은 헌신으로 인도합니다. 주님의 다루심을 많이 경험한 신자는 자기 안에, 세상 안에 소망이 없음을 발견하게 됩니다. 그는 오직 그리스도만이 진정한 가치임을 깨닫게 되니다. 그는 결국 주님께 자신을 드리지 않을 수 없게 됩니다.
그리스도인에게 주어지는 모든 우연과 고통은 그리스도의 메시지입니다. 그가 빨리 순종할수록 그는 빨리 해방을 얻게 됩니다. 그러나 그가 계속 고집을 부린다면 그에게 주어진 시간들을 낭비하게 되는 것입니다.

헌신은 인간의 모든 방황의 종착역입니다. 그리스도 앞에 엎드릴 때 성도는 그가 일생 동안 찾았던 모든 것이 여기에 있다는 것을 깨닫게 됩니다.
그는 더 이상 주님과 어긋나는 길을 걷지 않게 될 것입니다. 그는 주님의 손을 잡고 즐겁게 이 복된 인생의 여정을 걸어갈 수 있게 될 것입니다. 이러한 충분한 연합이 있을 때까지 주님은 그분의 다루심을 멈추지 않으십니다.

헌신의 실제적 의미

헌신은 그리스도를 향하여 'Yes'라고 말하는 것입니다. 그러므로 헌신의 또 다른 측면은 자기부인입니다. 자기를 부인하지 않고 그리스도를 위하여 산다는 것은 가능하지 않은 일이기 때문입니다.
모든 사람은 그리스도를 부인하고 자기를 위하여 사는 사람과 자기를 부인하고 그리스도를 위하여 사는 사람으로 구분될 수 있습니다.
외형적 신앙의 행위가 몹시 뜨겁게 보일지라도 그 속에 추악한 자아의 모습이 드러나는 것을 보게 되는 것은 그다지 드문 일이 아닙니다. 십자가를 아는 사람만이 그리스도를 위하여 살 수 있습니다. 자기 부인은 결코 자기 학대와 자기 비하, 금욕적인 삶을 의미하는 것은 아닙니다. 그러한 것들은 또 하나의 변질된 육체의 모습에 불과한 것입니다.

참된 헌신은 주께 드려진다는 측면보다는 주님께 대하여 굴복한다는 측면이 더 강한 것입니다. 주님께 굴복하는 것이 곧 헌신인 것입니다. 이것은 인생에 대한 주도권의 다툼에서 그리스도에게 주권을 양도했음을 의미합니다. 한 집안에는 두 사람의 주인이 있을 수가 없습니다. 그러므로 그 주도권을 예수님께 맡기는 것입니다.

그러므로 참된 헌신은 예수를 주인으로서, 자신을 그분의 종으로서 받아들이는 것입니다. '주님, 주님!' 하는 고백이 아무리 습관화되어 있다고 하더라도, 한 번 기도할 때마다 '주여!' 를 10번 이상씩 부른다고 하더라도, 그분의 주권이 실제적으로 보장되어 있지 않다면 그것은 공허한 울림에 지나지 않는 것입니다.

흔히 많이 사용하는 '주의 종' 이라는 말이 있습니다. 이는 물론 목회 사역자를 지칭하여 사용한 말입니다. 때로는 '주의 종님' 이라고 부르기도 합니다. '종' 뒤에다 '님' 자를 덧붙여서 사용하므로 문법적으로도 맞지 않지만 그런 표현을 쓰는 이들이 많이 있습니다.

목회자는 '주의 종' 으로 표현하고 평신도는 '주의 자녀' 라고 표현하고 있는데 이는 사실 문법적으로 더 어색한 표현입니다. 왜냐하면 '주' 와 대비되고 있는 개념은 '종' 으로서 자녀의 개념과는 자연스럽게 어울리지 않는 것입니다. '자녀' 를 사용한다면 '하나님 아버지의 자녀' 가 자연스러운 것입니다.

평신도들에게 "당신은 주의 종입니까?" 하고 질문을 하면 대체로 사람들은 "우리가 어떻게 감히! .. 우리는 주의 자녀입니다." 라고 겸손하게 말합니다.

그러나 그것은 바른 대답이 아닙니다. 예수를 주로 모시는 사람들은 모두 그의 종일 수밖에 없는 것입니다.

당신은 종입니까, 주인입니까? 당신은 예수를 주로 모십니까, 아니면 자신을 주로 모시고 있습니까? 이것은 헌신 여부를 묻는 것과 같은 내용의 질문입니다.

많은 사람들이 '종'이라는 개념을 몹시 싫어합니다. 이것은 비인격적으로 들립니다. 주님을 깊이 알아 갈수록 그분에게 묶이고 싶어하고 종이 되며 노예로 되어 가는 것에 달콤함을 느끼게 되지만 자연인에게 있어서 이것은 참기 어려운 구속입니다.

그들은 그래서 급한 경우에 주님을 의지하고 싶을 때가 있지만 자신의 의지를 전적으로 그에게 복종시키는 종이 되는 것은 망설이게 되고 심지어 거부감을 느끼기조차 합니다. 그러나 여기에는 오해가 있음을 알아야 합니다.

두 종류의 종

'그리스도의 종'에 대한 사람들의 착각은 이렇습니다. 그들은 그들이 종이 되거나 아니면 자유인이 되는 것의 두 가지 중에서 선택해야 된다고 생각합니다. 내 의지를 그리스도에게 구속시키느냐, 아니면 내 마음대로 사느냐가 선택의 초점이라고 생각합니다.

이런 관점에서 보면 우리 자신이 한낱 비인격적인 로봇에 불과한 종이 되는 것을 선택하기보다는 자신의 이성과 감정과 의지를 자유롭게 보존할 수 있는 쪽을 선택하는 것이 훨씬 더 인간적이고 유리한 것처럼 보입니다. 그러나 과연 그러할까요? 이것은 사실을 제대로 이해하지 못하고 있는 것입니다.

엄밀한 의미에서 이것은 종이냐, 자유냐의 개념이 아닙니다. 이것은 오히려 그리스도의 종이 될 것이냐, 사탄의 종이 될 것이냐를 선택하는 질문입니다. 모든 사람들은 이 둘 중에서 하나를 선택할 수 있을 뿐입니다. 당신은 그리스도를 섬기기 원하십니까? 아니면 사탄을 섬기기 원하십니까? 여기에는 결코 중간 영역은 없습니다. 둘 중 하나의 분명한 결단만이 있을 뿐입니다.

로마서 6장에 보면 두 종류의 종이 나옵니다. 죄의 종과 의의 종이 그것입니다. (롬 6:12~23) 다른 중간 개념은 없습니다. 누구든지 죄의 종으로서 사탄의 종이 되든지, 의의 종으로서 그리스도의 종이 될 수 있을 뿐인 것입니다.

사탄은 은밀하게 통치합니다

자신을 그리스도에게 드리지 않고 자신의 멋대로 사는 사람은 사실은 사탄의 통치 속에 살고 있는 것입니다. 그러나 그 사실은 감추어져 있습니다. 그러므로 이것을 인식하는 이는 드뭅니다. 그것은 사탄이 그렇게 속이고 있기 때문입니다.

에덴동산에서 사탄은 여인을 유혹할 때 자신을 섬기라고 하지 않았습니다. 그는 여인에게 내가 너의 주인이 되겠다고 말하지 않았습니다. 그런 식으로 접근해서 이득을 볼 수 있는 사기꾼은 아마 없을 것입니다.

모든 사기꾼은 말을 잘 해야 합니다. 듣기에 아주 매혹적인 제안을 해야 합니다. 동서고금을 막론하고 사기꾼에게 속아넘어가는 사람은 항상 있는데, 이는 그들이 바보이거나 교육을 받지 못해서가 아니라 사기꾼들이 그들의 욕망을 이용하기 때문입니다.

사기꾼들은 그들에게 헛된 꿈을 심어줍니다. 그들은 정상적인 방법보다 항상 훨씬 쉬운 일확천금의 꿈을 심어줍니다.

그들의 말은 아주 매혹적으로 들립니다. 그렇기 때문에 수많은 사람들이 그들의 말을 듣고 자신의 인생과 영혼을 맡깁니다.

문제는 그러한 사탄의 음성이 거짓말이라는 것입니다. 그렇기 때문에 지옥으로 가는 유혹의 고속도로에는 그의 거짓말에 속아서 그 길을 가는 인파가 끊어지지 않고 있는 것입니다,

사탄은 하와와 대화를 하면서 무엇보다도 하와의 행복과 인권에 관심을 가지고 있는 듯이 처신했습니다. 그는 여인에게 신이 될 수 있는 비결을 가르쳐 주겠다고 제안했습니다. 그는 하나님께 바보같이 묶여 있을 필요가 없다고 친절하게 가르쳐 주었습니다.
그는 네 인생은 너의 것이다, 마음대로 살아라, 당신은 위대하다, 당신에게는 능치 못함이 없다, 당신도 하나님이 될 수 있다고 바람을 불어 넣었습니다.
그것은 피조물의 위치를 뛰어넘는 제안이었지만, 내용 자체는 정말 신나는 이야기였습니다. 사람이 신과 같이 될 수 있다는 것! 무엇이든지 마음먹은 대로 할 수 있다는 것! 이 얼마나 멋진 일입니까!
만약 그 말이 사실이라면 그것은 여인의 입장에서 보면 하나님께서 하신 말씀보다 훨씬 더 유리한 조건이었습니다.

비극적인 사실은 그 말이 사실이 아니었으며 사람을 사로잡기 위한 책략에 불과했다는 사실입니다.
그러나 그는 그 매끄러운 혀로 탐욕에 빠진 어리석은 여인을 유혹하는데 성공하게 됩니다.
유혹의 말은 항상 진리보다 매력적으로 들립니다. 그 때부터 지금까지 사탄은 사람의 마음속에 합법적으로 바람을 불어넣고 속이게 되었습니다.
어떤 사람이든지 그의 말을 듣고 있으면 안 될 것이 없는 듯한 기분에 사로잡히게 됩니다. 그는 진정으로 우리 자신을 염려해 주고 있는 듯

이 보입니다. 진정 그는 사기와 기만의 천재입니다.

얼마나 비극인가요! 그렇기 때문에 지금도 수없이 많은 사람들이 그의 거짓말에 속고 있는 것입니다.

그의 목표는 사람들에게 허황된 환상을 심어주고 그들을 노예로 삼아 생명을 취하고 파멸시키는 데에 있습니다. 그러나 이것은 은밀하게 이루어지고 있는 일입니다. 독 기운은 몸 속 깊이 점점 침투해 들어가는데 환자는 이것을 알지 못합니다. 이것이 사탄이 속임수요, 은밀한 통치입니다. 이것은 영적 통찰력이 열릴 때에만 볼 수 있는 비극적인 현실인 것입니다.

우리는 주님께서 우리의 눈을 열어 그들의 궤계를 알 수 있는 은총을 베푸시도록 기도해야 할 것입니다.

친절한 사탄

마태복음 4장에서 사탄은 광야에서 금식하시던 그리스도에게 유혹의 손길을 뻗칩니다.

그는 먼저 금식 후에 주리신 그리스도에게 돌을 가지고 떡을 만들어 먹으라고 제안합니다.

생각해 보십시오. 이것은 얼마나 친절한 제안입니까? 40일 금식이 끝난 후에 그는 다가와서 친절하게도 그리스도의 육체적인 고통을 덜어주기 위한 제안을 하는 것입니다.

그의 목소리는 매우 부드럽고 달콤했음에 틀림없습니다. 그의 표정은 아주 심각하고 염려스러운 듯이 보였을지도 모릅니다.

사탄은 매우 친절한 존재와 같이 보입니다. 그를 뿔이 달리고 꼬리가 달린 존재로 생각하지 마십시오. 만화책이나 영화에 나오는 그런 괴물과 같은 모습으로는 아무도 넘어가지 않습니다. 그는 매우 실제적이고 교활하며 영리한 존재입니다. 육신적인 삶에 대해서 그는 매우 친절한 안내를 제공해 줍니다.

그는 너 자신을 위해서 살라고 말합니다.

남이 뭐라고 하든 종교와 도덕이 뭐라고 하든 관심을 갖지 말라고 말합니다.

그는 당신은 위대한 존재라고 부추깁니다.

당신 안에는 위대한 가능성이 있다고 가르칩니다.

그는 많은 즐거움과 비전을 제시하며 달콤하게 이야기하지만 그의 목적은 오직 한 가지, 곧 사람이 그리스도의 종이 되는 것을 방해하고 그로부터 떼어놓아 자신이 그를 지배하는 주인이 되는 것뿐입니다.

이사야 14장 12절에서 15절까지를 보면 사탄이 타락하는 과정이 묘사되어 있습니다.

"너 아침의 아들 계명성이여 어찌 그리 하늘에서 떨어졌으며 너 열국을 엎은 자여 어찌 그리 땅에 찍혔는고 네가 네 마음에 이르기를 내가 하늘에 올라 하나님의 뭇별 위에 나의 보좌를 높이리라 내가 북극 집회의 산 위에 좌정하리라 가장 높은 구름에 올라 지극히 높은 자와 비기리라 하도다 그러나 이제 네가 음부 곧 구덩이의 맨 밑에 빠치우리로다"

그는 본래 천사장 이었으나 스스로 하나님과 같이 되려고 타락하여 사탄이 되었으며 그로 인하여 하늘의 보좌에서 쫓겨난 신세가 되었습니다.

그의 타락의 근원은 교만에서부터 시작되었습니다.

그는 높아지려고 하다가 떨어져 버린 자입니다. 그러므로 그는 항상 높아지려는 속성을 가집니다.

그래서 그는 사람을 지배하기 위해서 그들에게 높아지려는 속성을 지속적으로 주입하기 원합니다. 그렇기 때문에 누구든지 높아지려고 하는 자는 사탄과 영적으로 파장이 일치하게 되는 것입니다.

그러므로 교만한 사람이 사탄의 유혹을 물리치는 것은 매우 어렵습니다. 왜냐하면 높아지고 드러나고 영광을 받으려는 것은 사탄과 가장 가까운 성품이며 사탄의 가장 기본적인 속성이기 때문입니다.

이것은 그리스도께서 낮고 천한 곳으로 오셔서 자기 비하를 이루시고 구원의 역사를 베푸신 것과 얼마나 대조적입니까! 그러므로 높아지려고 하는 자들은 어둠의 영들과 교통하게 되며 낮아지고 겸허한 심령을 가진 자들에게는 주님의 임재가 항상 머무르는 것입니다.

사탄의 메시지는 부추기는 것입니다. 그는 항상 높아져라, 위대해져라, 왕이 되라, 너를 우습게 보면 참지 말라고 말합니다.

그는 네 인생의 주인은 오직 너일 뿐이라고 말합니다. 아무에게도 구속받을 필요가 없다고 말합니다.

그의 목표는 오직 사람이 피조물인 자신의 위치를 망각하게 하고 그리스도를 향하지 못하게 하는 데에 있습니다.

그의 말은 분명히 우리 인간들을 기분 좋게 하지만 그의 말을 좇은 결과는 너무나 명백하게도 비참한 것입니다.

당신은 주인입니까? 종입니까?

'당신은 주인이다' 라는 것처럼 위험스럽고 무서운 메시지는 없다는 것을 당신이 깨달을 수만 있다면!

우리는 결코 주인이 아닙니다.

우리는 세상을 창조한 적이 없습니다.

우리는 해, 달, 별들을 운행시킨 적이 없습니다.

우리는 역사의 수레바퀴를 돌린 적이 한번도 없습니다.

우리는 모든 생물들에게 한번도 생명을 공급해 준 적이 없습니다.
우리는 결코 주인이 아닙니다.
오직 그리스도만이 주인이 되십니다.
우리는 결코 사탄에게 속아서는 안 되는 것입니다.

은밀한 통치의 결과

오늘날 이 세상에 사는 사람들 중 그리스도께 헌신된 사람은 아주 소수이지만 그렇지 않은 사람은 매우 많습니다. 그리스도의 종은 매우 드물지만 사탄의 종은 너무도 많습니다.
그 이유는 무엇입니까? 그것은 자신의 마음대로 살고, 자신을 섬기는 것이 곧 사탄의 종이 되며 그를 섬기는 것이라는 사실을 사람들이 전혀 알지 못하고 있기 때문입니다.
사람들은 실상은 노예이면서 자신이 자유인인 줄 압니다. 죄에 눌려 죄를 계속 짓고 있는 죄의 종이면서도 자유인이라고 생각합니다. 이것이 무엇입니까? 바로 속고 있는 것입니다.
요한복음 8장에 예수 그리스도는 유대인들에게 종과 자유의 개념에 대하여 가르치십니다.

"그러므로 예수께서 자기를 믿은 유대인들에게 이르시되 너희가 내 말에 거하면 참 내 제자가 되고 진리를 알찌니 진리가 너희를 자유케 하리라 저희가 대답하되 우리가 아브라함의 자손이라 남의 종이 된 적이 없거늘 어찌하여 우리가 자유케 되리라 하느냐 예수께서 대답하시되 진실로 진실로 너희에게 이르노니 죄를 범하는 자마다 죄의 종이라 종은 영원히 집에 거하지 못하되 아들은 영원히 거하나니 그러므로 아들이 너희를 자유케 하면 너희가 참으로 자유하리라" (요 8:31~36)

예수 그리스도는 여기서 유대인들에게 너희가 자유를 얻기 원한다면 내 말에 거하여야 한다고 말씀하십니다. 이에 대한 유대인들의 태도는 어처구니없다는 듯한 반응입니다.

"우리보고 자유를 얻으라고요? 그러면 우리가 종이란 말입니까? 기가 막히는군요. 우리는 아브라함의 자손입니다 뼈대있는 가문이구요. 아무도 우리에게 이래라 저래라 하지 못합니다. 우리는 결코 종이 아닙니다. 당신은 뭔가 착각을 하고 계시는군요."

그러나 주님은 분명하게 말씀하십니다.

"죄를 범하는 자는 죄의 종이다."

그들은 속고 있었습니다. 그들은 자신의 상태를 바로 보지 못하고 있었습니다. 그들이 본 것은 자신들의 외형적 지위와 신분이었습니다. 그들은 죄의 종, 곧 사탄의 종이면서도 그 사실을 깨닫지 못하고 있었습니다. 그리고 그 상태를 벗어나기 위한 유일한 길이 그리스도의 종이 되는 것이라는 사실도 알지 못하고 있었습니다.

사탄의 통치는 이와 같이 은밀합니다. 그는 수많은 백성을 통치하고 있으나 백성들은 그 사실조차 깨닫지 못합니다.

내가 주인이 되어 사는 것은 곧 사탄을 섬기는 것입니다. 곧 죄의 종이 되는 것입니다. 그것은 원하지 않더라도 그렇게 될 수밖에 없습니다. 공개적으로, 의도적으로 사탄을 숭배하고 섬기는 사람은 거의 없을 것입니다.

아무도 아침에 일어나서 "오, 주, 나의 왕, 나의 마귀여. 경배를 받으소서! 오, 주여, 사탄이여. 오늘 나의 삶을 인도하소서."라고 기도하지 않습니다. 아무도 "오 사탄이여, 오늘 내가 당신의 종이 되게 하소서. 죄의 종이 되게 하소서! 오늘도 정욕으로 충만케 하시고 짜증과 분노로 가득한 삶을 살게 하옵소서. 부디 원망과 불평으로 내 영혼 속에 채우시며 음란한 충동이 내 안에서 역사하게 하옵소서."라고 기도하지 않습니다. 그러나 그리스도에게 가지 않을 때, 예수를 주인으로 섬기지 않을 때 자연히 악한 영들에게 속하게 되어 그러한 죄의 열매를 맺게 됩니다. 죄를 짓기 위해서 전혀 노력할 필요가 없습니다. 금식 기도를 할 필요도 없으며 사탄에게 십일조를 드리지 않아도 됩니다. 당신이 그리스도에게 자신을 드리지 않고 자신이 주인인 삶을 계속 살고 있다면 당신은 결코 죄에서 벗어날 길이 없는 것입니다.

사탄은 그리스도께 속하지 않은 이들을 통치합니다. 그리고 죄의 충동으로 그들을 결박합니다. 그리고는 죄들을 문화로, 예술로, 사랑으로 합리화시키며 그들의 영들을 점차로 병들게 합니다.
오늘날 사람들의 관심은 부요와 성공이지 거룩함과 순결이 아닙니다. 이것은 속고 있는 것입니다. 그리스도의 종과 사탄의 종, 여기에는 중간 영역이 없습니다. 그리스도의 종이 되어야 하는 것은 결코 선택 과목이 아닙니다.

그리스도의 사랑의 통치

그리스도의 통치는 명백하게 드러나는 것입니다. 그는 결코 은밀하게 통치하지 않으십니다.
그는 분명하게 헌신을 요구하십니다. 그는 만왕의 왕이시며 만주의 주이십니다.
성경의 메시지는 너무도 명확합니다. 성경은 너희 몸을 하나님이 기뻐하시는 거룩한 산 제사로 드리라고 말씀하십니다(롬 12:1). 너희는 그리스도의 것이라고 하십니다(고전 3:23).

주님께 당신의 삶을 드리라는 메시지처럼 위대하고 아름다운 메시지는 없을 것입니다.

성경에 사랑하라, 겸손하라, 감사하라 등등의 많은 명령들이 있지만 그것은 그리스도에게 속하라는 한 마디의 명령으로 압축될 수 있습니다. 왜냐하면 그리스도에게 헌신되지 않고 이것들을 행할 수 있는 사람은 아무도 없으며 주님께 드려진 사람은 이 모든 것들을 다 행할 수 있기 때문입니다.

그리스도께 자신을 드리는 사람은 성경의 모든 명령을 수용하는 것입니다. 그러나 그렇게 하지 않는 것은 성경의 모든 메시지를 거부하는 것과 같습니다. 그리스도는 우리를 요구할 수 있는 충분한 자격이 있는 분이십니다. 왜냐하면 그분은 우리를 창조하셨으며 또한 우리를 구속하셨기 때문입니다.

학창 시절 친구로 지내다가 결혼해서 뿔뿔이 흩어진 여러 자매들이 모처럼 한자리에 모이게 되었습니다. 그녀들은 식사를 하면서, 차를 마시면서 여러 대화를 나누다가 결혼 생활에 대한 화제로 들어가게 되었습니다. 한 자매가 말했습니다.

"나는 내가 왜 결혼을 했는지 알 수가 없어. 나는 요즘 내가 없어진 느낌이야. 하루 종일 아기 치다꺼리를 해야 하고, 집안을 치우고, 정리하고, 남편 뒷바라지를 하고.. 내가 대학을 도대체 왜 다녔는지 모르겠어. 결혼 생활이 고작 이런 것이라면.. 차라리 결혼을 하지 않고 내가 원하는 삶을 살면서 하고 싶은 것을 하고 살았더라면 더 좋지 않았을까 하는 생각이 들어."

그 말을 듣던 대부분의 자매들이 거기에 공감을 표시하면서 한탄을 해대기 시작했습니다. 그런데 끝까지 조용히 있던 한 자매가 한참 후에 좌중이 조용해지자 입을 열기 시작했습니다.

"나의 생각은 조금 달라."
그녀는 자신의 심경을 피력하기 시작했습니다.
"내가 결혼을 하기 전에는 항상 뭔가 마음이 불안한 느낌이었어. 내 인생이 어떻게 어떤 방향으로 전개될까 하고 안정이 잘되지 않았었지. 내 지금 상황도 너희들과 비슷해. 그러나 나는 남편을 사랑하고 아이를 기르는 것이 너무 즐겁고 재미가 있단다. 집에서 많은 일들을 하지만 결혼한 후에 나는 안정된 위치를 갖게 되었고, 이런 역할들이 아주 만족스러워. 남편과 아이들에게 묶여 있다는 것이 몹시 행복한 기분이란다."

나는 어느 쪽이 옳다는 이야기를 하고 싶은 것이 아닙니다. 다만 묶여 있다는 사실 자체가 행복과 불행을 결정하는 것은 아니라는 것입니다. 중요한 것은 묶여있는가, 아닌가가 아니고 누구에게 묶여있는 것인가 하는 것입니다. 사탄에게 묶여 있다면 그것은 비극입니다. 그러나 주님께 사로잡히고 묶여있다면 그것은 행복이며 영광입니다.

그리스도에게 묶이고 그분의 종이 되는 것이 왜 행복스러운 것이냐 하면 그분이 너무도 좋으신 분이기 때문입니다. 그리고 그분께 깊이 속해 갈수록, 관계가 깊어질수록 그 향기와 누림도 깊어지게 됩니다. 그리스도는 사랑으로 통치하시는 분이십니다. 그렇기 때문에 그분의 통치 속에 들어가서 그분을 알고 교제하면 교제할수록 우리는 더욱더 자기 자신을 그분께 드리기를 원하게 되는 것입니다.

종입니까, 주인입니까?

당신은 다시 한번 이 질문에 대하여 묵상을 해야 합니다. 당신은 당신의 삶에 있어서 종입니까, 주인입니까?

당신 자신을 종으로 그리스도에게 드리는 것은 비인격적인 로봇이나 모든 즐거움을 상실해 버린 창백한 삶으로 가는 길이 아닙니다. 그것은 죄에서의 해방이며 생명으로 가득한 삶의 시작이며, 묶이는 듯이 보이지만 실제로는 자유로운 삶입니다.

그러나 자신이 주인이 되는 삶은 사실은 은밀한 사탄의 통치 안에서의 자신을 그대로 방치해 두는 삶이며 죄에 묶여 있는 삶이며 겉으로는 자유롭게 보이지만 실제로는 묶여 있는 진정한 노예의 삶입니다. 당신은 그리스도에게 묶여서 자유를 찾기 원합니까? 아니면 그의 통제로부터 벗어나 실제적인 묶임 속에 남으려 합니까?

우리는 하루가 끝나는 깊은 밤이나, 한 달이 끝나는 마지막 날, 그리고 1년이 끝나 가는 연말에서, 황량한 바람이 부는 쓸쓸한 겨울의 길목에서 울려 퍼지는 제야의 종소리를 들으며 여러 가지 감회에 사로잡히곤 합니다.
이 때에 주님의 통제 없이 자신의 뜻대로만 살았던 사람들은 온갖 후회거리와 실패가 자기의 지나간 과거를 장식하고 있음을 깨닫게 됩니다. 우리에게 위로가 되는 것은 그래도 아직 시간이 있고 내일이면 새해가 다시 시작된다는 설렘이 있기 때문입니다.
그러나 우리는 언젠가는 다시는 시작이 없는 마지막에 봉착할 때가 오지 않겠습니까? 또한 비록 다시 새로운 시작이 있다고 하더라도, 그리스도의 종 됨이 없이 내 멋대로 다시 시작한다면 내년의 마지막은 역시 또 다른 후회와 실패가 기다리고 있게 될 것입니다.
그리스도의 종이 되는 것, 이것은 후회 없는 삶, 진정한 의미 있는 삶으로 인도해 주는 가장 놀라운 지름길입니다.

종의 실제적 특성

종이란 막연한 것이 아닙니다. "나는 주의 종이다."라고 고백하는 것은 자신의 신앙 수준을 드러내는 거드름이 아닙니다.
종은 다만 종일뿐입니다. 그냥 단순하게 주님의 종일뿐입니다.
종은 종으로서의 태도와 자세를 가져야 합니다. 종은 섬기는 사람이지 결코 군림할 수 있는 위치가 아닌 것입니다.

이 시대를 사는 우리는 종의 개념에 별로 익숙하지 않습니다. 그것은 노동과 급여를 교환하는 노사 관계와 같지 않은 것입니다.
어떤 기업체의 사장이 6개월 동안 급여를 지급하지 않고 계속 일만 시키며 심지어 야근까지 시킨다고 합시다. 그런 대우를 받으며 가만히 참고 있을 사람은 없습니다. 그는 근무자일 뿐 종이 아니기 때문입니다.
종은 그러한 신분이 아닙니다. 종과 주인의 관계는 노사 관계와 같은 것이 아닙니다. 일반적으로 종이라는 신분이 가져다주는 삶의 특성에는 다음과 같은 것들이 있습니다.

종에게는 자유가 없습니다

종에게는 자유가 없습니다. 사람들은 예수를 믿은 후에 '나 자유 얻었네, 너 자유 얻었네..' 하는 찬양을 부르는 것을 좋아합니다. 물론 이 말은 맞는 말입니다. 성경은 "진리를 알지니 진리가 너희를 자유케 하리라" (요 8:32)고 말합니다.
이 진리란 그리스도입니다. 또 주의 영이 계신 곳에는 자유함이 있다고 말씀합니다. (고후 3:17) 로마서 8장 1절은 그리스도 예수 안에 있는 자는 죄와 사망의 법에서 해방되었다고 말씀하고 있습니다.
그러나 이 말씀들은 그리스도께 자유를 완전히 의탁한 결과에 의하여 이루어지게 되는 죄에서의 해방과 자유함 입니다. 죄의 습관이 싫어지고 악에서 벗어나게 되는 것을 자유함이라고 하는 것입니다.
이러한 자유함을 얻기 위하여 우리는 먼저 자신의 자유를 그분께 드려야 합니다. 이것이 우선입니다. 우리의 자유를 먼저 드려야 주님의 자유케 하시는 능력이 오기 시작하는 것입니다. 자기의 자유를 마냥 붙들고 있는 이들은 절대로 진정한 자유함을 누릴 수 없습니다.

종에게는 자유가 없습니다. 그는 전적으로 주인에게 의탁된 자입니다. 그가 새벽 4시에 일어나야 하는지, 7시에 일어나야 하는지는 주인의 분부에 달린 것입니다. 그가 퇴근을 몇 시에 해야 하는지, 어디로 심부름을 가야 하는지, 오늘은 어떤 내용의 일을 해야 하는지는 주인이 결정해야 하는 문제입니다. 그는 오직 그에게 주어진 일을 열심히 수행해야만 합니다.
종이 만일 주인의 승낙 없이 그의 마음이 내키는 대로 움직이고 있다면 그는 바른 종이 아닙니다. 그는 주인에게 징계를 받게 될 것입니다. 그는 바깥 어두운 데 쫓겨나 슬피 울며 이를 갈게 될 것입니다. 그는 주인의 따뜻한 사랑 어린 시선을 받지 못할 것입니다.

많은 사람들이 자신을 주의 종이라고 여기지만 삶에 있어서의 중대한 결정을 그의 마음대로 합니다. 그러면서도 별로 자신이 잘못 되었다고 느끼지 않습니다.
인생의 중대한 기로에 있는 이들과 상담을 하게 될 때가 있습니다. 그런데 많은 이들이 주의 뜻을 그리 심각하게 찾지 않습니다. 묘한 것은 그들은 이미 결정을 내리고 올 때가 많다는 것입니다.

그들이 상담을 요청하는 것은 자신의 결정에 동조자를 얻기 위해서, 자신의 결정에 대한 정당성의 근거를 부여받기 위해서입니다.
이것은 바른 상담일까요? 주님의 뜻을 찾는 자세일까요? 물론 그렇지 않습니다.

종에게 자유가 없는 부분은 매우 중대한 문제에만 국한되는 것은 아닙니다. 그는 아주 작은 일에도 자유가 없습니다. 그가 충성된 종이라면 그는 비록 작은 일이라 하더라도 주인의 허락 없이 움직이지 않을 것입니다.
많은 이들이 별 생각 없이 하루를 시작합니다. 별 생각 없이 남는 시간들을 사용하고 때웁니다. 별 생각 없이 친구에게 전화를 걸고, 수다를 떨고, 만남을 약속하고 이것저것을 하고 여기저기를 갑니다. 그리고 그들은 그런 것들이 잘못되었다고 생각하지 않습니다. 물론 그들이 종이 아니라면 그들은 잘못된 것이 아닙니다. 그러나 그들이 종이라면 그들은 잘못된 것입니다.

나는 지극히 작은 문제, 이를테면 식당에 가서 식사를 시킬 때에도 순두부를 시킬 것인가, 김치찌개를 시킬 것인가에 대해서 깊이 묵상하고 기도해서 주님의 명령을 받아야 한다고 주장하는 것은 아닙니다. 만일 어떤 이가 식당에서 주문을 하기 전에 매우 심각한 모습으로 깊이 기도를 한 후에 경건한 모습으로 "주께서 오늘 순두부를 먹으라고 하십니다."라고 한다면 그것은 웃기는 일입니다.
그리스도인의 바른 삶은 결코 상식선상에서 이해하기 어려운 난해한 것은 아닌 것입니다.
그러나 나는 근본적인 원칙을 다시 재확인하기를 원합니다. 종에게는 자유가 없습니다. 마찬가지로 그리스도인에게도 자유가 없습니다.

우리의 주인은 결코 비인격적이거나 난처하고 이상한 것을 요구하시는, 그래서 비위 맞추기가 몹시 어려운 까다로운 분은 아닙니다. 그러므로 우리는 그분께 온전히 의탁해야 합니다.

우리는 모든 의사의 결정에 있어서 마치 우리가 결정권을 갖고 있는 것으로 착각을 해서는 안 됩니다. 우리는 주인의 의사를 존중하여야 합니다.

때때로 친구에게서 어떤 제안을 받을 때, 예를 들어 공휴일에 등산을 가자거나 친구 누구를 같이 만나자는 등의 제안을 받을 때, 우리는 너무 쉽게, 빨리 대답을 할 필요는 없습니다. 우리는 우리의 주인이 계시기 때문입니다.

그분은 결코 우리를 로봇으로 다루시지 않지만 그래도 우리가 종이라면, 우리는 그분의 특별한 계획이나 다른 의사가 없는지를 먼저 확인해 보아야 합니다.

만일에 어떤 종이 아주 순종을 잘 하는 충성된 종이라면 그의 지위는 점차 상승되며 그는 비록 종이기는 하지만 점점 더 융통성을 가질 수 있게 될 것입니다. 이것은 감옥 생활이나 노예 생활에서의 요셉의 예를 보면 쉽게 알 수 있는 일입니다.

그러나 그가 이제 종의 사역에 처음 들어왔다면, 그는 할 수 있는 한 아주 작은 것들까지도 주인의 분부를 받아야 합니다. 그가 충분히 분별을 배우고 사리를 알게 될 때까지 그는 상세하게 주인으로부터 배우지 않으면 안 됩니다.

종은 주권자가 아닙니다. 우리는 자유가 없습니다. 이것이 종이 가지는 가장 기본적인 특성 중의 하나입니다.

종에게는 소유가 없습니다

종의 신분이 가지는 또 하나의 중요한 특성은 그에게 소유가 없다는 것입니다.

사역자들은 자신을 소개하면서 목소리를 내려 깔고 "저는 주의 종입니다."라고 말하는 것을 좋아합니다. 그러나 종이란 미천한 직업이며 기기에는 특권보다는 의무와 희생이 훨씬 더 많이 요구되는 것입니다. 종에게는 소유가 없습니다.

어떤 사람이 그의 나라가 전쟁에서 패하여 포로가 되어서 외국에 끌려갔을 때 그는 종이 됩니다. 그의 아내도 종이 됩니다. 그리고 그의 자녀도 마찬가지로 종이 됩니다. 그리고 그의 모든 재산은 몰수됩니다. 그가 가장 아끼는 것이라 하더라도 말입니다. 심지어 그의 생명까지도 그의 것이 아닙니다. 그의 생명도 주인의 마음에 따라서 좌우되는 것입니다.

우리가 조상으로 말미암아 전쟁에서 져서 포로가 되어 마귀의 종이 되었다가 주 예수의 구원으로 말미암아 해방을 얻어 그분의 종이 되었다면 우리는 이것을 분명히 인식하여야 합니다. 우리는 주의 종이며 우리의 모든 소유는 그분으로부터 의탁된 것이라는 점입니다.

우리의 타고난 본능은 이것을 납득하기가 쉽지 않습니다. 인간이 태어날 때 그는 소유욕과 욕심의 무서운 굴레를 짊어지고 나옵니다. 아기가 어머니의 배에서 나올 때 두 손을 꼭 쥐고 나오는 것은 이 슬픈 현실을 잘 보여 주고 있는 것 같기도 합니다.

사람들은 날 때부터 탐심이라는 무서운 정욕의 포로가 됩니다. 어떤 부모도 자녀들에게 욕심을 가르칠 필요가 없습니다. 그들은 할 수 있는 한 그 무엇이든지 그 작은 손으로 붙잡기를 원합니다. 그리고 꼭 잡고 놓지를 않습니다. 이 욕심에서 해방되는 것은 주님의 은혜를 반복하여 체험한 후에야 조금씩 가능해지는 것입니다.

어린아이들이 함께 모이게 되면 그들은 한두 가지 장난감을 가지고 서로 싸웁니다. 다른 장난감이 많이 있는데도 한 아이가 어떤 것 한 가지를 붙잡기만 하면 다른 것은 다 제쳐 두고 그것을 서로 빼앗으려고 서로 싸웁니다. 어른들이 달래도 소용이 없습니다.
결국 그들의 엉덩이를 때리는 것만이 좋은 해결책이 되는 경우가 종종 있습니다.
그 아이들이 자라나면 한 여자를 가지고 두 남자 혹은 그 이상이 서로 싸웁니다. 다른 여자들도 많이 있는데 유독 그 사람을 가지고 싸웁니다. 이런 이야기를 주로 다루는 것이 영화나 TV의 드라마입니다.
이런 얘깃거리들이 계속 만들어지는 것은 그런 것들을 넋을 놓고 바라보고 있는 사람들이 그토록 많이 있다는 것을 보여줍니다.
나이가 더 들면 국회 의원직을 가지고 싶어서 서로 다툼을 벌이기도 합니다. 욕심의 대상이 바뀌기는 했지만 그들은 여전히 탐욕으로부터 자유롭지 않은 것입니다.

소유욕은 가르칠 필요가 없습니다. 이것은 타락의 슬픈 결과이고, 사탄이 사람들을 결박하고 그들의 인생을 한 손에 거머쥘 수 있는 강력한 무기입니다. 불행히도 대부분의 사람들은 일생 동안 더 가지기 위하여 이런 비참한 싸움에서 벗어나지 못합니다.
그러나 하나님께 감사할지니! 우리는 그리스도의 죽으심과 은혜로 인하여 이러한 사탄의 종, 탐심의 종에서 벗어나게 되었다는 것입니다. 주님의 성령이 오신 초대 교회의 기록, 사도행전에서 우리는 이러한 사건들을 발견합니다.

"사람마다 두려워하는데 사도들로 인하여 기사와 표적이 많이 나타나니 믿는 사람이 다 함께 있어 모든 물건을 서로 통용하고 또 재산과 소유를 팔아 각 사람의 필요를 따라 나눠주고 날마다 마음을 같이 하여 성전에 모이기를 힘쓰고 집에서 떡을 떼며 기쁨과 순전한 마음으로 음식을 먹고 하나님을 찬미하며 또 온 백성에게 칭송을 받으니 주께서 구원받는 사람을 날마다 더하게 하시니라"(행 2:43~47)

"믿는 무리가 한 마음과 한 뜻이 되어 모든 물건을 서로 통용하고 제 재물을 조금이라도 제 것이라 하는 이가 하나도 없더라 사도들이 큰 권능으로 주 예수의 부활을 증거하니 무리가 큰 은혜를 얻어 그 중에 핍절한 사람이 없으니 이는 밭과 집 있는 자는 팔아 그 판 것의 값을 가져다가 사도들의 발 앞에 두매 저희가 각 사람의 필요를 따라 나눠 줌이러라 구브로에서 난 레위족인이 있으니 이름은 요셉이라 사도들이 일컬어 바나바(번역하면 권위자)라 하니 그가 밭이 있으매 팔아 값을 가지고 사도들의 발 앞에 두니라" (행 4:32~37)

이 얼마나 놀라운 일입니까! 사람의 역사에서 볼 수 없었던 한 가지 일이 교회에서 발생하기 시작했습니다. 사람에게서 표범의 얼룩처럼 변화시킬 수 없었던 자신의 본성, 소유욕, 탐심에서 벗어나게 되는 놀라운 일이 일어났던 것입니다.

그들은 모든 물건을 서로 통용하기 시작했습니다. 그리고 재산과 소유를 팔았습니다. 서로의 필요를 채우기 위해서 말입니다. 심지어 제 재물을 조금이라도 제 것이라고 하는 자가 없게 되었습니다. 그 결과 그들 중에는 핍절한 사람이 없다고 했습니다. 어떻게 이렇게 될 수가 있을까요?

그들은 그들의 경제적 상태를 향상시키기 위하여 깊고 놀라운 경제 정책을 시도했습니까? 아닙니다. 그들은 다만 물질의 주인이 자신이 아님을 발견했을 뿐입니다.

그 결과 그들은 탐욕에서 해방되었고 서로 도와 줄 수 있게 되었던 것입니다. 결국 궁핍과 경제적 재앙은 근본적으로 인간의 탐욕에 의한 것임을 본문은 잘 보여 주고 있는 것입니다.

20세기 초에 훼손된 경제 정의에 대하여 분개하던 일단의 무리들이 있었습니다. 그들은 가진 자들은 점점 더 부유해지고 가난한 자들은 점점 더 가난해지는 것을 보고 구성원의 능력에 따라 일하고 필요에 따라 갖게 되는 그러한 사회 구조를 만들기 위하여 폭동을 일으켰습니다. 그러나 그들은 실패하고 말았습니다.

혁명의 주체들은 그 과정에서 새로운 권위 체제로 부상했으며 대부분의 구성원들도 자유를 상실하고 말았습니다. 더욱이 아무리 열심히 일해도 똑같이 나누어준다는 것 때문에 그들 대다수는 노동 의욕을 상실해 버리고 말았습니다.

그 결과 그들은 더욱 더 가난해졌습니다. 최초의 의도는 좋았을지 모르지만 그들은 사람들의 본성 안에 있는 근본적인 욕심, 묶여 있는 그들의 영혼의 상태를 이해하지 못하고 있었던 것입니다.

제도는 사람을 자유케 하지 못합니다. 사람을 결박하고 있는 것이 단순한 제도라면 그것은 깨뜨릴 수 있을지 모릅니다. 그러나 사람을 묶고 있는 것은 사탄이며, 죄의 권능입니다. 그러므로 여기에서의 해방, 탐욕에서의 해방도 오직 주의 영이 오심으로써만 가능한 것입니다. 그리고 나서야 비로소, 사람들은 자신이 여태껏 얼마나 많이 묶여 있었는가에 대하여 깨닫게 됩니다.

주의 종에게는 소유가 없습니다. 그는 다만 관리자입니다. 그는 주인이 그에게 맡겨 주신 시간, 재능, 목숨, 마음, 감정, 육체, 돈 등 모든 것을 가지고 주인을 위하여 봉사해야합니다. 언젠가 그는 그것을 주인 앞에서 계산할 때가 있을 것입니다. 이 시대의 많은 종들은 예수를 주라고 고백하면서도 자신이 종 된 것을 충분히 알지 못합니다. 그리고 여전히 많은 것을 자신의 소유로 간주합니다. 그러나 이와 같은 의식은 많은 대가를 지불할 수밖에 없는 것입니다.

당신은 당신의 가지고 있는 모든 소유가 단적으로 주님이 것이라고 믿습니까? 그렇다면 당신은 자유로울 것입니다. 그러나 아직도 자신의 것이라고 생각하고 있다면 당신은 별로 평안하지 않을 것입니다.

어떤 한 쌍의 신혼부부가 있었습니다. 그들은 서로 맞벌이를 합니다. 그들은 서로 너무 바빠서 신혼임에도 불구하고 좀처럼 둘만의 오붓한 시간을 가지기가 힘이 듭니다. 마침내 그들은 어느 토요일 오후, 적절한 시간을 찾아냅니다. 토요일 저녁, 그들은 모든 일을 제쳐놓고 그들만의 보금자리에서 멋진 시간을 갖습니다.

그들은 멋진 저녁 식사를 계획합니다. 전축에 판을 올려놓고, 아내는 음식을 준비합니다. 식탁에서는 보글보글 거리는 찌개의 끓는 소리, 맛좋은 냄새가 온 집안에 가득합니다. 자, 이제 행복한 저녁 식사가 막 시작되려고 합니다.

바로 그 때입니다. 문에서 '딩동!' 하는 소리가 들립니다. 이게 웬 소리지? 그들은 불길한 예감으로 서로의 얼굴을 마주 봅니다. 문을 열고 보니 맙소사, 남편의 친구 12명이 밖에서 큰 소리로 부르며 와글거리며 서 있는 것이 아닙니까!

그 날 밤의 두 사람만의 오붓한 파티는 꿈이 되어 버렸습니다. 폭풍이 휘몰아치듯이 그들은 떠났고 황량한 벌판 속에 두 사람만이 남았습니다. 신부는 몹시 속이 상해서 훌쩍거리고 있었습니다.

왜 그녀는 화가 났을까요? 왜 그녀는 몹시 속이 상해 버렸을까요? 그녀는 소유가 있었기 때문입니다. 그녀는 그 시간을 자기들만의 것이라고 생각했습니다. 그 오붓함, 그 저녁 시간은 남에게 침해받을 수 없는 나만의 것이라고 믿었던 것입니다.

우리는 종으로서 이러한 환상을 가질 때가 많습니다.
'이것은 내 것이다. 이것은 침해되어서는 안 된다. 이것만은 누구에게도 주지 않을 것이다.' 이런 식으로 말입니다.
그러나 그것은 헛된 꿈입니다. 우리는 빨리 깨어나야만 됩니다. 내 것은 없습니다. 우리는 종입니다.
우리에게 잠시 맡겨진 것을 주인께서 요구하실 때 우리는 "아멘! 여기 있습니다!" 라고 할 수 있는 준비가 되어 있어야 합니다. 이것을 충분히 배우기까지 우리는 얼마나 많은 고통을 통과해야 하는지 모릅니다. 종에게는 소유가 없습니다. 이것을 충분히 깨달을 수 있을 때 우리들은 비로소 해방을 누리게 되며 다른 사람들에게도 충분한 행복과 자유를 나누어 줄 수 있게 됩니다.

종에게는 자존심이 없습니다

많은 그리스도인들이 자신들의 자존심과 체면을 지키기 위하여 애쓰며 이것들이 손상을 받을 때 쉽게 분노하고 상처를 받습니다.
다른 사람이 자신에 대하여 괜한 악감정을 가지고 있다고 몹시 분개하기도 합니다. 사소한 일에 자신이 무시를 당했다고 느껴지면 마음이 상하며 그것을 잊지 않습니다. 이들은 쉽게 정기적으로 자신이 주님의 종임을 고백할지는 모르지만, 삶의 구체적인 현실 속에서 아마 그 자신의 종 된 신분을 쉽게 잊어버리는 것입니다.

어느 날 종이 주인의 명령을 따라 밭에 김을 매러 나갑니다. 그러나 그는 오전이 다 지나가기도 전에 집으로 퇴근을 해 버립니다. 주인은 놀라서 묻습니다.

"나의 종아, 왜 오늘 너는 이렇게 일찍 들어왔니?"

그러자 종은 천연덕스럽게 대답합니다.

"주인님, 저는 오늘 열심히 일하려고 했어요. 그런데 지나가는 사람이 나보고 못 생겼다고 하지 않아요, 글쎄. 그래서 화가 나서 일을 집어치우고 집에 와 버렸지요."

어처구니없는 주인은 이렇게 말할 것입니다.

"종아, 너는 지금 착각을 하고 있는 모양이구나. 내가 너를 밭으로 보낸 것은 일을 시키기 위한 것이지 남에게 칭찬을 듣고 오라고 보낸 것이 아니다."

사소한 의견의 대립 때문에 봉사 사역이 엉망이 되는 것은 드문 일이 아닙니다. 봉사자들이 자신의 종 된 신분을 잊어버리고 마치 주님께 선심을 쓰듯이 봉사하며 자신이 인정받지 못할 때 쉽게 마음이 상하는 모습들은 어디서나 관찰할 수 있는 모습입니다.

바울은 감옥에서 빌립보에 있는 교회에게 쓴 편지에서 그 자신의 상태에 대하여 전혀 부끄러워하지 않음을 그들에게 고백합니다(빌 1:12~20). 그는 주님의 종 된 자신의 신분에 대하여 잘 이해하고 있었으며 그에 대한 사람들의 시선이나 평가에 대하여 완전히 자유로운 듯이 보입니다.

많은 사람들이 다른 사람들의 시선이나 평가에 대하여 자유롭지 않습니다. 그들은 세인의 평가와 여론을 두려워합니다. 그러므로 주인의 시선에 대하여 충분히 걱정할 만한 여유가 없습니다.

그러나 본질적으로 종은 미천한 위치입니다. 미천한 신분입니다. 그에게는 자존심이 없습니다. 그에게는 자신의 감정이 그리 중요한 것이 아닙니다. 그는 오직 주인께 받은 사명만을 올바로 감당하기 위하여 애써야만 하는 것입니다.

자신의 신분에 대한 올바른 인식을 가질 때 우리는 사람들의 안목과 평가에 대한 굴레로부터 온전히 자유롭게 될 것입니다.

종의 목표는 주인입니다

종의 존재 이유는 주인을 위한 것입니다. 종은 주인을 위하여 존재합니다. 결코 주인이 종을 위하여 존재하는 것이 아닙니다. 이 부분이 분명하지 않은 종은 불행할 수밖에 없습니다.

종의 목표는 일을 많이 하는 데에 있지 않습니다.

오직 주인의 의도를 이루는 데에 있습니다.

주인이 일을 시키면 그는 일을 해야 합니다.

또한 주인이 일을 시키지 않으면 기다려야 합니다.

그에게는 권리가 없습니다. 그는 불평할 수 없습니다. 그러므로 그에게는 주인의 마음, 주인의 목적 자체가 그의 목표입니다.

세계적인 소련의 발레단인 볼쇼이발레단이 한국에서 내한 공연을 가진 바가 있었습니다. 공연 후에 안무를 맡은 여인과 기자와 인터뷰가 있었습니다. 여러 가지 질문 끝에 기자가 "취미가 무엇입니까?"라고 묻자 그녀는 "나의 취미는 남편입니다."라고 매우 인상적인 대답을 하는 것이었습니다.

아마 피곤한 일과 후의 남는 시간에 남편을 돌보고, 함께 시간을 보내는 것을 가장 즐긴다고 하는 의미에서 말한 것이라고 생각됩니다.

어떤 의미에서 보면 주인은 종의 존재 이유일 뿐 아니라 취미이고, 목적이며 또한 모든 것이 되는 것입니다.

주인의 뜻을 벗어난 독자적인 목표를 가진 종은 불행합니다. 그는 바른 방향을 감지하지 못하고 있는 것입니다. 그의 행복은 그의 목표를 바르게 찾을 수 있을 때에만이 되돌아올 수 있습니다.

헌신은 하나의 과정입니다

헌신은 주님께로 향하는 하나의 과정입니다. 종 된 삶이란 것은 결코 책상 위에서 습득될 수 있는 성질의 것이 아닙니다.

종 된 삶을 가르치는 것과 실제로 종으로서 사는 것은 같지 않습니다. 지적으로 이해하는 것과 실제로 그렇게 사는 것은 다릅니다.

누구나 헌신을 말하기는 쉬우나 구체적인 헌신의 상황 속에서는 주님께 붙잡힌바 된 사람만이 넘어지지 않고 서 있을 수 있습니다.

구체적인 고통의 과정, 실패의 과정을 통과해야 만이 자기 자신의 영성의 실체를 발견할 수 있습니다. 그러한 고통의 경험들이 없다면 종 된 삶에 대하여, 헌신에 대하여 논문을 쓰든 울면서 간증을 하든 체계적인 논리로 남들을 가르치든 그것은 부질없는 짓이며 실상과 멀리 떨어져 있는 것입니다.

고통과 연단의 과정을 통하여 헌신은 증가됩니다.

쓰라림을 통과할수록 그의 심령 깊은 곳에서는 달콤함이 증가됩니다. 그는 자신을 버리고 세상을 버리는 것의 가치를 서서히 느끼게 됩니다. 그는 심령 깊은 곳의 향기로운 움직임을 서서히 감지하게 됩니다. 그는 주의 이름을 부르는 것의 달콤함을 느끼게 됩니다. 그는 주님과 함께 있는 것, 주님께만 사랑을 고백하는 것의 즐거움에 점차 빠져들게 됩니다.

우리가 삶에서 평생 동안 겪게 되는 모든 경험들은 주님께서 인도하시는 과정들로서 세상의 가치들, 돈이나, 명예, 지위, 육신의 안락함, 이성의 사랑, 우정 등이 그다지 큰 것이 되지 못하며 아픔만을 남겨 준다는 사실을 확인해 나가는 과정입니다. 고통과 실패가 많을수록 주님께 내려놓는 것들이 많아지며 따라서 헌신은 증가되고 속 생명도 따라서 증가됩니다.

그리스도에게 바쳐지는 과정처럼 아름다운 것은 세상에 없습니다. 자기를 부인하고 주님을 받아들이며 주님의 길을 선택하는 것처럼 놀라운 축복도 이 세상에 다시 없습니다. 그렇게 자신을 주께 드리는 종된 삶이 가장 아름답고 귀하고 가치가 있는 삶인 것입니다.

주님 한 분으로 만족함

그리스도에게 드려진 이는 오직 주님 한 분으로 만족하는 사람입니다. 그에게는 사역의 성공이나, 세인의 칭찬이나 인기, 돈, 안락한 삶 등 교회 안에 많이 침투해 들어온 세상의 가치가 대수롭게 느껴지지 않습니다. 그의 만족은 오직 주님 한 분을 잘 모시고 그분을 만족시켜 드리는 것에서 오며 오직 주님 자신으로부터만 옵니다.

예전에 몹시 인상적인 교회에 다닌 적이 있습니다. 그 곳에 함께 기거하며 독신으로 사는 일곱 명의 자매들이 있었습니다. 그들은 결혼 적령기에 있거나 좀 지나버린 연령층에 있었는데 도무지 결혼에 대하여 관심을 보이지 않았습니다.

결혼을 하지 않는 이유에 대해서 몇 번 질문을 했으나 웃기만 할 뿐 시원한 대답이 없었습니다. 언젠가 한번은 꼭 대답이 듣고 싶어서 진지하게 질문을 했더니 한참을 망설이다가 이러한 대답을 해 주었습니다.

"주님 한 분으로 100% 만족이 되지 않으면 결혼을 하겠지만 100% 만족이 되는데 뭐 때문에 결혼해요? 우리는 여기서 주님 오실 때까지 중보 기도를 드리기 원하고, 그리고 너무 행복해요."

그들은 예배 시간을 손꼽아 기다리며 주님의 말씀을 듣고 먹는 재미로 인생을 삽니다. 그들은 자주 밤에 교회에 올라가 새벽까지 엎드려서 기도를 드리는 즐거움으로 인생을 삽니다.

나는 그들의 결혼관에 대하여 별로 찬성을 하지는 않습니다. 각 사람은 주님의 인도와 사역을 따라 결혼하여 서로 힘을 합쳐서 주님을 섬기는 쪽이 일반적으로 좋다고 믿습니다.

그러나 대부분의 그리스도인 청년들이 이성 문제, 주님의 통제를 벗어난 애정 등으로 인하여 주님과 온전히 연합하는 데 많은 어려움을 겪고 있는 현실에 비추어 볼 때 그들의 순수한 헌신은 몹시도 아름답게 느껴졌습니다.

나는 그들과 헤어지면서 장난스럽게 인사를 했습니다.

"부디 행복하세요."

그들도 웃으면서 장난스럽게 대꾸했습니다.

"네, 하지만 어떻게 이 이상 행복할 수가 있어요?"

주님 한 분으로 온전히 만족하는 이들에게는 진정한 행복이 따릅니다. 그러한 행복은 아무도 빼앗아 갈 수 없습니다.
왜냐하면 그것은 대가를 지불한 행복이기 때문입니다.

변호를 거절함

한 젊은 영적 지도자 형제에 대한 좋지 않은 소문이 돌아다닌 적이 있었습니다. 이에 대하여 나이가 많은 자매가 확인하기 위하여 와서 물었습니다.
"당신이 최근에 여자와 동거한 적이 있다고 들었는데 그 이야기가 사실입니까?"
그러자 그는 순순히 대답했습니다.
"예, 사실입니다."
그 여인은 몹시 화가 나서 마구 야단을 쳤습니다.
"당신은 영적 지도자인데 어떻게 그럴 수가 있습니까? 당신은 크게 회개하셔야만 합니다."
그녀가 매우 분개하여 소리를 질렀으나 그 형제는 묵묵히 듣고만 있었습니다. 이윽고 그 자매가 바깥으로 나가자 옆에 있었던 한 젊은 형제가 그에게 물었습니다.
"형제님, 나는 형제님을 압니다. 형제님은 결코 그런 일을 행할 사람이 아닙니다. 도대체 어떻게 된 일입니까? 나에게 설명해 주십시오."
영적 지도자인 형제는 조용히 대답했습니다.
"사실은 최근에 몸이 몹시 아파서 어머니가 돌보아 주시려고 오셨습니다. 그래서 함께 생활을 했지요."

젊은 형제는 몹시 놀라서 말했습니다.
"형제님, 저는 도무지 이해가 가지 않습니다. 왜 그 이야기를 그녀에게 하지 않았습니까? 당신에게는 불리한 소문이 더욱 커질 것입니다."
그 형제는 차분하게 대답을 했습니다.
"만약 그 자매가 나에게 사건을 설명해 달라고 했으면 나는 설명을 했을 것입니다. 그러나 그녀는 내게 다만 여자와 동거한 적이 있느냐고 물었고, 나의 어머니는 여자이기 때문에 그렇다고 대답한 것뿐입니다. 그녀가 묻지도 않은 것을 나의 올바름을 입증하기 위해서 내가 해명을 한다면 나는 나의 사람이지 주님의 사람은 아닙니다. 나는 지금 자기

변호를 거절하는 것을 배우고 있는 중입니다."
젊은 형제는 그가 진정한 주님의 사람임을 알게 되었습니다.
내가 이 이야기를 어떤 자매에게 하자 그녀는 역시 이해가 가지 않는다고 되물었습니다. 그 형제가 적극적으로 해명하지 않음으로 인해서 그 자매와 다른 사람들이 계속적으로 오해를 하고 판단하는 죄를 짓게 되지 않았는가 하는 것이었습니다.
나는 그의 처신이 반드시 옳은 것이라고 말하려는 것은 아닙니다. 다만 그와 같이 자신의 입장에 대하여 벗어나 오직 주님의 입장에 서기 원하는 삶의 자세를 좋게 평가하고 싶은 것입니다. 약간의 오해만 있어도 그것을 견디지 못하고 자신을 변호하기 원하는 이들이 많은 세상에 그러한 자세는 분명히 무엇인가 배울 것이 있는 것입니다.

많은 영리하고 지혜로운 사람들이 그 영리함과 지혜를 자신의 태도와 입장을 합리화시키고 변호하는 데에 사용합니다.
그들은 주님을 변호하는 것보다 자신을 변호하는 것에 더 몰두합니다. 그들은 남에게 오해를 받는 것이나 억울한 일을 도무지 참지 못합니다. 그러한 이들은 주님께 속하였다고 할 수 없습니다.
하지만 누군가가 우리를 싫어하며 우리의 약점을 잡고 공격을 한다면 이에 대하여 변호를 하는 것은 별로 유익이 없습니다. 왜냐하면 대체로 사람들은 이유가 있어서 남을 싫어하는 것이 아니라 자기가 싫어하기 때문에 이유를 찾습니다.
그러므로 우리를 싫어하는 이들에게 변명하는 것은 좋은 열매를 맺기 어렵습니다. 변호는 상황을 더 악화시킬 수도 있습니다. 그러므로 주님의 인도하심을 구해야 합니다. 그러한 공격에 대하여 참지 못하고 있는 것은 주의 종의 자세가 아닙니다. 헌신된 이의 태도는 결코 아닙니다.

주께 드려진 이들은 자신을 변호하는 것을 거절합니다. 그들은 억울할지라도 주님께서 갚아주시는 날을 기다립니다. 그들은 애매하게 당한 주님의 슬픔과 고독과 고통에 같이 동참하게 되는 것을 기뻐합니다. 그리고 사람들의 인정이나 위로가 아닌 주님 자신으로부터 오는 위로와 어루만져 주심을 기대하고 즐깁니다.

세상으로부터, 사람들로부터 인기와 사랑과 많은 것들을 받고 있는 이들은 주님으로부터 별로 더 받을 것이 없습니다. 그러나 그러한 것들을 기대하지 않고 주님만을 구하는 이들에게 주님은 아주 가까이 임하시고 위로하십니다.
세상의 위로가 끝이 날 때, 사람들의 관심들이 멀어져 갈 때, 쓰라린 배반의 아픈 상처들이 깊어갈 때 주님은 임하시고 돌보아 주십니다. 오직 주님 한 분만으로 만족하고 즐기고 누리는 것, 이것은 헌신자들이 그들의 삶에서 향유할 수 있는 가장 놀라운 특권인 것입니다.

3. 그리스도 안에 거함 (in Christ)

어떤 사람이 그의 삶 속에서 그리스도를 만나게 되었다면 이것은 측량할 수 없는 행복이며 인간이 경험할 수 있는 가장 아름답고 놀라운 사건이라고 할 수 있습니다.
또한 그가 예수를 주로 고백하게 되며 그분의 종으로서 살아가는 삶을 선택하게 된다면 그것은 정말 놀라운 일이 아닐 수 없습니다.
이 세상에는 많은 사람들이 살고 있지만 이들은 간단하게 두 종류의 사람으로 나눌 수 있습니다. 즉 자신을 위하여 사는 사람과 주를 위하여 사는 사람으로 분류할 수 있습니다.
전자에 속한 이들은 세상에 살면서 왜 사는지 알지 못하고 고통과 흑암 속에서 허무하게 지내다가 세상의 삶을 마친 후에 영원한 심판과 어둠에 처해집니다. 그러나 후자의 사람들은 세상에 살면서도 삶 속에서 주를 위하여 살고 삶이 끝난 후에는 영원한 상급과 복락의 생수 속에서 거하게 됩니다. 이것은 얼마나 아름답고 놀라운 일이겠습니까!

그가 주를 알게 될수록 그에게는 세상이 그리 대단치 않게 느껴질 것입니다. 그는 세상에서 유명해지는 것과 편안한 삶을 약속하는 지위나 물질이 대수롭지 않게 보이게 될 것입니다. 그는 사람들로부터 인정을 받거나 미움을 받는 것에 그다지 관심을 갖지 않게 될 것이며 오직 주님의 시선에 대하여 기뻐하며 또는 두려워하며 살게 될 것입니다.
분명 이것은 매우 좋은 상태입니다. 이것은 주를 위하여 사는 사람의 변화된 모습을 잘 보여 주고 있는 것입니다. 그들은 이제 더 이상 옛사람에 속한 삶을 살지 않으며 주를 사모하고 추구하는 방향으로 삶의 여정을 계속해나갑니다.

그러나 과연 그것으로 충분할까요?

이렇게 오직 주를 위하여, 주를 향하여 살려고 마음먹은 방향의 설정만으로도 충분한 것일까요? 그리고 그러한 인생의 궤도 수정만으로 충분히 복된 누림의 상태로 들어갈 수 있을까요? 그리고 그러한 원함이 충분히 원하는 만큼의 결실을 가져올 수 있을까요?

문제는 바로 거기에 있습니다.

그리스도인의 절망 상태

"그런즉 누구든지 그리스도 안에 있으면 새로운 피조물이라 이전 것은 지나갔으니 보라 새것이 되었도다" (고후 5:17)

이 말씀은 진정 축복된 좋은 말씀입니다. 이 말씀의 끝 부분에는 강한 느낌표(!)를 첨부해도 좋을 것입니다.

어떤 사람이 그리스도를 만나고 구원을 얻었습니다. 그의 마음은 새로워졌으며 몹시 기쁨으로 충만합니다. 그에게는 죄사함의 기쁨, 자녀됨의 기쁨이 있으며 주님께 대한 봉사와 헌신의 마음으로 가득합니다. 그는 예배와 기도와 찬양이 몹시 즐거우며 성도들과의 교제도 몹시 행복합니다.

그러나 과연 그런 상태가 한없이 지속될까요? 그럴 수도 있지만 그렇지 않을 수도 있습니다. 시간이 흐를수록 그는 그가 누렸던 영적 감동이 식어 버리는 것만 같습니다. 이상하게 그는 찬양할 때의 기쁨이 전과 같지 않은 것 같습니다. 기도를 하는 것과 말씀을 읽는 시간이 조금씩 따분하게 느껴집니다. 전에 그렇게 즐거웠던 기도의 시간이, 그리고 기다려지던 예배의 시간이 어느 덧 조금씩 귀찮고 부담스럽게 여겨지기 시작하는 것입니다.
그는 그러다가 삶 속에서 혈기를 부리게 됩니다. 사소한 일에 짜증이 일어나는 것입니다. 그뿐 아니라 이미 정복해 버렸다고 생각한 더러운 생각들이 머리 속을 맴돌기도 합니다.
내가 왜 이럴까 생각하면서도 어느덧 그는 냉랭해지고 너무도 메말라 버린 자신의 영적 상태에 놀라게 됩니다.

그러나 그는 다시 새로운 전기를 맞게 됩니다. 예배 시간, 찬양을 드리며 회개의 기도를 하며 그는 다시 속이 후련해짐을 느낍니다. 눈물로 고백할 때 주님은 다시 그에게 가까이 오십니다.
'휴.. 살았다!' 하고 그는 생각합니다.
'이제는 다시는 죄에 떨어지지 않으리라! 정말 말씀대로 살아야지.'
그는 결심에 결심을 합니다.

한동안 그의 상태는 매우 좋습니다. 그는 얼마 동안 죄를 짓지 않습니다. 그의 마음은 매우 신선하고 즐겁습니다. 그러나 그의 그러한 상태가 과연 오래 지속될까요?
그는 얼마 후에 다시 영적으로 떨어집니다. 그가 영적으로 떨어질 때마다 그의 고질적인 죄들은 다시 그를 사로잡기 시작합니다. 이전에 떨쳐 버렸던 세상 것들이 다시 그를 결박해 버립니다. 그는 다시금 죄와 타협하며 죄의 낙을 누리고, 그 결과에서 오는 영적 냉담함과 고통으로 괴로워합니다.
다시금 그는 어떤 집회나 교제로 인하여, 어떤 계기로 인하여 영적으로 소생합니다. 그러나 또한 다시금 서서히 그는 영적으로 침몰해갑니다. 이러한 영적인 침체와 회복을 거듭 반복하면서 점차로 그는 지치고 비참해집니다. 그는 자신을 합리화시키거나 아니면 죄책감을 가진 상태에서 머물러 있거나 아니면 양쪽 사이에서 방황합니다.

그는 의아해 합니다. '나는 주님을 안다. 그리고 그분의 뜻대로 살기를 원한다. 그런데 왜 그렇게 할 수가 없는가? 왜 나는 영적이며 성경이 요구하는 바른 삶을 살수가 없는 것일까?' 그는 체념 상태에서 해결되지 않은 의문을 거듭하게 되는 것입니다.

그에게 있어서 주의 말씀과 명령은 그림의 떡과도 같습니다. 그는 그 말씀들을 이행할 수가 없는 것입니다.

목회자가 강단에서 "사랑하십시오. 항상 감사하십시오. 기뻐하십시오. 섬기십시오. 복음을 전하십시오. 열심히 기도하십시오." 하고 외칠 때 그는 속으로 중얼거립니다. '누가 그걸 모르나? 그게 안 되니까 그렇지.'

초신자들이 주님을 영접하고, 한창 은혜를 받으면서 기뻐하며 생동적인 삶을 사는 것을 보면서 그는 한숨을 쉬며 자조적으로 중얼거립니다.

"좋을 때다. 나도 한때 저랬었지."

그의 영은 몹시 약하고 지쳐 있습니다. 자, 그 이유는 무엇일까요? 왜 그는 본의 아니게 영적으로 떨어질 수밖에 없을까요? 이것은 과연 어쩔 수 없는 그리스도인의 상태인가요?

이러한 상태를 잘 설명해 주고 있는 것이 로마서 7장의 고백입니다.

"전에 법을 깨닫지 못할 때에는 내가 살았더니 계명이 이르매 죄는 살아나고 나는 죽었도다 생명에 이르게 할 그 계명이 내게 대하여 도리어 사망에 이르게 하는 것이 되었도다 죄가 기회를 타서 계명으로 말미암아 나를 속이고 그것으로 나를 죽였는지라 이로 보건대 율법도 거룩하며 계명도 거룩하며 의로우며 선하도다 그런즉 선한 것이 내게 사망이 되었느뇨 그럴 수 없느니라 오직 죄가 죄로 드러나기 위하여 선한 그것으로 말미암아 나를 죽게 만들었으니 이는 계명으로 말미암아 죄로 심히 죄되게 하려함이니라 우리가 율법은 신령한 줄 알거니와 나는 육신에 속하여 죄 아래 팔렸도다" (롬 7:9~14)

그가 전에 말씀을 몰랐을 때에는 그에게 죄책감이 없었습니다. 그러므로 그로 인한 고통은 없었던 것입니다. 그러나 그가 영의 눈을 뜨고 말씀을 지키려 하자 그는 그것이 결코 쉽지 않은 것임을 발견하게 됩니다.

그가 사랑하려고 마음을 먹자 그는 오히려 혈기가 치솟는 것을 느낍니다. 그가 순종하려고 하자 그는 속에서 반항심이 솟아오르는 것을 감지합니다. 그가 감사하려고 하면 강한 원망이 오히려 치밀어 오릅니다. 그는 포기를 해야 할지 좌절을 해야 할지 알 수 없는 경지에 이르게 되는 것입니다.

"나의 행하는 것을 내가 알지 못하노니 곧 원하는 이것은 행하지 아니하고 도리어 미워하는 그것을 함이라 만일 내가 원치 아니하는 그것을 하면 내가 이로 율법의 선한 것을 시인하노니 이제는 이것을 행하는 자가 아니요 내 속에 거하는 죄니라 내 속 곧 내 육신에 선한 것이 거하지 아니하는 줄을 아노니 원함은 내게 있으나 선을 행하는 것은 없노라 내가 원하는 바 선은 하지 아니하고 도리어 원치 아니하는 바 악은 행하는 도다 만일 내가 원치 아니하는 그것을 하면 이를 행하는 자가 내가 아니요 내 속에 거하는 죄니라 그러므로 내가 한 법을 깨달았노니 곧 선을 행하기 원하는 나에게 악이 함께 있는 것이로다 내 속 사람으로는 하나님의 법을 즐거워하되 내 지체 속에서 한 다른 법이 내 마음의 법과 싸워 내 지체 속에 있는 죄의 법 아래로 나를 사로잡아 오는 것을 보는 도다 오호라 나는 곧 곤고한 사람이로다 이 사망의 몸에서 누가 나를 건져 내랴" (롬 7:15~24)

지쳐버린 그는 결국 고백합니다.

'나는 내가 행하는 것을 이해할 수 없다. 나의 속마음은 선을 행하기 원하지만 나에게 또 다른 법이 있어서 그것은 나를 죄 가운데로 끌고 간다. 아, 나는 비참한 사람이다. 내가 어떻게 하여야 건짐을 받을 수 있을 것인가?

이것은 모든 그리스도인의 문제입니다. 헌신하는 것은 분명히 아름다운 일입니다. 그러나 헌신하고 주를 위하여 살려는 마음 하나로는 충분하지 않습니다. 우리 자신의 힘으로 그러한 삶이 불가능합니다. 그렇다면 어떻게 이러한 문제를 극복할 수 있는 것일까요?

산상수훈과 그리스도인

초신자들이 처음 주님을 알게 되고 그 안에 거하는 감동을 맛보게 되었을 때 그에게는 모든 것이 새로울 것입니다. 그에게는 주님의 풍성함이 부어집니다. 그는 열려진 새로운 세계에서 조금씩 하나님의 은혜를 맛보며 몹시도 큰 즐거움을 경험합니다.

그에게는 기존 신앙인들의 냉랭함, 영의 눌려 있는 상태 등을 이해할 수가 없습니다. 그는 '저들은 껍데기 신앙이다. 그들은 뜨거움을 모른다.' 라고 판단을 합니다. 그러나 세월의 흐름에 따라 그는 그 전에 쉽게 판단하고 있었던 그러한 상태에 자신이 빠지고 있음을 느끼게 됩니다.

그리스도인이 성령 충만하지 않은 상태에서 생활한다는 것은 지독히 고통스러운 것입니다. 말씀을 심령으로 소화하지 않고 지적으로 이해하는 수준에서 멈출 때 그것은 그에게 지독한 압박감을 줄 수 있을 뿐입니다.

비록 그에게 영생의 소망이 있다고 하여도 현실의 삶은 오히려 그리스도와 그의 말씀을 알지 못했을 때가 더 행복했다고 할 수 있을 정도입니다.

마태복음 5~7장에 기록된 산상 수훈은 대부분의 그리스도인들의 기를 죽이기에 충분합니다.

5장 22절은 형제에게 분노하거나 욕을 하는 자는 지옥 불에 떨어진다고 말씀합니다. 28절은 말씀하기를 여자를 보고 음욕을 품는 자는 이미 간음을 한 것이라고 선언하고 있습니다.

내가 어느 부인에게 이 말씀을 설명하고 있을 때 그 부인은 흥분하기 시작했습니다.

"세상에! 그걸 그렇게 곧이곧대로 믿어서 세상을 어떻게 살아요? 그걸 지키며 사는 사람이 세상에 어디 있어요? 목사님이 너무 지나치신 것 아니예요?"

그렇습니다. 우리가 그러한 법들을 온전히 지킬 수는 없을 것입니다. 그러나 우리는 그것을 지킬 수가 없어도 우리 안에 그리스도가 거하시고 그분이 사신다면 그것은 결코 불가능한 일은 아닌 것입니다.

29, 30절은 눈이 범죄 할 경우에는 그것을 빼어 버리고 손이 범죄 할 때에는 그것을 찍어 버리라고 말씀하십니다. 만약 이 말씀을 그대로 실행에 옮긴다면 우리는 대부분의 거리에서 팔다리와 눈, 머리, 입 등을 제대로 가지고 다니는 이들을 만나기가 매우 어렵게 될 것입니다. 대부분의 사람들은 몸통만을 가지고 다닐 것이 분명한데 그들의 몸통이 남아 있는 이유는 그들의 몸통이 죄를 짓지 않은 정결한 상태이기 때문이 아니라 그 몸통을 찍어 버릴 손이 부족하기 때문일 것입니다.

하나님의 엄중하신 요구

그리스도인들은 대부분 구약의 모든 율법을 온전히 지킬 자가 한 사람도 없음을 수없이 들어왔습니다.

첫 번째 언약의 요지는 너희가 '율법을 행하라. 그리하면 살리라.' 하는 것입니다. 그러나 그 언약은 그 율법을 지켜 행할 능력이 없는 이들에게는 그림의 떡과 같은 것입니다. 그래서 그들은 신약의 언약인 예수 그리스도로부터 온 두 번째 은혜의 언약을 매우 기뻐합니다. 그들은 어렴풋이 이렇게 기억합니다. '모든 율법의 핵심은 사랑이다. 그러므로 시시콜콜하게 모든 것들을 지키지 않더라도 하나님을 사랑하고 이웃을 사랑하면 되지 않겠는가?' 그렇게 대충 믿습니다.

우리는 구약의 하나님을 엄중하고도 무서운, 조금도 용서가 없으신 분으로 이해합니다. 그리고 복음서에 나타난 예수님은 몹시 사랑이 많으시고 은혜와 긍휼이 가득한 분으로 이해하는 경향이 있습니다.

그래서 하나님께서 우리의 삶을 보시면서, "저런, 못된 것들이 있나! 내 지금 당장 저놈들을 쓸어버려야지." 하고 분노하시면 예수님께서 "아버님, 참으세요! 날 봐서라도 참으세요! 제발." 하는 식으로 뜯어말리는 것으로 생각하는 경향이 있습니다.

그러나 우리는 산상 수훈에서 요구하시는 주님의 말씀에서 오히려 구약의 율법보다 훨씬 더 엄중하고 어려운 명령을 발견하게 됩니다. 그분은 분명하게 말씀하십니다.

"너희의 의가 서기관과 바리새인보다 낫지 못하면 결단코 천국에 들어가지 못하리라" (마 5:20)

율법의 행위가 어떤 외형적인 것만을 요구한다면 우리는 어쩌면 행할 수 있을지도 모릅니다. 주일을 지키라고 한다면 열심히 졸면서도 딱딱한 나무의자 위에서 예배를 억지로라도 참여하고 십일조를 내라면 아까워서 이를 갈면서도 어쨌든 바칠 수야 있지 않겠습니까?

그러나 주님이 우리에게 요구하시는 것이 내적인 깊은 심령의 상태까지라면, 깊은 의식의 동기까지라면, 우리는 그것을 이행할 수 없습니다. 이러한 말씀이 우리에게 어려운 말씀입니까? 아닙니다. 어려운 정도가 아닙니다. 이것은 지킬 수가 없습니다. 이것은 지키는 것이 근본적으로 불가능합니다. 우리의 마음을 우리가 바꿀 수가 없기 때문입니다.

어떤 그리스도인이 같은 직장에서 근무하는 다른 그리스도인 형제에게 다음과 같이 말을 건넸습니다.
"형제님, 당신은 매우 성숙된 신자인 것 같습니다. 나는 오랫동안 당신을 관찰해 왔는데 한번도 당신이 화를 내는 것을 본 적이 없어요."
그러자 그 형제는 대답했습니다.
"사실은 그렇지 않습니다. 사실 나는 겉으로는 화를 내지 않았을지 모르지요. 그러나 나의 속마음으로는 얼마나 부글부글 끓고 있는지 당신은 아마 모를 겁니다."

그렇습니다. 우리는 외형적으로 그럴듯하게 보이게 흉내를 내는 것은 어느 정도 할 수도 있을 것입니다. 그러나 중심에서부터 그러한 악에서 자유롭게 되는 것은 오직 그리스도 안에서만 가능합니다. 주님의 엄중한 요구를 스스로 노력해서 이룩해 낼 수 있는 사람은 결코 존재하지 않는 것입니다.

주님이 불가능으로 인도하심

모든 사람들은 태어날 때부터 선악과의 후유증을 안고 태어납니다. 이것을 흔히 원죄라고 부르고 있습니다. 부모들은 자식들을 키우면서 악을 가르칠 필요를 느끼지 않습니다. 아무도 부모에게서 거짓말을 하라, 불순종을 하라, 고집을 부리라고 가르침 받지 않습니다.
그러나 그들은 날 때부터 알아서 악을 행합니다. 그들은 고집을 부리고 욕심을 부리며 제멋대로 하고 화를 내며 거짓말을 합니다. 그리스도가 그를 지배할 때까지 그는 아담의 성향에서 벗어나지 못합니다.

그가 장성했다고 해서 그의 성향이 바뀌는 것은 아닙니다. 그는 좀더 지혜로워져서 악을 노출시키지 않는 방법을 조금 익혔을지는 모르지만 여전히 죄의 성분, 아담의 성분으로부터 변화되지 못합니다.
사람이 죄로부터 해방될 수가 있을까요? 하나님의 요구하시는 기준대로 살수가 있을까요? 성경은 그것이 불가능하다고 말합니다. 예레미야 13:23에서 성경은 "구스인이 그 피부를, 표범이 그 반점을 변할 수 있느뇨 할 수 있을 찐대 악에 익숙한 너희도 선을 행할 수 있으리라"고 말합니다. 이것은 불가능하다는 것입니다.
그리스도인의 삶은 그들 혼자서 악을 이길 수 없음을, 주님의 기준으로 살 수 없음을 인식하는 데에서부터 출발되어야 합니다. 그리스도인은 스스로는 아무 것도 할 수 없습니다. 그가 만일 말씀을 지키고 성결한 삶을 살기 위하여 노력한다면 그는 너무도 피곤한 전쟁을 수없이 치른 후에 낙담할 수밖에 없을 것입니다.

그리스도인은 그들의 의지가 죄를 즐기는 데서 변화되어 주님을 영접하고 주님의 뜻대로 살려고 한다 해도 그들이 그러한 능력을 가지고 있지 않음을 깨달아야 합니다. 그들은 그러한 의지, 그러한 마음을 가질 수는 있습니다. 그러한 방향성을 잡을 수는 있습니다. 그러나 그러한 능력은 사람에게 속한 것이 아닙니다.

의지의 힘으로 이러한 삶을 지탱해 나가는 데는 한계가 있습니다. 어떤 사람이 지구의 인력에 대항하여 손으로 가방을 들고 있다고 합시다. 그는 한두 시간쯤은, 아니 10여 시간 이상쯤은 들고 있을 수 있을 것입니다.

그러나 시간이 갈수록 그는 피곤해질 것입니다. 그는 결코 1년 이상 그 가방을 들고 있을 수는 없습니다. 그는 이를 악물고 노력해서 가방을 오래 들고 버틴 신기록을 세워 기네스북에 오를 수 있을지는 모르지만 영원히 그 가방을 들고 있을 수는 없습니다. 가방은 피곤하지 않지만 그의 손의 힘은 한계가 있는 것입니다. 의지의 힘으로 죄의 법을 이기려 하는 것은 이와 같이 불가능한 것입니다.

주님은 주님의 능력을 붙잡지 않고 스스로 애쓰는 이들의 비참함을 내버려두십니다. 그리고 그들이 충분히 절망할 때까지 방관하고 계십니다. 주님은 "제가 사랑하겠습니다!"라고 외치는 이들에게 가장 사랑할 수 없는 이들을 보내 주십니다.

그분은 "섬기겠나이다!"라고 고백하는 이들에게 진정 섬길 수 없는 상황을 허용하십니다. 그는 분노를 참으려고 애쓰는 이들이 언젠가 폭발할 수밖에 없는 것을 묵묵히 기다리고 계십니다.

그분은 그리스도인들을 불가능으로 인도하십니다. 그분은 자신이 아무 것도 할 수 없다는 것을 깨달을 때까지 수많은 실패로 그의 자녀들을 인도하십니다. 그리하여 그들과 새로운 관계를 형성할 수 있을 때까지, 그분은 묵묵히 기다리시는 것입니다.

오직 그리스도를 붙잡음

어떤 그리스도인이 섬김의 도에 대한 메시지를 듣고 몹시 감동을 받았습니다. 그래서 그는 주위에 있는 그리스도인 앞에서 이렇게 선포를 했습니다.

"나는 앞으로 회사에서나 가정에서나 진정으로 종이 되어 섬기는 삶을 살 것입니다. 특히 여태까지는 그렇게 하지 못했지만, 앞으로는 회사에서 부하 직원들에게 결코 고압적인 태도를 취하는 일은 없을 것입니다."

주위의 그리스도인들은 몹시 기뻐하며 그를 격려해 주었습니다. 그런데 바로 그 다음 날 그는 회사에서 아주 사소한 일로 부하 직원이 무례하게 고집을 부리자 참고 있던 성질이 폭발하고 말았습니다. 다음의 모임에서 그는 겸연쩍은 모습으로 이것을 고백하지 않을 수 없었습니다. 이것은 우리가 흔히 경험할 수 있는 일입니다.

주님 외에는 누가 감히 하나님의 요구를 만족시키며 죄를 정복하고 거룩한 삶을 살게 할 수 있을 것일까요? 물론 아무도 없습니다.
그런데 사실은 여기에 복된 힌트가 있는 것입니다. 나는 그렇게 살 수 없지만 주님은 그렇게 살 수 있으십니다. 그리고 그렇게 능력 있으신 분이 내 안에 거하십니다. 그렇다면 어떻게 승리의 삶을 살 것인가 하는 문제는 내 안에 거하시는 그리스도와 어떠한 관계를 형성할 것인가 하는 데에 있다는 것을 우리는 포착할 수 있게 됩니다.
우리는 "나를 떠나서는 너희가 아무것도 할 수 없으리라"(요 15:5)고 하신 주님의 말씀에 깊은 자극을 받아야 합니다.

타락의 완전함

우리는 인간의 시조 아담이 뱀의 꼬임에 넘어가 하나님의 생명을 떠나 독립적인 삶을 시작한 것을 압니다. 그리하여 그에게는 흑암이 임하게 되었고 죄와 죽음과 타락이 그 온몸과 영혼에 가득하게 되었습니다. 그 육신은 사형을 선고받았으며 영은 하나님과 교제가 차단되었고 온 생각도, 감정도, 의지도 어두움으로 가득 차게 되었습니다.
생각은 악한 것을 쉽게 받아들이고 감정은 죄 된 것을 즐깁니다.
의지는 빛이 아닌 어둠에 속한 것을 향하여 가려고 합니다.
몸은 죄악의 순간적인 쾌락들을 사모하며 추구합니다.
우리는 타락과 멸망이 우리의 전 몸과 영혼에 전인적으로 이루어졌음을 인식해야 합니다.
여기에 주님이 세상에 오셨고 그분의 빛이 그를 영접한 사람들에게 비춰게 되었습니다. 그분과 관계를 맺고 그를 개인의 주님으로 영접한 모든 사람들에게 그 빛은 역사하기 시작하셨습니다.

그러나 이것은 해방의 시작일 뿐 결코 완성은 아님을 우리는 인식하여야 합니다. 주님이 내 안에 계시더라도 아직 생각은 새로워지지 않았고, 의지도 충분히 주를 향하여 변화되지 않았으며 감정도 아직 여전히 세상에 속한 것들을 즐기며 육신도 아직 정욕을 사랑합니다.
구원과 해방은 오직 주님의 빛으로만 가능한 것입니다. 우리는 비록 의지가 부분적으로 변화되어 주를 향하여 가려고 하는 마음이 있을지라도 우리의 몸과 마음과 감정이 주님의 빛에 의하여 충분히 복종되고 씻겨져야 함을 알아야 합니다.
주님께서 우리 안에서 이 사역을 이루어 가십니다. 이것에 대하여 우리가 해야 할 일은 오직 순종밖에 없는 것입니다.

포도나무와 가지

승리의 삶의 비결은 결코 개인의 영성이나 재능, 탁월함이나 성품, 의지의 강인함에서 오지 않습니다. 그것은 오직 주님과 어떤 관계를 맺고 있느냐에 달려 있는 것입니다.
요한복음 15장에 나오는 주님의 말씀 중 포도나무와 가지의 비유는 그 생명의 원리를 우리에게 명확하게 보여 주고 있습니다.

"내가 참 포도나무요 내 아버지는 그 농부라 무릇 내게 있어 과실을 맺지 아니하는 가지는 아버지께서 이를 제해 버리시고 무릇 과실을 맺는 가지는 더 과실을 맺게 하려 하여 이를 깨끗케 하시느니라 너희는 내가 일러 준 말로 이미 깨끗하였으니 내 안에 거하라 나도 너희 안에 거하리라 가지가 포도나무에 붙어 있지 아니하면 절로 과실을 맺을 수 없음같이 너희도 내 안에 있지 아니하면 그러하리라 나는 포도나무요 너희는 가지니 저가 내 안에, 내가 저 안에 있으면 이 사람은 과실을 많이 맺나니 나를 떠나서는 너희가 아무것도 할 수 없음이라 사람이 내 안에 거하지 아니하면 가지처럼 밖에 버리워 말라지나니 사람들이 이것을 모아다가 불에 던져 사르느니라 (요 15:1~6)

이 메시지의 교훈은 아주 명백합니다. 포도나무의 가지에는 풍성한 포도송이들이 주렁주렁 매달리게 됩니다. 그러나 그 열매는 결코 가지의 어떤 능력이나 조건, 우월함에서 기인되는 것은 아닙니다.
그 열매의 근원은 오직 나무 자체에 있습니다. 가지는 오직 그 나무에 붙어 있음으로 해서 나무의 수액과 양분을 취하게 되며 그 결과로 열매를 생산하게 되는 것입니다.
포도나무는 열매를 생산함이 목적입니다. 그러나 그 열매는 가지를 통해서 열립니다. 만약 가지가 없다면 포도나무 열매의 풍성함을 드러낼 수가 없습니다. 이 가지가 묵묵히 자신의 위치를 잘 지키고 있다면 그는 포도나무의 풍성함을 보여줄 수 있을 것입니다.

4절에서 가지가 포도나무에 붙어 있지 아니하면 절로 과실을 맺을 수 없다고 말합니다. 여기서 '절로'라는 부사에 유의합시다. 그것은 그리스도인의 열매 맺는 과정이 결코 어떤 고행이나 노력의 산물이 아닌 자연스러움에서 나온다는 것을 보여 줍니다.

어떤 사람이 "나는 담배를 끊겠다. 나는 결코 피우지 않겠다."고 결심한다고 합시다. 그는 담배를 생각할 때마다 긴장이 되고 전쟁을 시작합니다. 그러나 주의 영이 그를 붙잡을 때 그는 자유해집니다. 그는 담배를 피우고 싶은 마음이 없어지는 것입니다. 그것이 바로 자유함입니다. 어떤 이들은 분노를 참으려고 애씁니다. 그들은 그것을 절제하기 위하여 할 수 있는 모든 노력을 다 기울입니다. 그러나 이것이 그리스도인의 풍성하고 자유로운 삶일까요? 그렇지 않습니다. 물론 참는 것은 폭발하는 것보다는 나을 것입니다. 그러나 참는 것은 아직 문제가 해결된 것이 아닙니다.

자신을 억누르는 것은 내적인 병을 일으킵니다. 바람이 가득 들어 있는 풍선을 잡고 한 쪽을 누르면 다른 쪽이 튀어나오는 것처럼 그러한 억압은 또 다른 증상을 일으킬 수 있습니다.

이러한 노력과 수고를 그리스도인의 삶의 비결이라고 할 수는 없습니다. 그것은 매우 고통스러운 삶입니다. 가지는 아무리 애를 써도 열매를 생산하지 못합니다. 그는 가만히 생명의 근원에게 매달려 있기만 하면 됩니다.

그리스도인이 모든 활동을 멈추고 조용히 주님의 임재하심 속에 들어갈 때, 그리고 그분이 자기 안에서 생명과 수액과 양분을 공급하심을 조용히 누리기 시작할 때, 그분의 자유케 하시는 역사는 시작됩니다. 여기서 6절은 하나의 불행한 환상의 결과를 보여줍니다. 어느 가지가 착각에 빠지게 되었습니다. 그는 생각합니다.

'이 나무에서 제일 중요한 존재가 누구인가? 물론 당연히 나다. 나는 사람이 좋아하는 아름답고 풍성한 포도송이를 만들어 내는 존재이다. 그런데 왜 이렇게 위대한 내가 이렇게 못생기고 보잘것없는 오래된 비 둔한 나무에 붙어 있어야 된단 말인가?

그리고 그는 그의 생각을 실행에 옮겨 나무에게서 분리되어 뛰어 내립니다. 그리고 그 결과를 성경은 분명히 보여주고 있습니다.

"사람이 내 안에 거하지 아니하면 가지처럼 밖에 버리워 말라지나니 사람들이 이것들을 모아다가 불에 던져 사르느니라"

우리는 얼마나 그리스도의 풍성함을 누리지 못하는 말라비틀어진 가지를 자주 보게 됩니까? 그들은 열매의 풍성함을 생산하지 못합니다. 이는 그들의 지식이나 관념이나 행함이 어떠하든 상관없이 본 나무와의 관계가 분명하지 못함을 확실하게 보여 주고 있는 것입니다.

이와 비슷한 비유의 가르침이 구약에도 있는데, 이것이 유명한 시편 1편입니다.

"복 있는 사람은 악인의 꾀를 쫓지 아니하며 죄인의 길에 서지 아니하며 오만한 자의 자리에 앉지 아니하고 오직 여호와의 율법을 즐거워하여 그 율법을 주야로 묵상하는 자로다 저는 시냇가에 심은 나무가 시절을 쫓아 과실을 맺으며 그 잎사귀가 마르지 아니함 같으니 그 행사가 다 형통하리로다 악인은 그렇지 않음이여 오직 바람에 나는 겨와 같도다 그러므로 악인이 심판을 견디지 못하며 죄인이 의인의 회중에 들지 못하리로다 대저 의인의 길은 여호와께서 인정하시나 악인의 길은 망하리로다" (시 1:1~6)

여기서 말씀을 사랑하며 복된 승리의 삶을 사는 믿음의 사람을 한 나무로 묘사하고 있는데 그 나무는 바로 시냇가에 심긴 나무입니다.

여기서 나무의 종류나 이름이 기록되지 않음을 주의합시다. 그 나무는 포도나무일 수도 있고, 감람나무일 수도 있으며, 은행나무일 수도 있습니다. 어쨌든 그 나무의 풍성함은 그 나무의 종자나 이름이나 나이나 건강함에 달려 있지 않고 시냇가에 심겼다는 데에 달려 있는 것입니다.

그 나무는 풍성한 과실을 맺게 되는데 그 이유는 그 나무의 뿌리가 시냇가에 있어 그 흐르는 시내로부터 풍성한 수분을 공급받고 있기 때문일 것입니다. 결코 중단되지 않는 풍성한 영양의 공급, 이것이 그 나무의 풍성함의 이유입니다.

포도나무의 비유나 물가에 심긴 나무의 비유가 제시하는 원리는 똑같습니다. 그것은 오직 그리스도에게서만이 풍성한 생명이 공급된다는 것이며 그리스도와 항상 연결되고 그 안에 있는 사람은 풍성한 삶을 살게 되지만 스스로의 힘으로 애쓰고 노력하고 도모하는 사람은 별로 열매가 없는 피곤한 삶을 살수밖에 없다는 것입니다.

생명과 연합, 사망과 독립

그리스도인은 달과 같은 존재입니다. 달은 밤마다 빛을 내며 지구에 비취지만 그 빛은 스스로 나온 것이 아닙니다. 그는 스스로 빛을 내는 태양으로부터 빛을 받아서 반사하고 있는 것에 불과합니다. 그 달빛의 강도는 얼마나 많이, 오래 태양으로부터 빛을 쐬었는가에 달려 있습니다. 그리스도를 개인의 구주와 주님으로 영접한 이들은 모두 구원을 받은 이들입니다. 그러나 구원의 근원은 우리 안에 있는 것이지 결코 우리 자신에게 있는 것이 아닙니다.

주님은 우리에게 너희는 '세상의 빛' 이라고 말씀하십니다(마 5:14). 그러나 우리 자신은 빛이 아닙니다. 다만 빛 되신 그분이 우리 안에 거하실 뿐입니다. 우리는 빛이 아니요, 그 빛에 의하여 비췸을 받은 자들입니다.

그리고 우리는 이 빛이 우리를 통하여 밖으로 비춰지게 할 수도 있으며 또한 스스로 이 빛을 차단하여 스스로 어둠 속에 거하며 세상에 빛을 주지 못할 수도 있습니다.

속에 아무리 아름다운 빛이 충만해도 수건 하나만 덮어두면 그 빛은 밖으로 나가지 못합니다. 빛은 우리 안에 있으되 우리가 그 빛을 풀어놓지 않으면 빛이 빛 되지 않습니다.

우리와 주님의 관계가 잘못되면 그리스도인에 대한 모든 풍성한 약속들은 그림의 떡에 지나지 않은 것입니다.

그리스도는 생명입니다. 그리고 우리는 생명이 아닙니다. 그러므로 그 생명을 얻기 위해서는 그 생명과 연결되어야 합니다. 연합되어야 합니다. 생명은 오직 주안에 있으므로 오직 그분을 붙잡아야 합니다. 그리스도와 연합되는 것은 곧 생명으로 충만케 되는 것입니다. 또한 그리스도로부터 독립되는 것은 결국 사망으로 채워지는 것입니다. 이 원리는 몹시 분명합니다. 곧 연합은 생명이며 분리는 사망입니다. 이것은 몹시 두렵고 중요한 진리입니다.

많은 그리스도인들이 몹시 차갑고 냉랭합니다. 그들은 별로 자유함을 누리지 못합니다. 그들은 매우 많은 일에 열심을 냅니다. 봉사와 전도, 다양한 행사들. 그러나 그들의 속은 여전히 불 꺼진 방처럼 냉랭합니다.

그들은 그리스도의 영의 부어짐을 잘 알지 못합니다. 감미로움과 해방을 잘 누릴 수 없습니다. 그들은 그들의 믿음을 지켜 나가기 위하여 끝

없는 투쟁을 계속하여야 합니다. 도대체 그 이유는 무엇입니까?
그들은 그리스도와의 교제를 회복해야 합니다. 그분의 달콤함과 임재를 다시 회복하여야 합니다. 그리스도 안에 거하는 것을 그만둔 것이 언제부터였는지 돌이켜봐야 합니다.
우리가 주님의 종이며 하나님 아버지의 자녀라는 사실은 영원합니다. 한편 거듭난 자녀는 결코 그 구원을 잃지 않습니다. 그 관계는 영원히 변치 않습니다. 그러나 모든 아들이 아버지와 항상 좋게 지내는 것은 아닙니다. 그 교제는 언제든지 끊어질 수가 있습니다.
그 풍성함은 언제든지 사라질 수 있습니다. 그리스도 안에 거하는 것, 그분의 실제 속에서 날마다 24시간을 사는 것, 이것보다 더 중요한 원리는 아마 없을 것입니다.

항상 그리스도의 임재 속에서 삶

대부분의 그리스도인들이 너무나 쉽게 그리스도의 임재를 잃어버립니다. 그들은 교회를 떠나면 그리스도의 임재를 상실합니다. 그들은 기도를 할 때나 찬양을 드릴 때면 약간의 풍성함을 경험하기도 하지만 곧 그 실제를 잃어버립니다.
그들은 눈을 감고 기도할 때는 주님의 임재를 경험하지만 눈을 뜨는 순간 그것을 상실합니다. 그들은 그들이 눈을 감고 있을 때는 주님이 옆에 계시다가 눈을 뜨고 나면 순식간에 휙! 하고 날아서 없어져 버린다고 생각합니다.
마치 술래가 '무궁화 꽃이' 할 때는 열심히 움직이다가 '피었습니다!' 하는 순간 꼼짝 못하고 얼어붙듯이 주님도 그렇게 얼어붙으시리라고 생각하는 것 같습니다. 하지만 그것은 오해입니다. 주님은 우리가 눈을 감고 기도할 때도 우리와 함께 계시지만 우리가 기도를 마치고 눈을 떠도 여전히 우리 곁에 계십니다. 우리의 눈에 보이지 않더라도 주님은 여전히 우리의 곁에 계십니다.

우리는 그리스도의 임재 속에서 사는 것을 훈련해야만 합니다. 주안에 거하여 사는 훈련을 해야만 합니다. 기도할 때나 예배를 드릴 때만 주님을 기억하는 것이 아니라 항상 언제나 어디에서나 무엇을 하든지 주님을 의식하면서 살아가는 훈련을 해야 합니다. 항상 그렇게 할 때 우리는 모든 삶에서 주님의 은총을 경험할 수 있습니다.

우리는 일을 하면서 주님의 임재를 잃지 않는 훈련을 해야 합니다. 대화를 하면서 주님의 표정을 살피는 훈련을 해야 합니다.
많은 그리스도인들이 대화에 정신이 팔려서 주님의 임재를 잃어버립니다. 이것은 주안에 거하는 것이 아닙니다.
우리는 주님과 함께 대화를 하면서 잠이 드는 훈련을 쌓아야 합니다. 우리는 지하철이나 차안에서 주님과 교제하는 습관을 들여야 합니다. 예배 시간이나 설교 시간에 또는 누군가에게 말씀을 가르치면서 종교적이 되기는 매우 쉬울지 모릅니다. 그러나 그보다 더 가치 있는 일은 혼자 있을 때, 그리고 항상 주님과 교통하며 그분 안에 거하는 것입니다.
우리의 일상의 삶에서 너무나 많이 주님을 무시합니다. 그렇기 때문에 기도할 때와 예배를 드릴 때 얻은 주님의 임재와 은혜를 쉽게 소멸해 버리는 것입니다. 그러므로 우리는 날마다 주님을 높여 드리고 예배하는 삶을 훈련해야 합니다.
생명의 원리가 곧 연합이며 사망의 원리가 주님과 분리되어 독립적으로 움직이는 것이 진정한 진리라면, 우리는 하루의 24시간을 주님을 붙잡고 살아야 합니다. 숨을 쉬듯이 그분의 이름을 부르며 살아야 합니다. 누군가와 대화를 하고 있을 때 상대방에게 무엇이라고 대답을 해야 하는지 그분께 여쭤 보아야 합니다.

그리스도는 삶의 원리입니다. 우리가 무엇을 하느냐보다 훨씬 더 중요한 것은 우리가 그분 안에 거하고 있느냐 입니다. 사람들의 인정과 환호보다, 성공보다 훨씬 더 중요한 것은 우리가 지금 그분을 잘 모시고 있느냐 입니다.

우리는 그분의 임재를 결코 잃어버려서는 안 됩니다. 그분의 임재 안에서 떠나는 것은 곧 실패와 사망을 의미합니다. 그리스도안에 거하는 것 이것은 어떤 행사나 사역 이전에 거듭난 그리스도인이 살아가야 할 가장 기초적인 원리가 되는 것입니다.

4. 그리스도께 지배받음 (by Christ)

그리스도께 지배받는다는 개념

그리스도께 지배를 받는다는 것은 무엇을 의미합니까? 이것은 이른바 '성령 충만'과 유사한 개념이라고 할 수 있습니다. 이는 문자 그대로 주님의 영에 사로잡히는 것을 말합니다.

흔히 오해하기 쉬운 것이 이 성령 충만한 상태, 그리스도의 영으로 가득한 상태에 대한 생각입니다. 많은 그리스도인들이 내 안에 주의 권능이 충만하여 그 능력을 내 마음대로 사용할 수 있는 그러한 상태를 성령 충만의 상태로 오해하는 경향이 있습니다.

얼마나 많은 사역자들이 자신의 손앞에서 다른 사람들이 거꾸러지는 것을 보기 원합니까! 또한 이러한 상태가 수많은 사람들 앞에서 과시되는 것을 얼마나 소망하고 있습니까!

그러나 주님께 지배를 받는 것은 우리가 주님을 마음대로 부릴 수 있는 상태가 아니라 반대로 우리가 그분의 손에 사로잡혀서 주님이 우리를 마음대로 부리실 수 있는 것을 의미합니다.

비록 그분은 우리의 의지를 억압하여 강제로 역사 하시지는 않으시지만 우리가 자신의 의지를 그분께 드릴 때, 그분은 우리가 꼼짝할 수 없도록 사로잡으시고, 또 사용하실 수 있습니다.

우리는 주님께 사로잡혀야 합니다. 주님과 상관없이 능력만을 받으려고 해서는 안 됩니다. 우리는 결코 주님의 능력을 우리의 편의와 유익을 위하여 사용하려고 해서는 안 되며 다만 그분에게 사로잡혀서 그분의 뜻대로 움직여져야만 합니다.

우리가 주님을 이용하려고 하면 우리는 허무하고 불행해지지만 우리가 주님의 손에 사로잡혀서 쓰임 받게 된다면 그것은 우리의 심령에 진정한 기쁨과 행복을 줍니다. 그것은 주님이 천국의 주인이시기 때문입니다.

그리스도 안에 거하는 것과의 차이점

그리스도 안에 거하는 것과 그리스도에게 지배를 받는 것은 어떻게 다를까요?

이것을 이론적으로, 교리적으로 구분하는 것은 별로 의미가 없을 것입니다. 그러나 이해를 위하여 구분을 해본다면, 전자는 생명 자체의 문제, 관계성에 대한 방면이며, 후자는 사역과 삶, 행동에 대한 방면이라고 할 수 있습니다.

우리가 복음을 깨닫게 되고 그리스도를 우리의 심령 속에 받아들일 때 그분은 우리 안에 오시고 우리의 영은 살아납니다. 예배와 말씀과 기도와 교제를 통하여 이 영이 성장할 때 우리는 주님께 헌신하는 것을 배우게 됩니다. 우리는 주 안에 거하며 그분과의 지속적인 관계를 누려야 할 것을 알게 되며 그리스도인의 삶에 있어서 주님의 지배를 받지 않으면 안 되는 것을 점차로 터득하게 되는 것입니다.

기다림에 서툴렀던 사람, 야곱

비록 주님과 주님의 일에 대한 좋은 의도가 있다고 하더라도 그 방법이 주님께로부터 온 것이 아니라면 그것은 좋다고 할 수가 없는 것입니다. 주님의 지배를 받는다는 것은 방법까지도 주님께 의탁하는 것이며 주님의 역사를 기다리는 것입니다.

그러나 얼마나 많은 사람들이 주님을 기다리는 데 서투릅니까! 얼마나 많은 그리스도인들이 주님의 음성을 듣는 데에 둔한지요! 주님을 위하여 살고 주님을 기쁘시게 하려고 마음을 먹으면서도 우리는 주님의 인도하심 속에서 일을 성취하려고 하지 않고 우리의 급한 성격과 충동대로 먼저 움직이려고 하는 경향이 많이 있는 것입니다.

우리는 주님을 위하여 살고 주님을 위하여 행하기를 원한다고 하더라도 그 때와 방법은 주님께 속한 것이며 주님의 인도를 받아서 움직여야 한다는 것을 분명히 알아야 합니다. 그렇지 않고 주님의 인도를 기다리지를 못하고 설불리 움직여서 실패한 다음에 '주님을 기쁘시게 하고 주님의 뜻대로 살려고 하는데 왜 이렇게 되는 일이 없습니까?' 하고 항의를 해서는 안 되는 것입니다. 그러한 이들은 주님을 기다리지 않고 우리 나름대로 하는 열심은 좋은 열매를 맺지 못하며 주님을 기쁘시게 하지 못한다는 것을 분명하게 알아야 합니다. 주님은 우리에게 열심을 요구하시기보다 순종을 요구하시기 때문입니다.

우리는 주님을 기다리지 못하는 사람들을 어디에서나 쉽게 찾을 수 있습니다. 우리 자신도 그러하기 때문입니다.

성경에서도 그러한 사람을 쉽게 발견합니다. 우리는 야곱의 경우에서도 그러한 사실을 발견할 수 있습니다.

"이삭이 그 아내가 잉태하지 못하므로 그를 위하여 여호와께 간구하매 여호와께서 그 간구를 들으셨으므로 그 아내 리브가가 잉태하였더니 아이들이 그의 태 속에서 서로 싸우는지라 그가 가로되 이 같으면 내가 어찌할꼬 하고 가서 여호와께 묻자온대 여호와께서 그에게 이르시되 두 국민이 네 태중에 있구나 두 민족이 네 복중에서부터 나누이리라 이 족속이 저 족속보다 강하겠고 큰 자는 어린 자를 섬기리라 하셨더라 그 해산 기한이 찬즉 태에 쌍둥이가 있었는데 먼저 나온 자는 붉고 전신이 갖옷 같아서 이름을 에서라 하였고 후에 나온 아우는 손으로 에서의 발꿈치를 잡았으므로 그 이름을 야곱이라 하였으며 리브가가 그들을 낳을 때에 이삭이 육십 세이었더라 그 아이들이 장성하매 에서는 익숙한 사냥꾼인 고로 들사람이 되고 야곱은 종용한 사람인고로 장막에 거하니 이삭은 에서의 사냥한 고기를 좋아하므로 그를 사랑하고 리브가는 야곱을 사랑하였더라 야곱이 죽을 쑤었더니 에서가 들에서부터 돌아와서 심히 곤비하여 야곱에게 이르되 내가 곤비하니 그 붉은 것을 나로 먹게 하라 한지라 그러므로 에서의 별명은 에돔이더라 야곱이 가로되 형의 장자의 명분을 오늘날 내게 팔라 에서가 가로되 내가 죽게 되었으니 이 장자의 명분이 내게 무엇이 유익하리요 야곱이 가로되 오늘 내게 맹세하라 에서가 맹세하고 장자의 명분을 야곱에게 판지라 야곱이 떡과 팥죽을 에서에게 주매 에서가 먹으며 마시고 일어나서 갔으니 에서가 장자의 명분을 경홀히 여김이었더라" (창 25:21~34)

27절부터 34절까지의 사건은 몹시 흥미롭습니다. 이것은 간단한 사건이었지만 당사자들에게는 결코 간단한 사건이 아니었고, 그 후 그 두 사람의 인생여정을 완전히 바꾸어 놓는 중요한 분수령이 되었습니다. 사기성이 농후한 이 사건에 말려 들어간 에서는 그의 동생 야곱을 죽여서 복수하기 위하여 분노의 칼을 계속 갈게 되었고, 결국 이 사건 때문에 야곱은 정처 없는 유랑의 길을 떠나게 되었던 것입니다.

이 사건의 줄거리는 단순합니다. 어느 날 에서가 사냥을 마치고 몹시 시장한 상태로 집에 돌아왔는데 마침 그 시간에 야곱이 맛있는 죽을 만들고 있었습니다. 배가 너무 고팠던 에서는 그 김이 모락모락 나는, 맛있는 냄새 앞에서 그만 이성을 잃어버리고 맙니다.

그는 일단 배가 고파지면 아무도 말릴 수 없는 사람이었습니다. 그는 야곱의 제안을 따라 그의 장자의 명분과 한 그릇 팥죽을 바꾸어 버리고 맙니다.

이 때문에 에서는 '장자의 명분을 팥죽 한 그릇에 팔아버린 사나이' 라는 꼬리표가 평생, 아니 영원히 따라 다니는 비극적인 존재가 되어 버렸는데, 배가 너무 고파서 제정신이 아니었던 그로서는 장자의 명분 같은 보이지도 잡히지도 않는 애매한 허상보다는 발등에 떨어진 불을 끄는 것이 훨씬 더 중요했던 것입니다.

이 간단한 선택 때문에 에서는 두고두고 하나님의 축복에서 멀어지는 비극을 겪게 됩니다. 이것을 두고 "아니, 배가 고프다 보면 그럴 수도 있지, 하나님도 너무 심하시지 않은가?" 라고 한다면 그것은 말씀을 잘 이해하지 못한 것입니다. 이 사건은 좀더 많은 것을 말해 주고 있습니다.

에서는 영적인 것의 가치를 모르는 육신에 속한 사람을 대표하고 있습니다. 야곱은 비록 잔꾀가 많고, 인격적으로도 훌륭하다고 볼 수는 없는 사람이었으나 영적인 것의 가치를 알고 추구하는 사람의 대표입니다.
쉽게 표현하자면 그는 "나는 주님 없이 살 수 없습니다. 나는 주님을 좀 더 알기 원합니다. 내가 주를 더 알기 위해서는 나는 무엇이라도 할 것이며 지구의 끝이라도 갈 것입니다." 라고 고백할 수 있는 사람입니다.

반면에 에서는 "예수를 믿으면 밥이 나오냐, 떡이 나오냐? 기도를 하면 복권에 당첨되냐?" 라고 흔히 이야기하는 사람입니다. 그들의 관심은 오직 육신에 있습니다. 세상에 있습니다. 찰나적인 쾌락에 있습니다. 그들은 영원을 알지 못하며 관심도 갖지 않습니다. 에서는 이러한 부류의 사람들을 대표하는 자입니다.

성경을 보면 야곱에 대한 하나님의 관심과 애정, 훈련하심이 많이 기록되어 있습니다. 그러나 에서에게는 별로 관심을 기울이시지 않습니다. 에서가 나중에 빼앗긴 복을 되찾으려고 통곡을 했지만 그에게는 다시는 기회가 돌아오지 않습니다. (창27:38)

하나님께서는 그분을 사모하고 추구하는 자를 사랑하시며 그분의 가치를 알지 못하고 무시하는 자는 그분도 무시하시는 것입니다. 영적인 것의 가치를 알지 못하고 무시하는 자를 하나님께서는 결코 인정하시지 않습니다.

이런 의미에서 성경은 야곱으로 대표된 영성인을 축복하고 에서로 대표된 육성인을 저주한 책이라고 할 수 있습니다.

에서와 야곱의 성격

성격이나 체질적인 면에서 보았을 때 야곱이 에서보다 더 매력적이거나 괜찮은 남자로 보이지는 않습니다. 야곱의 이름을 보면 그 뜻은 흔히 알려진 대로 '발뒤꿈치를 잡는 자' 입니다.

사실 이 이름은 그의 태어난 과정에서의 특징으로 인하여 지어졌지만 실제로 그의 성격이나 인생살이에 있어서 나타났던 중요한 특징이었습니다. 그는 항상 정면 승부보다는 뒤에서 속이고 상대의 약점을 이용하는 식의 삶을 살았던 것입니다.

하나님께서 개인의 삶을 변화시키실 때, 많은 경우에 그의 이름을 바꾸어 주시며 또는 의미 있는 사람의 출생 시에 그의 이름을 부모에게 계시해 주시는데, 이것은 이름이 그 사람의 인생에 있어서 얼마나 큰 영향을 미치는지를 잘 보여 줍니다.

사람의 이름은 일생 동안 수백, 수천만 번이나 불리게 되는데 그것은 그 사람의 삶에 중요한 영향력을 행사하게 되는 것입니다.

초창기 씨름계를 주름잡았던 스타 이만기 선수의 주특기는 배지기라고 하는 기술이었습니다. 그는 두 팔로 상대의 샅바를 꽉 잡고 배의 힘으로 상대를 들어서 그대로 내리꽂아 버립니다.

키가 크고 체중이 무거운 이봉걸과 같은 선수는 자신의 힘과 체중을 이용한 밀어 치기의 기술로 상대를 쓰러뜨립니다. 그러나 야곱은 발뒤꿈치를 잡고 쓰러뜨리는 방법을 사용합니다. 이것은 정공법이 아니고 교활한 잔재주를 부리는 공격이라고 할 수 있습니다. 야곱의 삶을 보여주는 것입니다.

그래서 나중에 하나님께서 야곱을 만나주셨을 때 하나님은 그에게 더 이상 야곱이라는 이름을 사용하지 말라고 이름을 바꾸어주십니다. 그것은 그 이름이 상징하는 삶을 살지 말라고 하시는 것입니다.

야곱의 성품은 몹시 사색적이고 내성적인 것으로 보입니다. 그는 집을 떠나기를 싫어했습니다. 그는 몹시 다감한 성품이었으며 어머니와 가깝게 지냈습니다. 그는 별로 남성적인 사람이 아니었습니다.

집에 머물며 어머니의 일을 돌보아 드리다 보니 그는 요리 솜씨도 좋아지게 되었습니다. 결국 그의 운명이 바뀌다시피 한 것도 발단은 그의 요리 솜씨에서 비롯된 것이었습니다.

나는 젊은 여성들이 야곱과 같은 사람을 결혼의 상대자로 높은 점수를 주리라고는 생각지 않습니다. 그들은 흔히 "믿음만 있는 형제를 원해요."라고 말하지만 실제에 있어서의 그들의 선택은 그들의 말과 다릅니다.

어떤 개념을 갖고 있는 것과 그 실제를 경험하는 것은 전혀 같지 않은 것입니다. 당신이 만약 여성이라면 결혼 상대인 남성의 취미가 꽃꽂이나 수예라면 어떻게 여기겠습니까?

야곱이 바로 그러한 사람이었습니다. 그에게서 어떤 남성적인 매력을 기대하는 것은 쉽지 않은 일일 것입니다.

그런 관점에서 에서를 봅시다. 그의 이름과 별명이 보여주는 대로 그는 전신이 붉은 사람입니다. 쉽게 표현하자면 그는 정력이 왕성한 사람입니다. 그는 성격이 시원시원하고 뒤가 없습니다. 이른바 옹졸하지가 않은 사람입니다. 그의 취미는 사냥입니다. 그는 자주 들에 가서 사냥을 하며 모험을 즐깁니다. 얼마나 남성적이고 멋집니까!

예나 지금이나 교회 안의 자매들이 세상의 남성들에게 잘 빠지는 것도 결코 무리한 일은 아닌 것 같습니다. 에서의 신체에 나타난 특성중의 하나는 그가 털이 많다는 것입니다. 흔히 털이 많은 사람을 야성적이라고 합니다.

어떤 형제는 가슴에 털이 좀 있었는데 그는 그것을 자랑삼아 항상 셔츠의 단추를 두세 개씩 풀고 다녔습니다. 그러면 자매들은 "어머, 야성적이다. 저 털 좀 봐!" 하고 좋아했습니다. 물론 속으로..

어쨌든 에서는 이런 사람이었습니다. 호탕하며, 강인하고, 시원시원한 성격에 인간적으로 볼 때 더 믿음직하고 남성적인 사람이었습니다. 그러나 그는 육신에 속한 사람이었습니다.

그는 영적인 것의 가치를 몰랐습니다. 결국 그는 주님께 버림받게 되었던 것입니다. 성경은 그가 다시는 회개할 기회를 얻지 못했다고 말합니다(히 12:16~17).

이 사건의 배후

여기서 한 가지 분명하게 다루어야 할 문제가 있습니다. 그것은 본문에 나타난 이 사건이 단순하게 우연히 이루어진 것인가, 그렇지 않으면 야곱의 치밀하게 계획된 드라마인가 하는 문제입니다.

나는 이것을 후자 쪽이라고 생각합니다. 이 사건은 결코 우발적으로 우연히 이루어진 것이라고 보이지 않습니다. 에서가 굉장히 배가 고픈 상황이 되었을 때 야곱이 마침 우연히 맛있는 죽을 끓이고 있었다고 보기는 어렵습니다.

만일 그렇다면 에서가 그 죽을 요구했을 때(25장 30절) 야곱이 기다렸다는 듯이 쉽게 그 대가로 장자의 명분을 요구할 수 없었을 것입니다. 그는 자신이 얼마나 엄청난 모험을 하고 있는지 잘 알고 있었던 것입니다.

야곱은 한평생 에서를 두려워했습니다. 집을 떠나 살았던 20년 간 항상 그의 뇌리 속에서 잠재의식 깊이 남아 있었던 것은 에서에 대한 공포였습니다.

비록 에서는 야곱과 거의 동시에 태어난 쌍둥이였으나 야곱은 힘으로는 자신이 그와 상대가 되지 않음을 잘 알고 있었습니다.

그래서 복수의 칼을 갈면서 다가오는 에서와의 20년만의 해후를 앞둔 얍복 나루에서의 밤은 벧엘에서의 밤 못지 않은 야곱의 일생일대의 공포의 밤, 절규의 밤, 그리고 이에 따른 은혜의 밤이었던 것입니다.

야곱은 결코 그의 형 에서에게 장자의 명분을 쉽게 요구할 수 없었습니다. 그리고 에서가 그의 제안을 수락했을 때, 즉시 그가 맹세까지 요구한 것도(33절) 치밀한 계획 없이는 결코 행하기 어려운 일이었습니다.

야곱은 에서의 약점을 잘 알았으며 어떤 때에 그를 넘어뜨릴 수 있는지, 어떤 때에 그가 가장 약해지는지, 어떤 때에 자신의 요구를 가장 잘 관철시킬 수 있는지에 대하여 잘 알고 있었던 것입니다.

에서의 약점과 야곱의 계획

에서는 세상을 대표하는 사람입니다.
배고픈 것을 참지 못하는 사람이 있습니다.
그러한 사람이 바로 에서였습니다. 나는 식도락을 즐기며 먹는 것을 몹시 좋아하며 군것질을 즐기며 별미를 찾아 헤매는 사람 중에 영적인 것을 사모하는 사람을 별로 보지 못했습니다.
일반적으로 자신의 식욕을 통제할 수 없는 사람은 그 외의 다른 육신의 욕망들, 즉 성욕, 혈기, 수면욕, 게으름, 짜증, 분노, 미움, 욕심 등의 다른 욕망에 사로잡히기가 쉬우며 육신을 컨트롤하기 어려우며 영적으로 민감하기 어렵습니다.

배가 고프면 이성을 잃어버리는 에서의 모습은 그의 황폐한 영적인 측면을 또한 동시에 잘 보여 주고 있는 것입니다. 즉, 먹는 것을 지나치게 밝히는 사람이 신령한 일의 가치를 잘 알기는 쉽지 않은 것입니다.
묘한 것은 그의 아버지 이삭의 경우입니다. 그는 청년기에 아버지 아브라함으로부터 자신이 하나님께 제물로 드려질 뻔한 위기를 겪은 이후에는 별다른 어려움 없이 순탄한 삶을 살아왔습니다.
그래서 그런지 그의 말년에 눈이 어두워 아들들을 구별하지 못하고 실수하는 모습을 보여줍니다(창 27:1). 이것은 죽기 직전까지 눈이 흐리지 아니했던 모세와 좋은 대조를 보여 주고 있습니다(신 34:7).
본문을 보면 그도 영적으로 둔감했으며 먹는 문제에 지나치게 집착했던 것을 볼 수 있습니다. 그가 주님과 가까운 교통을 나눴더라면 그는 자신의 아들들에 대한 하나님의 말씀인 "큰 자는 어린 자를 섬기리라"는 말씀을 기억했을 것입니다. 그러나 그는 하나님의 뜻과 예언보다는 자신의 기호에 따라 큰아들 에서에게 더 애정을 가졌습니다.

그가 하나님의 말씀을 어기고 에서에게 더 집착하는 이유는 그가 장자였기 때문이 아닙니다. 성경은 그 이유를 명백하게 제시하고 있습니다. "이삭은 에서의 사냥한 고기를 좋아함으로 그를 사랑하고"(28절) 이것은 몹시 어처구니없는 일입니다.

그는 단순히 그의 맏아들이 그의 식욕을 만족시켜 준다는 이유로 그를 사랑했습니다. 그는 주님의 말씀과 섭리는 안중에도 없었습니다. 이것이 그의 영적 상태였습니다.

말년에 아들을 잘못 오인하여 실수를 저지른 그 발단도 그가 마음껏 먹고 나서 축복하기로 결심했기 때문이었습니다.

"이삭이 나이 많아 눈이 어두워 잘 보지 못하더니 맏아들 에서를 불러 가로되 내 아들아 하매 그가 가로되 내가 여기 있나이다 하니 이삭이 가로되 내가 이제 늙어 어느 날 죽을는지 알지 못하노니 그런즉 네 기구 곧 전통과 활을 가지고 들에 가서 나를 위하여 사냥하여 나의 즐기는 별미를 만들어 내게로 가져다가 먹게 하여 나로 죽기 전에 내 마음껏 네게 축복하게 하라"(창 27:1~4)

그는 먹는 것 때문에 주님의 뜻에 대하여 둔해졌고, 먹는 것 때문에 그는 부인과 아들에게 속임을 당했습니다. 이렇게 먹을 것을 밝히는 이삭, 그리고 똑같이 먹을 것을 밝히고 배고픈 것을 참지 못하는 에서.. 이런 것을 가지고 말하기를 흔히 부전자전이라고 합니다.

사건의 개요는 대충 다음과 같이 추정될 수 있습니다. 야곱은 자신이 비록 차자이긴 하지만 장자권, 아버지의 영적 계승권을 갖기를 원했습니다. 그리고 그는 어머니를 통해서 자신의 운명에 대한 하나님의 예언을 듣습니다.

그러나 그가 현실을 보았을 때 그의 꿈이 이루어질 가능성은 매우 적었습니다. 형 에서는 장자로서 이미 합법적인 권리를 가지고 있었고 힘도 자기보다 엄청나게 강했으며 설상가상으로 그의 사냥한 고기 때문에 아버지의 사랑까지도 독차지하고 있었습니다.
곰곰이 궁리하던 그가 드디어 한 가지 전략을 꾸밉니다. 항상 먹을 것을 밝히는 에서, 아마 그가 사냥을 좋아했던 이유는 그 고기 맛 때문에, 또 아버지의 관심을 끌고 싶어서였을 것입니다. 그리고 배만 고파지면 아주 약해져서 마음대로 요리할 수 있는 에서, 바로 그 약점을 이용하기로 한 것입니다.

어느 날 야곱은 에서의 중요한 사냥 계획에 대해서 듣게 됩니다. 그것은 평범한 보통의 사냥이 아니고 먼 지역까지 다녀오는 힘든 사냥이었습니다. 야곱은 그가 돌아올 시간을 미리 감지합니다.
그리고 바로 그 시간에 맞추어 자신의 최대의 솜씨를 발휘하여 에서가 가장 좋아하는 음식을, 에서를 닮은 붉은 죽을, 최고의 향유를 첨가하여 그가 집안에 들어오자 부채질을 하면서 그 냄새와 향유가 그에게까지 미치도록 유도합니다. 아마 대충 이런 드라마가 아니었을까요?
에서는 놀랍도록 쉽게 그 유혹에 넘어갑니다. "내가 죽게 되었으니 이 장자의 명분이 내게 무엇이 유익하리요" 한두 끼를 굶는다고 죽게 됩니까? 아마 에서에게 일주일쯤 금식기도를 하라고 하면 자살을 할지도 모릅니다.
창세기 25장은 이렇게 끝이 납니다. "야곱이 떡과 팥죽을 에서에게 주매 에서가 먹으며 마시고 일어나서 갔으니 에서가 장자의 명분을 경홀히 여김이었더라"
마지막 부분은 묘한 뉘앙스를 풍기고 있습니다. 몹시 아쉽고, 안타까운 그런 유감이 풍겨나는 분위기입니다. "그가 장자의 명분을 경홀히 여김이었더라.. "

기다리지 않았던 야곱

이 이야기는 다 끝난 것이 아닙니다. 그렇다면 야곱에게는 아무런 문제가 없습니까? 그는 비록 인간적으로 어설픈 사람이라고 해도 영적인 가치를 알고 추구했던 사람이니까 주님의 사랑을 받게 되고.. 그뿐입니까?
아닙니다. 결코 그렇지 않습니다. 사실 그가 추구했던 것은 옳았습니다. 그러나 그는 그 방법에 있어서 실수를 저질렀습니다. 그것은 자신의 방법이지 결코 주님의 방법은 아니었습니다.

그가 자신에 대한 주님의 뜻을, 그분의 말씀을 신뢰했다면 그는 그분의 역사를 신뢰했어야 했습니다. 그는 주님의 방법을 기다려야 했었습니다. 그는 by Christ, 이 부분에 대해서 잘 알지 못했었던 것입니다. 야곱은 주님의 역사를 기다리지 않고 인간적인 재치와 교활함으로 그의 뜻을 이루어 나갔던 것 때문에 일생 동안 엄청난 시련을 겪게 됩니다. 그는 가는 곳마다 말로 표현하기 힘든 파란을 겪게 됩니다.

그것은 주님의 뜻에 의한 필연이라기보다는 주님을 기다리지 않고 자신의 방법대로 살아가는 사람들이 경험하게 되는 시련의 과정이라고 할 수 있을 것입니다. 야곱의 전 인생은 주님의 인도 없이 자신의 재능과 지혜로 살아가는 것이 얼마나 힘든 것인가를 잘 보여주는 산 증거가 되고 있습니다. 그는 일생 동안 자기의 계획과 꾀를 버리고 주님을 기다려야할 것에 대한 훈련을 받게 되는 것입니다.

야곱의 삶은 우리에게 너무나 많은 것을 가르쳐 줍니다. 그러나 슬프게도 우리는 이와 같은 삶, 이와 같은 현실을 너무나 쉽게 보게 됩니다. 도대체 얼마나 많은 그리스도인들이 주님을 기다리는 방법을 배우지 않고 있으며 내 마음대로, 내 계획대로, 멋대로의 인생을 살아가고 있는 것인지요!

우리는 기다리는 것을 배워야 합니다. 주님의 음성을 듣는 법을 배워야 합니다. 이것은 신비주의가 아닙니다. 그리스도인의 삶과 사역에 있어서 가장 기초에 해당되는 것입니다.

주님께 지배되지 못하는 이유들

그리스도인의 사역에 있어서, 그리고 삶에 있어서 주님께 사로잡히는 것보다 더 중요한 일이 있을까요? 그러나 이것은 결코 쉬운 일이 아닙니다. 거기에는 막대한 대가를 지불하는 것이 필요합니다. 그것은 공짜가 아닙니다.

그렇습니다. 주님은 결코 싸구려가 아니십니다. 그분은 마땅히 전 재산을 팔아서 그 밭을 사야만 할, 가치가 있는 분이십니다(마 13:44).

많은 이들이 이 놀라우신 주님께 사로잡히기 원하나 사로잡히지 못합니다. 잠시 주의 영을 경험하기도 하지만 그것을 유지하지 못하며 그 임재와 기쁨을 곧 잃어버립니다.

성경은 성령을 소멸치 말라(살전 5:19)고 명령합니다.

우리는 주의 영으로 충만하게 될 수도 있지만 그 영을 잃어버릴 수도 있습니다. 우리는 어렵게 주님의 임재와 기쁨에 들어가지만 곧 쉽게 그것을 잃어버립니다.

왜 우리는 이 놀랍고 영광스러운 상태를 별로 누리지 못하며, 설사 누린다 해도 그리 오랫동안 지속하지 못할까요? 이것이 우리의 문제입니다.

물통에 물이 가득하다고 합시다. 그러나 그 물통에 구멍이 하나 뚫려져 있다면 비록 그 구멍이 작은 것이라고 하더라도 우리는 얼마가지 않아서 통의 물을 다 쏟아버리고 말 것입니다. 우리는 물통에 물을 가득 채워야 하지만 또한 물을 쏟아버리지 않도록 물통의 구멍을 찾아야 합니다.

그리고 그곳을 메워야 합니다. 하나님의 영광과 임재를 잃어버리게 하는 그 구멍을 제거해야만 우리는 영광스러운 상태 속에서 항상 살아갈 수가 있는 것입니다.

우리의 문제는 무엇일까요? 무엇이 주님의 임재를 경험하지 못하게 하며 주님께 사로잡히지 못하게 하는 것일까요? 거기에는 여러 가지의 이유들이 있습니다.

1) 주님을 무시함

주님의 지배를 받지 못하게 하는 가장 큰 문제점은 여기에서 시작됩니다. 많은 이들이 이 것이 얼마나 큰 문제인지를 간과하고 있습니다. 화를 내고, 미워하고, 음란하고, 고집을 부리고, 욕심을 내는 것이 죄라는 것은 잘 알지만, 우리를 항상 돌보시며 지배하기를 원하시는 그분을 무시하고 사는 것이 얼마나 심각한 죄인지에 대하여 아는 이들은 많지 않습니다.

이렇게 주님의 임재를 멀리하고 무시하고 사는 것이 근원적인 죄라고 한다면, 보통의 인간적인 대인관계나 자신과의 관계에서 짓는 죄들은 파생적인 죄라고 할 수 있습니다.

근원적인 죄를 지으면 파생적인 죄들은 따라오는 것입니다.

주님의 능력과 기름 부으심과 그 달콤한 관계 속에 있지 않다면 혈기, 짜증, 원망, 음란한 생각들, 이런 죄들은 가만히 있어도 자연히 찾아오게 됩니다. 그러므로 우리는 사소한 죄들에 대해서도 조심해야 하지만 먼저 근원적인 죄의 문제를 해결해야 합니다. 그것은 곧 주님과의 관계에 대한 것입니다.

사람들은 파생적인 죄에 대하여는 매우 신경을 쓰면서도 그것을 일으키는 조건을 형성하는 근원적인 죄에 대하여는 별로 신경을 쓰지 않습니다.
결국 그들은 죄를 정복하지 못하고 죄짓고 회개하고, 다시 죄짓고 회개하고, 또 짓고, 죄책감에 눌리고 이런 비극적인 반복을 다람쥐 쳇바퀴를 돌리듯이 힘겹게 계속해 나가게 되는 것입니다.

이제는 근원적인 문제를 해결해야 합니다. 지금 당신에게 주님의 임재가 있습니까? 당신은 지금, 주님과 대화하고 있습니까? 당신은 지금 주님께 지배받고 있습니까? 그렇지 않다면 지금 이 자리에서 당신은 회개하고 무릎을 꿇고 그분을 모셔야 합니다. 그리고 그분이 당신을 사로잡도록 자신을 다시 한번 드려야 합니다.

많은 그리스도인들이 마치 주님이 자신과 함께 있지 않은 듯이 행동합니다. 주님은 마치 교회 안에만 계신 것으로 믿습니다. 기도하고 예배하고 찬송할 때만, 그리고 괴로울 때만 주님이 자신과 같이 계신다고 생각합니다.
그분은 기도할 때 눈을 감는 순간 바로 옆에 계시고, 아멘 소리와 함께 눈을 뜨면 순식간에 그분이 계신 천국으로 돌아가신다고 믿습니다. 과연 그러할까요?
물론 그렇지 않습니다. 주님은 항상 그의 백성들에게 말씀하시며 그들과 교제하기를 원하십니다.

"사랑하는 자야. 내가 네게 하고 싶은 말이 있구나."
성도는 화를 냅니다.
"조용히 좀 하세요, 주님! 예배는 아까 끝났잖아요!"
그분은 말씀하십니다.
"지금, 거기에 꼭 가야만 하니?"
성도는 대답합니다.
"주님, 제발 좀 귀찮게 하지 마세요. 저는 감사 헌금을 이미 드렸다 구요."

주님은 말씀하십니다.
"볼찌어다 내가 세상 끝날까지 너희와 항상 함께 있으리라" (마 28:20) 여기서 '항상' 은 예배 때만을 의미하지 않습니다. 그 '항상' 은 슈퍼마켓에서 장보기를 할 때, 사람들과 어울릴 때, 잠자리에서도, 친구들과 남을 비난하기에 열을 올릴 때에도 항상 포함되는 것입니다.

분노, 신경질, 이런 것들은 분명히 죄입니다. 그러나 이 죄들을 더 죄가 되고 무서운 것으로 만드는 이유는 그 죄들이 바로 주님의 면전에서 행하여지고 있다는 것입니다. 우리는 바로 주님의 면전에서, 바로 거룩하신 영광의 그 하나님 앞에서 수많은 악을 행합니다. 그것이 바로 문제입니다. 악 자체보다도 그분 앞에서 악을 행한다는 것이 더 큰 문제인 것입니다.

언젠가 어떤 부부 집사와 함께 같은 차를 탄 적이 있었습니다. 이들은 교회 일이나 다른 신자들과의 교제에는 열성이었지만 주님 자신에게는 그다지 관심을 보이지 않았습니다.
그런데 사소한 문제로 둘이서 말다툼을 하기 시작했습니다. 남편인 형제는 아내에게 마구 분노를 터뜨렸습니다.
함께 차안에 있었던 나는 매우 입장이 난처하고 한편 몹시 불쾌했는데, 그것은 그의 분노가 전적으로 나를 무시하는 행위였기 때문이었습니다.

자기들이 집에서 둘만 있을 때에 싸우는 것도 잘못된 것입니다.
그러나 누군가를 옆에 두고 싸운다면 그것은 더욱 잘못된 것입니다. 그것은 그 사람을 무시하는 것이기 때문입니다. 나는 이렇게 예의 없는 사람을 앞으로 또 만나야 할까 망설였는데, 이렇게 곁에 계시는 주님을 무시하는 것이 주님을 쫓아 버리고 소멸시켜 버리는 죄들인 것입니다.

우리가 주님의 지배를 받기 원한다면 결코 그분을 무시해서는 안 됩니다. 결코 그분에게 함부로 예의 없이 굴어서는 안 됩니다. 예배 때에는 몹시 경건하고 거룩하다가 예배가 끝나기가 무섭게 경솔하고, 강퍅하며 멋대로 말을 하는 자신의 모습으로 돌아오는 사람은 결코 주님의 지배를 받을 수가 없습니다.
주님은 인격이시며, 그에게 마땅히 드려야 할 영광과 경배를 드리지 않는 이에게는 결코 가까이 하지 않으시기 때문입니다.

2) 주님이 싫어하시는 것을 행함

죄는 주님의 영을 소멸시킵니다. 주님을 무시하고 그분의 음성이나 인도하심을 모른 척하는 것도 결코 작은 죄는 아닙니다. 자신의 얘기를 전혀 듣지 않는 친구를 계속 따라다닐 사람은 아무도 없습니다.
그런데 일반적인 많은 죄들도 주님의 영을 떠나시게 합니다. 나는 여기서 '죄' 라는 표현보다는 '주님이 싫어하시는 것' 이라는 표현이 더 적당하다고 생각합니다. 왜냐하면 '죄' 라는 개념은 너무 추상적이고 광범위하기 때문입니다.

주님은 인격이십니다. 그러므로 그분은 그분대로의 기호가 있습니다. 우리 중의 어떤 이가 탁구를 좋아하고 콜라를 좋아하며 라면은 싫어하고 비빔밥을 좋아하는 등의 기호가 있는 것처럼 주님도 한 인격으로서 그분이 좋아하시는 것이 있고 그분이 싫어하시는 것이 있습니다. 바로 그분이 싫어하시는 것을 쉽게 '죄' 라고 이야기하는 것입니다. 그분은 너무 아름다우시고 의로우시며 정결하시며 거룩하신 분이십니다. 그러므로 그분은 더러운 것, 추한 것, 악취 나는 것들을 싫어하십니다.

손님을 정중하게 맞기 위해서는 그가 싫어하는 것들을 버려야 하지 않겠습니까? 주님께 붙잡히며 그분과 동행하기 위하여서는 우리는 그분이 싫어하시는 것을 버려야 합니다. 그분은 우리와 함께 어딘가를 가십니다. 그리고는 말씀하십니다.
"얘야, 나는 여기에 들어갈 수가 없겠구나. 너 혼자 가거라."
그러면 우리는 대답합니다.
"그러세요. 주님, 나중에 교회에서 뵙지요."
주님은 가끔 우리의 전화통을 붙잡으십니다.
"얘, 지금 거기에 전화하지 말아라."
우리는 금방 대답합니다.
"주님, 손을 놓으세요. 전화 요금을 내는 것은 접니다."
우리가 TV를 시청할 때 주님은 말씀하십니다.
"얘, 나는 그 프로가 싫구나. 꺼 버리면 안 되겠니?"

그러나 우리는 그 음성을 듣지 않습니다.

왜 그렇게 많은 사람들이 교회를 떠나면 쉽게 그분의 임재를 잃어버릴까요? 그 이유는 주님이 싫어하시는 장소만 가고, 주님이 원치 않은 생각을 하며, 주님이 듣고 싶어하시지 않는 말을 하기 때문입니다.

그분은 물끄러미 그 현장에서 서서 바라보시다가 쓸쓸히 발걸음을 돌리십니다. 이것이 상징적인 이야기일까요? 하나의 비유에 지나지 않을까요? 아닙니다. 이것은 실제입니다.

기억합시다. 바퀴벌레가 득실거리는 침대에서 잠을 잘 사람은 없습니다. 죽은 파리가 떠있는 오렌지 주스를 마시고 싶은 사람도 없습니다. 우리가 성결하고 너무나 마음이 민감하신 주님의 영으로 지배받기를 원한다면 우리는 결코 주님이 싫어하시는 것을 즐겨서는 안 됩니다. 설사 그랬다 해도 우리는 주님께 사과를 하고 그분의 용서를 구해야 합니다.

우리는 주님께 기도해야 합니다.

"죄송합니다. 주님, 저를 용서해 주십시오. 저는 주님이 이렇게 저와 가까이 계시다는 것을 충분히 인식하지 못했습니다. 이제 다시는 주님을 섭섭하게 하지 않을 테니 주님, 제발 돌아와 주십시오. 부디, 지금 저에게 오시옵소서."

그렇게 주님께 고백하며 모든 삶에서 항상 주님을 의식하고 행동할 때 우리는 조금씩 그분의 평강과 기쁨, 그리고 임재하심이 우리에게 채워짐을 경험할 수 있습니다. 그리고 이제 그분은 떠나지 않으실 것입니다. 다시금 그분을 무시하고 그분이 싫어하는 것을 하며 그분을 몰아내기 전까지는 그분은 결코 가시지 않을 것입니다. 그렇게 주님과 동행하는 것을 훈련할 때 우리는 기도할 때와 예배를 드릴 때뿐이 아니라 항상 주님의 임재 속에서 사는 삶을 경험하게 되는 것입니다.

3) 주님께 순종하지 않음

한 집안에는 두 사람의 주인이 있을 수가 없습니다. 하나의 왕국에는 두 사람의 왕이 있을 수가 없습니다.

주님과의 관계에서도 이것은 너무나도 명백한 원리입니다. 우리가 주님과 함께 걷기를 원할 때 우리는 분명하게 우리의 위치를 지켜야 합니다.

사랑은 그 대상의 종류에 따라 다양하게 구분될 수 있습니다. 연인과의 사랑이 있고 부모에 대한 사랑이 있으며, 스승에 대한 사랑이 있고, 친구에 대한 사랑이 있습니다. 그런데 그 대상에 따라 사랑의 성격이 규정되는 것입니다. 이를테면 부모를 사랑하는 방법과 친구를 사랑하는 방법은 같지 않습니다.

우리가 주님을 사랑하고 신뢰할 때, 마땅히 주님께 대한 사랑과 존경을 보여야 합니다. 그분은 자기를 비어 종의 형체로 우리에게 오셨지만(빌 2:7) 우리는 마땅히 그분께 드릴 영광과 경외를 드려야 합니다.

어떤 이들은 주님을 농담과 희롱하는 말의 대상으로 가벼이 취급합니다. 어떤 이들은 주님께서 자신에게 이것저것을 요구했는데 자기가 강퍅해서 그것을 여러 번 거부했었다고 자랑스럽게 간증합니다. 자신이 주님을 함부로 대하였다는 것을 부끄러워하지도 않습니다.

이런 것이 바른 것일까요? 결코 그렇지 않습니다. 그들은 주님의 긍휼과 베푸시는 은혜를 부분적으로 누릴지는 모르지만 결코 주님과 깊은 관계로 나아갈 수는 없습니다.

주님께는 마땅히 드려야 할 영광과 존귀가 있습니다. 우리는 그분을 존귀하게 여겨야 합니다. 그리고 그 경외함은 우리의 순종을 통해서 증명됩니다.

주님께서 우리와 함께 계실 때, 그분은 항상 우리에게 무엇인가를 말씀하시고 요구하시는 것이 있습니다. 우리는 그것에 대하여 분명한 순종을 보여야 합니다.

언젠가 친구가 사역하고 있는 곳에 집회를 인도하러 간 적이 있었습니다. 그가 성경 본문과 설교 제목을 물어 보기에 요한복음 10장 1절부터 5절까지를 지적해 주고 '주님의 음성을 듣는 법' 이라고 말해 주었습니다.
그러자 그가 말하기를 "우리 교회는 영적 수준이 그렇게 깊지 않다. 그러니 그렇게 수준 높은, 첨단을 걷는 메시지는 전하지 말아 달라."고 하는 것이었습니다. 나는 그래서 집회에 가서 이야기했습니다.
"여러분, 여기 성경 본문에 보면 '양은 그의 음성을 듣는다' 고 기록되어 있습니다. 결코 '수준 높은 양이나 첨단을 걷는 양은 내 음성을 듣는다' 고 기록되어 있지 않습니다. 주님의 음성을 듣는 것은 모든 양에게, 모든 그리스도인에게 가장 기초적인 것입니다."
'주님의 음성을 듣는 것' 에 관하여 이야기하는 것은 다소 조심스럽습니다. 여기에 대하여 잘못하면 적지 않은 혼란과 오해가 있을 수 있습니다.
어떤 이들은 개인적인 감동을 받은 것을 가지고 자신을 선지자처럼 생각합니다. 그래서 혼란이 오기도 하며 문제가 생기기도 합니다.
다만 무난하고 보편적인 한 가지만을 이야기하고 싶습니다. 그것은 빌립보서 2장 13절에서 말씀하신 바 주님께서는 소원을 통하여 말씀하신다는 것입니다. 그분은 또한 양심을 통하여 말씀하십니다.
당신 속에 기도를 하고 싶은 소원이 있습니까? 이것은 결코 당신의 소원이 아닙니다. 그것은 주님의 음성입니다. 복음 전도의 소원이 있습니까? 우리의 옛사람은 결코 이러한 소원을 가지지 않습니다. 그것은 속 사람에게서 나오는 소원입니다.

당신 속에서 어젯밤 친구에게 이야기한 것이 잘못된 것이라고 말하는 음성이 느껴질 것입니다. 그것은 주님의 음성입니다.

그러나 결코 이러한 소원이나 양심의 소리를 절대시해서는 안 됩니다. 왜냐하면 이러한 소원이나 양심은 그 사람의 지식에 의하여 영향을 받기 때문입니다.

어떤 이가 술 마시는 것이 죄인지를 모를 때 그는 술을 마시고도 전혀 양심에 거리낌이 없을 것입니다. 또한 농담으로 거짓말을 했는데 이것을 성령께서 슬퍼하시는지를 모르는 사람은 양심이 여전히 편안할 것입니다.

또한 죄가 아닌 것을 잘못된 지식으로 죄책감의 영에 사로잡혀 오랫동안 고생하고 있는 이도 적지 않습니다. 이러한 것들은 결코 내적인 음성을 절대시해서는 안 된다는 것을 보여줍니다.

그러면 어떻게 해야 할까요? 완전하지 않은 내적 소원의 충동에 따라 움직여야 할까요? 결론은 '그렇다' 입니다.

주님께서는 말씀을 읽을 때, 또는 들을 때, 그리고 일상 시 여러 상황 속에서 우리 안에서 말씀하십니다. 비록 그가 지식이 충분하지 않을지라도 그의 수준에 맞추어서 그분은 요구하십니다.

그러므로 적어도 현재의 시점에서는 그것이 그에게는 주님의 뜻이며 명령이 되는 것입니다.

그러나 많은 그리스도인들은 이 명령에 순복하지 않습니다. 주님이 "지금 기도하라."고 기도의 소원을 주실 때 그들은 "주님, 조금 이따가요. 이 TV프로 끝난 다음에요." 라고 합니다.

애인의 전화를 받기 위해서는 뛰어가는 사람이 주님께서 감동을 주실 때는 "주님, 나중에요." 합니다. 그 결과는 어떻게 될까요? 물론 뻔한 일입니다. 당신은 애인과는 더 가까워지고 주님과는 더 멀어질 것입니다. 많은 이들에게 있어서 주님의 음성은 너무도 세미하고 세미합니다. 아주 불분명하고, 도무지 확실하지 않습니다. 도대체 왜 그럴까요? 그 이유는 그들이 순종하지 않기 때문입니다. 그들은 주님이 주시는 소원과 감동을 대수롭지 않게 여깁니다.

그 음성에 순종할 때 그 세미한 음성은 점점 커지고 분명해지며 그 열매도 뚜렷해지는 것입니다. 그러나 거기에 시큰둥한 반응을 보일 때, 점점 그 소리는 줄어들며 나중에는 아무것도 느낄 수도 없고 들을 수도 없으며 돌같이 무디어진 영혼만을 가지게 되는 것입니다.

부디 기억합시다. 주님께서는 각 사람에게 엄청난 것을 요구하시지 않습니다. 각 사람의 성숙된 수준을 따라 그에게 필요한 말씀을 주십니다. "너 이것을 내려놓아라. 이것을 순종하지 않으면 너는 나와의 관계에서 더 이상 발전할 수 없을 것이다."

그분은 그렇게 말씀하시는 것입니다. 왜 많은 그리스도인들이 매우 오랫동안 교회에 다니지만 주님과의 관계에서 진전이 없을까요? 그들은 이 음성에 순종하지 않기 때문입니다.

수많은 그리스도인들이 주님께서 버리기를 요구하시는 장애물들을 자기 안에 소유하고 있습니다. 어떤 이에게는 그것이 세상을 즐김, 어떤 이에게는 TV 드라마, 어떤 이에게는 술, 좋지 않은 오락, 돈을 사랑함, 먹는 것을 좋아함, 이성 사랑, 세상 음악 등으로, 그것들은 매우 다양합니다.

주님께서 그것들을 버리라고 말씀하실 때 그 부분에 대하여 주님께 순종하지 않는다면 몇 십 년을 믿더라도 더 이상 진전은 없습니다. 우리는 결코 주님과는 타협이 불가능하다는 것을 알아야 합니다.

주님께서 우리에게 모든 것을, 완벽하게 요구하신다고 생각하지 마십시오. 다만 지금 당신에게 당신의 수준에 맞게 주님이 요구하시는 것이 있습니다. 오늘 당신을 향한 주님의 요구가 있습니다. 당신은 그 음성을 들어야 하며 순종을 해야 합니다.

결코 주님을 설득하려고 하지 마십시오. 생명의 성장은 오직 우리가 순종하느냐 불순종하느냐, 여기에 달려 있는 것입니다. 순종할수록 주님의 요구는 많아지며 해방도, 누림도 많아지게 되는 것입니다. 부디, 우리 모두가 복된 주님과의 관계에서 더욱 더 자라 갈 수 있기를 바랍니다. 할렐루야!

4) 나의 관점으로 생각하며 사는 것

사람은 태어날 때부터 이기적입니다. 부모가 특별하게 그들 자신을 위하여 살라고 가르칠 필요가 없습니다. 아담의 후손 모두가 자신의 위치나 입장, 기분이나 성향, 상태에 대하여 매우 민감합니다.

우리는 자신의 배고픔에 대해서는 쉽게 느낍니다. 그러나 다른 사람의 배고픔은 잘 느끼지 못합니다. 마찬가지로 자신의 감정이 상해 있는 것은 쉽게 느끼지만 상대방의 기분을 느끼는 것은 내 것보다 어렵습니다. 어린아이는 다른 사람의 상태와 상관없이 자기 입장밖에는 모릅니다. 자신이 불편하면 모든 것은 불편하며 자신의 상태가 좋으면 남이야 어떻든 상관하지 않습니다.

자신에게 잘해 주는 사람을 가장 좋은 사람으로 여깁니다. 자기에게 나쁘게 대하는 사람을 가장 나쁜 사람으로 여깁니다. 그의 말이 옳든 그르든 그것은 상관없으며 자기의 기분을 아무도 건드리지 않기를 원합니다. 이러한 상태가 어린아이의 상태입니다.

그러나 사람은 성장하면서 점차 자기가 우주의 중심이 아니며 다른 세계가 존재하고 있음을 느끼게 됩니다. 그는 점차 다른 사람들의 상태나 필요에 대해서도 조금씩 알게 됩니다.

어떤 사람이 그리스도인이 되었을 때 그는 여태까지 자기중심적인 삶을 살아 왔던 것이 잘못된 것이었음을 깨닫게 됩니다.

그렇습니다. 이제 그는 더 이상 자기의 사람이 아닙니다. 그는 그리스도의 피 값으로 사신 바 되었으며, 남은 삶은 주님께 드려야 합니다. 그는 점점 자기의 입장이나 상태, 기분에 대하여 둔감해지고 그리스도의 입장이나 기분, 상태에 대하여 민감해지는 것을 배우게 됩니다. 이것이 무엇입니까? 바로 자기를 버리고 주님께 속한 사람이 되어가는 과정입니다.

성숙한 사람일수록 주님의 음성과 인도하심과 그분의 뜻에 대하여 예민합니다. 그리고 그분의 마음을 자신의 심령 속에서 느끼게 됩니다. 그리고 그는 주변 사람들의 영적 필요와 영적 상태에 대해서도 몹시 예민해지게 됩니다.

그러나 현실에서 그러한 주님의 사람들을 찾아보기가 몹시 어렵습니다. 신앙 경력이 오래 된 사람들은 많습니다. 어디서 무슨 훈련받았다는 사람은 많이 눈에 띕니다. 어디서 무엇을 떼었다는 사람도 많습니다. 그러나 주님의 심령에 대하여 민감한 사람을 찾는 것은 너무나 어려운 일입니다.

언젠가 어떤 지휘를 하는 여집사님에게서 전화를 받았던 적이 있었습니다. 그녀는 여러 교회에서 모인 부인 성가대를 지휘하고 있었으며 더러 공연을 가지기도 했었는데, 그 날은 성가 대장을 맡고 있던 어느 권사님과 다소간의 다툼이 있었던 모양이었습니다.

그녀는 몹시 흥분해서, 그분이 비록 나이가 자기보다 많긴 하지만, 자기는 지휘자인데, 지도자인데 많은 사람 앞에서 자기를 무시했다고 마구 분노를 터뜨리는 것이었습니다.

한참을 그 이야기를 듣고 있다가 흥분이 조금 가라앉기를 기다려 나는 이렇게 물었습니다.

"주님을 위해서 화가 나셨습니까? 아니면 자신을 위해서인가요?"
그녀는 충격을 받고 말이 막혀버렸습니다. 한참 동안 그녀는 말을 하지 못했습니다. 사실 그녀는 별로 할 말이 없었던 것입니다.
이와 같은 영적 어린아이들은 많이 있습니다. 그들은 교회 안에서 높은 위치를 가지고 있으나 주님의 실제를 가깝게 경험하지 못합니다. 그들은 교회에서 많은 일들을 맡아서 하고는 있으나 그리스도의 몸에 해로움만을 끼치고 있을 뿐입니다.

내가 결혼하기 전 연애시절, 어느 날 나는 지금의 아내와 데이트를 하고 있었습니다. 나와 함께 길가를 걷고 있던 그녀의 눈에 아마 중 고등학생 정도로 보이는 10대의 남녀 둘이서 서로 다정하게 팔짱을 끼고 포옹하다시피 하고 걷고 있는 것이 보이자 그녀는 흥분하기 시작했습니다.

"저런 못된 것들!"
내가 물었습니다.
"아니, 왜?"
그녀는 대답하기를 자기는 저 나이에 아무 것도 몰랐다고 했습니다.
나는 웃었습니다. 그리고 그녀의 잘못을 시정해주었습니다. 자기 자신의 경험에 근거해서 다른 이들을 판단하는 것은 좋은 것이 아닙니다. 거기에는 주님의 시각과 마음에 대한 의식이 결여되어 있는 것입니다. 그러나 매사에 중요한 것은 주님께서 무엇을 원하시느냐, 어떻게 보시느냐 하는 것이지, 내가 어떻게 생각하고 느끼느냐가 아닌 것입니다. 그런 식의 태도를 가지고 있는 이들은 자녀들을 키우면서
"이 놈들아, 너희들은 호강하는 거야. 엄마 때에는.. , 아빠는.. "
그런 식의 이야기들을 자녀들에게 하게 될 것입니다. 그러한 것은 바른 교육이 아니며 어리석은 것입니다.

자지의 입장으로 사는 것은 아름답지 않습니다. 그것은 추합니다. 앞서 간 모든 인류가 그러했듯이 그것은 비참한 삶의 열매를 맺을 뿐입니다.
우리는 우리의 감정이나 이해나 판단을 주님께 맡겨야 하는 것입니다. 그렇게 주님께 지배를 받는 정도는 결국 각 사람이 자신을 부인하는 수준과 비례한다고 볼 수 있습니다.
자기 부인, 그것은 결코 어떤 창백하고 비극적인, 금욕주의적인 삶을 말하는 것은 아닙니다. 그것은 참으로 복되고 아름다운, 평강과 사랑과 능력이 넘치는 삶으로 들어가는 하나의 관문일 뿐입니다.

왜 듣지 못합니까?

왜 많은 사람들이 주님의 음성을 듣지 못합니까? 왜 많은 사람들이 주님의 인도를 받지 못하고 제멋대로의 길을 갑니까? 왜 수많은 그리스도인의 삶 속에서 그리스도의 능력이 나타나지 않습니까?
우리는 많은 대체물들을 가지고 있기 때문입니다. 주님 자신의 것들이 아닌 우리에게 속한 대체물을 말입니다.

지식, 이것은 주님을 제한할 수 있습니다. 영적 진리에 대한 수많은 지식들이 주님께로부터 온 것도 있으나 그렇지 않은 것도 있습니다. 어떤 지식은 사람을 주님으로부터 멀어지게 합니다.

말씀에 대한 풍부한 지식이 있는 이는 설교 사역을 맡았을 때에 주님보다 자신의 지식을 의뢰할 수 있습니다. 그 경우에 그의 지식은 해로운 것이 되며 주님께 나아가는 데 방해가 될 수 있습니다.

지식이 있는 이가 주님을 의뢰한다면 그는 지식의 해로움에서 자유로울 수 있습니다. 그러나 그렇지 않다면 그는 주님의 음성대신 지식으로 그것을 대치하게 됩니다.

경험, 이것도 주님을 방해하기 쉽습니다. 이를테면 상담의 경험이 많은 사람이 있다고 합시다. 그는 피상담자의 이야기를 들으면서 주님의 음성에 귀를 기울이는 것보다는 자신의 경험을 더 신뢰할 수 있습니다. 이 경우에 그는 상대방을 진정으로 도울 수 없습니다. 아무리 멋진 말을 하고 지혜롭게 들리는 말이라고 해도 주님께로부터 온 것이 아니라면 그 사람의 생명에는 별로 도움이 되지 않는 것입니다.

여호수아는 여리고 성의 승리 이후에 작은 성 아이와의 싸움에서 실패했습니다. 그리고 그 비참한 실패 이후에야 하나님께 나아갔습니다. 만약 그가 여리고의 극적인 승리 체험이 없었더라면 이와 같은 실수를 범하지는 않았을 것입니다.

경험은 비록 그것이 영적인 것이라고 하더라도 자만심에 빠지게 되면 주님의 음성을 듣는 것을 방해할 수도 있는 것입니다. 모든 경험은 그 이후에 다시 부인되어져야 합니다. 경험은 사라지고 주님만이 남아야 하는 것입니다.

선입견, 이것도 반드시 영적인 것이라고 보기 어렵습니다. 이 선입견을 형성하고 있는 것은 개인적인 성향, 경험, 기호, 지식 등 다양하기 때문입니다. 사무엘은 주님의 명령을 따라 왕의 기름부음을 위하여 갔을 때 다윗의 형들을 보고 매료되었습니다.
이것은 그와 같이 훌륭한 선지자도 주님의 음성보다 외형과 선입견에 속을 수 있는 가능성을 잘 보여주고 있는 것입니다(삼상 16:1~7).

재능도 마찬가지입니다. 정보도 이와 같습니다. 지식도, 경험도, 선입견도, 어떠한 테크닉도 주님의 음성, 주님의 방법을 대체할 수는 없습니다. 이러한 모든 것들 자체를 결코 부인해서는 안 됩니다. 다만 그것들이 주님의 위치에 놓이게 되는 것을 거부하여야 합니다.
원고 설교를 하는 사역자는 그 원고를 마치기 전까지는 몹시 불안합니다. 그러나 마지막 글자까지 완성이 된 후 그는 비로소 안심이 될 것입니다. 그것은 그가 원고를 주님의 위치에 놓아 둔 것을 의미합니다.
그러나 아무리 원고가 완벽해도 말씀을 전할 때 주님이 역사 하시지 않으면 성도들에게 아무런 도움을 줄 수 없는 것입니다. 그들의 머리에 들어간 약간의 지식들은 그들의 영혼은 변화시키지 못하며 설교를 감상하는 데, 또는 남들을 가르치는 데 정도로 쓰일 수 있을 뿐입니다.

어떤 대체물이 있더라도 주님께 사로잡히는 것보다 더 중요한 것은 없습니다. 우리는 그분을 기다려야 합니다. 들어야 합니다. 지배되어야 합니다. 그분에게 더 깊이 묶여 갈수록 우리는 죄에서, 육에서, 세상에서, 마귀에게서 해방되며 진정한 주님의 사람, 진정한 유용한 사람, 진정한 안식을 누리는 사람들이 되어 갈 것입니다.

묻지 않는 것은 죄입니다

"기브온 거민들이 여호수아의 여리고와 아이에 향한 일을 듣고 꾀를 내어 사신의 모양을 꾸미되 해어진 전대와 해어지고 찢어져서 기운 가죽 포도주 부대를 나귀에 싣고 그 발에는 낡아 기운 신을 신고 낡은 옷을 입고 다 마르고 곰팡이 난 떡을 예비하고 그들이 길갈 진으로 와서 여호수아에게 이르러 그와 이스라엘 사람들에게 이르되 우리는 원방에서 왔나이다 이제 우리와 약조하사이다.." (수 9:3~6)

여호수아는 주님의 함께 하심으로 인하여 가나안 전투에서 연전연승, 약속의 땅을 점점 쟁취해 가는 과정에 있었습니다.
그들은 자신감과 믿음이 충만했으며 거칠 것이 없었습니다. 그러자 기브온에 살던 사람들이 꾀를 내어 그들을 찾아왔습니다. 전쟁에 승산이 없자 멀리서 사는 사람들처럼 꾸미고 화친을 맺자고 요구했던 것입니다.
여호수아는 그들의 말을 의심하지 않고 받아들여 화친을 하고 언약을 맺습니다. 나중에야 비로소 그들에게 속은 것을 알게 되지만 그 때는 이미 언약을 맺었기 때문에 그들을 해할 수 없었고 그들은 두고두고 이스라엘의 골칫거리가 됩니다. 결국 어처구니없게 사기를 당하고 만 것입니다.
왜 그는 속임을 당했을까요?
어떻게 그와 같은 놀라운 하나님의 사람이 그렇게 실수할 수 있었을까요? 왜 그는 언약을 맺는 중대한 문제를 주님께 여쭤 보지도 않고 결정했을까요?
그것은 상황이 유리했기 때문이었습니다. 전쟁은 승승가도에 있었으며, 상대방의 모습은 초라하기 짝이 없었고 그들의 태도는 겸손해 보였습니다.

그리하여 여호수아와 이스라엘은 결정적인 잘못을 범합니다. 14절을 주목하여 보십시오. "무리가 그들의 양식을 취하고 어떻게 할 것을 여호와께 묻지 아니하고"
그들은 주님의 허락 없이 언약을 맺었습니다. 그리고 나서 그들의 말이 거짓임이 탄로 난 다음에도 이미 어쩔 수 없어서 그들의 말에 묶여지게 됩니다.
많은 경우에 원수들은 성령 충만한 그리스도인들에게 정공법으로 공격하지 못하고 이와 같이 속임수를 씁니다. 그럴 때 깨어있지 못하고 이처럼 미혹 당한 이들은 결코 그들을 쳐서 파할 수 없는 것입니다. 그러므로 깨어있어야 합니다. 그리고 항상 주님께 물으며 주님의 말씀하심과 인도하심을 기다려야 합니다. 상황이 어려울 때뿐만이 아니라 모든 일이 잘 되어 가는 듯이 보이는 상황에서도 주님께 여쭤 보는 것을 쉬어서는 안 되는 것입니다.

묻지 않는 것은 죄입니다. 직접 거짓말을 하지 않았더라도 진실을 밝혀야 할 때 침묵을 지키는 것이 죄인 것과 마찬가지로, 주님의 음성을 기다려야 할 때에 그분의 뜻을 기다리지 않고 멋대로 움직이는 것은 결코 작은 죄가 아닙니다.
수많은 그리스도인의 결혼들이, 수많은 사역들이, 직장의 선택, 교회 이전, 사업 등등의 수많은 일들이 주님께 묻지 않고 행해집니다.

얼마나 많은 설교들이 주님께 묻지 않은 채로 이루어지고 있습니까! 얼마나 많은 상담들이 주님께 묻지 않은 채로 행하여지고 있습니까! 얼마나 많은 회의가 주님께 여쭤 보지 않고 결정이 내려지고 있습니까! 얼마나 많은 대답들이 그 질문에 대하여 주님께 물어 봄이 없이 말해지고 있습니까! 얼마나 많은 결혼들이 주님의 허락이 없이 인간적인 조건에 의하여, 결단에 의하여, 상황에 쫓기어서 이루어져 가고 있습니까! 또한 얼마나 많은 가정들이 주님께 물어봄이 없이 깨어져가고 있습니까!

그것은 명백하게 죄입니다. 그것들은 명백한 비극으로 사람들을 인도하거나 적어도 아무런 유익이 없는 결과를 가져옵니다. 그것은 주님의 사랑과 능력이 우리의 삶과 사역 속에 들어올 수 있는 기회를 차단해 버리는 죄악입니다.

멋대로 사는 것처럼 주님을 거스르는 것도 없습니다.
우리는 주님께 가야 합니다. 그리고 그분을 기다려야 합니다.
상담자는 피상담자에게 이렇게 하라, 저렇게 하라고 이야기할 수는 없습니다. 오직 주님께 가라고 이야기할 수 있습니다. 그리고 주님께 가는 방법을 알려 줄 수 있습니다.
그러나 그 다음은 주님께서 하시는 것입니다. 그분이 직접 인도하시고 말씀하십니다. 우리는 그 다음에 그 말씀에 따라서 기다리든지, 돌아가든지, 아니면 포기를 하든지 결정을 해야 하는 것입니다.

사역의 원리

성경의 어느 곳에도 주님의 사역의 원리는 매우 분명합니다. 주님은 땅 위에서 난 것에 의하여, 하나님께 속하지 않은 유능한 사람의 힘을 통하여 구원을 이루신 적이 없었습니다.

"이스라엘 자손이 여호와 목전에 악을 행하여 자기들의 하나님 여호와를 잊어버리고 바알들과 아세라들을 섬긴지라 여호와께서 이스라엘에게 진노하사 그들을 메소보다미아 왕 구산 리사다임의 손에 파셨으므로 이스라엘 자손이 구산 리사다임을 팔 년을 섬겼더니 이스라엘 자손이 여호와께 부르짖으매 여호와께서 그들을 위하여 한 구원자를 세워 구원하게 하시니 그는 곧 갈렙의 아우 그나스의 아들 옷니엘이라 여호와의 신이 그에게 임하셨으므로 그가 이스라엘 사사가 되어 나가서 싸울 때에 여호와께서 메소보다미아 왕 구산 리사다임을 그 손에 붙이시매 옷니엘의 손이 구산 리사다임을 이기니라
그 땅이 태평한 지 사십 년에 그나스의 아들 옷니엘이 죽었더라 이스라엘 자손이 또 여호와의 목전에 악을 행하니라 이스라엘 자손이 여호와의 목전에 악을 행하므로 여호와께서 모압 왕 에글론을 강성케 하사 그들을 대적하게 하시매 에글론이 암몬과 아말렉 자손들을 모아 가지고 와서 이스라엘을 쳐서 종려나무 성읍을 점령한지라 이에 이스라엘 자손이 모압 왕 에글론을 십팔 년을 섬기니라 이스라엘 자손이 여호와께 부르짖으매 여호와께서 그들을 위하여 한 구원자를 세우셨으니 그는 곧 베냐민 사람 게라의 아들 왼손잡이 에훗이라" (삿 3:7~15)

구원은 항상 하늘에서 옵니다.
주님의 영으로부터 옵니다.
주님의 영에 사로잡힌 하나님의 사람으로부터 옵니다.
이 땅에는 사탄의 세력을 깨뜨릴 만한 것이 존재하지 않습니다. 이스라엘 백성은 범죄했고, 주의 대적들에게 사로잡힙니다.
그러면 그들은 하나님께 부르짖고 주님은 그들에게 한 구원자를 보내시고 그에게 주의 영을 기름 부어 주십니다. 그리고 그 영으로 채워진 사람으로 인하여 이스라엘은 구원됩니다.
그가 죽은 후 이스라엘은 다시 범죄하고 다시 대적에게 노예 생활을 하며 다시 부르짖고, 주님은 다시 한 사람을 부르시고 그에게 주의 신을 부으십니다. 이것이 이스라엘의 전 역사에서 반복되는 줄거리입니다. 구원은 항상 주님께로부터 온 영으로 채워진 사람으로부터 왔습니다. 그리고 그가 죽은 후 다시 이스라엘은 악의 세력에게 굴복 당하고 묶입니다.

왜 수많은 그리스도인들이 고질적인 죄를 정복하지 못하고 있습니까? 왜 세상을 이기지 못합니까? 왜 자신을 극복하지 못하며 육을 제어하지 못합니까? 이는 땅에서 구원이 오지 않으며 오직 주의 영으로 사로잡힐 때에만 그것이 가능하기 때문입니다.

주의 영으로 사로잡히지 않는 이가 구원 사역을 이룬 적이 단 한 번이라도 있습니까? 그런 경우는 없습니다.

"살리는 것은 영이니 육은 무익하니라" (요 6:63)
"그는 곧 갈렙의 아우 그나스의 아들 옷니엘이라 여호와의 신이 그에게 임하셨으므로 그가 이스라엘 사사가 되어" (삿 3:9~10)
"여호와의 신이 기드온에게 강림하시니 기드온이 나팔을 불매" (삿 6:34)
"이에 여호와의 신이 입다에게 임하시니 입다가" (삿 11:29)
"여인이 아들을 낳으매 이름을 삼손이라 하니라 아이가 자라매 여호와께서 그에게 복을 주시더니 소라와 에스다올 사이 마하네단에서 여호와의 신이 비로소 그에게 감동하시니라" (삿 13:24~25)
"여호와의 신이 삼손에게 크게 임하시매 삼손이 아스글론에 내려가서 그 곳 사람 삼십 명을 쳐 죽이고" (삿 14:19)
"사울이 이 말을 들을 때에 하나님의 신에게 크게 감동되매 그 노가 크게 일어나서" (삼상 11:6)
"사무엘이 기름뿔을 취하여 그 형제 중에서 그에게 부었더니 이 날 이후로 다윗이 여호와의 신에게 크게 감동되니라 사무엘이 떠나서 라마로 가니라" (삼상 16:13)

옛 세상은 사탄을 이길 수 없습니다. 뱀들은 종신토록 흙을 먹도록 되어있습니다(창 3:14). 뱀은 흑암의 세력이요, 흙은 영에 속하지 않은, 육신에 속한 사람들입니다. 구원받지 못한 불신자는 물론이며 성령을 좇아 행하지 않는 이들도 역시 흙에 속한 자이며 악의 세력에게 짓눌릴 수밖에 없습니다.

구원은 오직 주님으로부터 온 영과, 그 영에 사로잡힌 자를 통하여 만이 옵니다.

신약에서도 이 원리는 분명합니다. 주의 제자들은 결코 성령의 인도함이 없이 독자적으로 움직일 수 없었습니다.

"안디옥 교회에 선지자들과 교사들이 있으니 곧 바나바와 니게르라 하는 시므온과 구레네 사람 루기오와 분봉왕 헤롯의 젖동생 마나엔과 및 사울이라 주를 섬겨 금식할 때에 성령이 가라사대 내가 불러 시키는 일을 위하여 바나바와 사울을 따로 세우라 하시니" (행 13:1~2)
"두 사람이 성령의 보내심을 받아" (행 13:4)
"성령과 우리는 이 요긴한 것들 외에 아무 짐도 너희에게 지우지 아니하는 것이 가한 줄 알았노니" (행 15:28)
"성령이 아시아에서 말씀을 전하지 못하게 하시거늘 부르기아와 갈라디아 땅으로 다녀가 무시아 앞에 이르러 비두니아로 가고자 애쓰되 예수의 영이 허락지 아니하시는지라" (행 16:6~7)

사역에 있어서 중요한 것은 그 근원이 어디서 왔느냐 하는 것입니다. 얼마나 위대하고 큰 사역이냐 하는 것은 별로 중요하지 않습니다. 문제는 그것이 주님께로부터 온 것이냐 하는 것입니다.

주님의 영으로부터 오지 않은 사역을 하는 것은 육신에 속한 것입니다. 아무리 화려한 웅변이 있고, 감동이 있고, 세밀한 계획이 있고, 테크닉이 있어도 거기에는 생명이 없습니다. 그것은 죄와 마귀에게서 구원하고, 속 생명을 자라게 하는 역사를 일으키지 못합니다. 그것은 오직 하늘에서, 주의 영으로부터만 오는 것입니다.

사역의 시작

사역의 시기에 대해서도 성경은 명백한 원리를 제공하고 있습니다. 주님이 사역을 시작하신 때는 언제입니까? 그것은 요단강에서 성령으로 세례를 받으시고 광야의 시험을 거치신 후부터였습니다. 그런데 주의 영이 임하기 전에 그분은 30년 동안 준비하시면서 아무런 영적인 사역도 하지 않으셨습니다.

이사야, 예레미야도 주의 영이 임하시기 전까지는 평범한 사람들이었으며 아무 것도 할 수 없었습니다. 주님은 승천 직전에 제자들에게 마지막 당부를 하십니다.

"예루살렘을 떠나지 말고 내게 들은바 아버지의 약속하신 것을 기다리라 요한은 물로 세례를 베풀었으나 너희는 몇 날이 못되어 성령으로 세례를 받으리라" (행 1:4~5)

그들은 주님의 명령대로 그 곳을 떠나지 않고 기다렸고, 주의 영이 임한 후부터 구원의 사역을 시작하였습니다. 오늘날에도 이 원리는 명백합니다. 우리는 그분을 기다려야 합니다.

우리와 그들과 하나의 차이점이 있다면 그것은 이미 우리 안에 주님의 영이 계시다는 사실입니다. 그렇습니다. 그것은 분명합니다. 그러나 그 영이 우리 안에 있는 것과 우리가 그 영으로 사로잡히는 것은 전혀 별개의 문제입니다.

아무리 주의 영이 우리 안에 거하신다 하여도, 우리가 그 영에 사로잡히지 않을 때에 얼마든지 죄를 짓고, 마귀에게 패배하며 짓눌리는 삶을 살 수 있는 것입니다.

오늘날은 성경에 나타난 원리들이 충실하게 지켜진다고 보기 어렵습니다. 사역자들은 성령으로 사로잡힐 때까지 기다리지 않습니다. 그때가 되어 사역을 시작하지 않고 신학교를 나오고 졸업장을 얻으면 사역을 시작합니다.

오늘날 주님의 사역을 대신하는 모조품이 너무나 많습니다. 모조품은 겉으로 보기에는 비슷하지만 속에는 알맹이가 없는 것입니다.

주님께 묶인 사람

우리는 주님께 사로잡혀야 합니다. 내가 사는 것이 아니요, 주님께서 사시는 것이 되어야만 합니다(갈 2:20). 우리는 주님의 기름 부으심에 대하여 알아야 합니다.

우리는 결코 육으로, 내 생각으로 살 수 없습니다. 우리는 모든 것들을 주님과 나누며 대화하며 살아야 합니다. 우리는 날마다 더 주님께 묶여 가야 합니다. 다른 것은 몰라도 주님의 음성과 인도하심에 대하여 분명해야 합니다. 거기에는 전문가가 되어야 합니다.

부디 간절하고 사모하는 심령으로 주님께로 가십시오.
주님의 영이 우리에게 와서 거하시며 온몸과 영혼을 사로잡으시도록 그분께 우리를 맡기고 드리십시오.
그리고 그분께서 임하시는 놀라운 영광 속에 빠져 들어가십시오.
그리하여 말로 표현하기 힘든 주님의 임재와 사랑의 파도와 평강의 물결에 휩쓸려 들어가십시오.
이것이 신비주의입니까? 아닙니다. 이것은 기독교의 기초입니다. 주님의 풍성함의 실제, 영적 실제로 들어가는 길의 초보 과정이며 여기에서 기독교의 모든 풍성함이 시작되는 것입니다.

5. 주님의 임재 훈련 : 주님의 심령 속에 들어감

주님의 임재 훈련

나는 그리스도인들에게 있어서 그 무엇보다도 중요한 것이 주님의 임재에 사로잡히는 훈련이라고 생각합니다. 그것은 불신 세계의 최면술이나 기 훈련이나 요가와 같은 것과는 차원이 다른 것입니다. 그것은 하나의 인격이신 주님과의 깊은 만남 속에 들어가는 것입니다.

왜 이 훈련이 필요할까요? 왜냐하면 기독교의 모든 축복이 사실 이 안에 다 포함되어 있기 때문입니다. 기쁨, 평강, 사랑, 능력, 해방, 자유함, 승리 그 모든 것들이, 그 모든 보화들이 주님의 임재 속에서 흘러나오기 때문입니다.

만일 어떤 이가 주님의 임재에 대하여 별로 알지 못하고 있다면 그는 기독교의 실제에 대하여 별로 알지 못하고 있는 것입니다. 그는 기쁨에 대하여 논문을 쓸 수 있을지 모릅니다. 그러나 참 기쁨에 대해서는 알지 못할 것입니다.

기독교는 결코 관념이나 이론이 아닙니다. 실제입니다. 그것은 사랑에 대하여 보고서를 쓰는 것이 아니고, 그것을 맛보고 나누는 것입니다. 능력에 대하여 세미나를 열 수는 있으나 능력을 행하지는 못하며 하나님의 사랑에 대하여 강의할 수는 있으나 맛보고 누리지 못한다면 그것은 실로 비참한 일입니다.

유감스럽게도 이러한 것을 우려하는 이들도 있습니다. 그들은 세상 사랑이나, 이성의 사랑에 빠지는 것을 비난하지 않지만 주님과 사랑에 빠지는 것은 비난합니다.

그러나 우리가 주님께 빠진다고 해서 우리의 이성이 마비되는 것은 아닙니다. 우리는 주님이 이성을 망가뜨리는 분이 아님을 잘 압니다. 우리는 주님과 깊은 관계에 들어가면서도 얼마든지 예리한 지성과 훌륭한 통찰력과 논리 능력을 발휘할 수 있습니다. 다만 그것들은 주님 앞에 통제되어야 합니다.

많은 이들이 기도하면서 주님의 임재 속으로 들어가지 않습니다. 그들은 서둘러 이야기를 시작합니다. 그들은 기도 제목이 매우 많습니다. 그들은 기도 수첩에 열심히 기도 제목을 적어 놓고 기도 시작한 날, 응답 받은 날 등을 꼬박꼬박 적습니다.

몇 번의 기도만에 응답이 되었고, 몇 분만에 실적이 쌓였는지 그들은 연구합니다. 그리고 보다 짧은 시간에 많은 것을 얻기 위한 경제 원리를 기도에도 적용시킵니다. 그러나 우리는 빚쟁이가 아닙니다.

기도는 빚을 받으러 다니는 행위가 아닙니다. 그리고 주님도 채무자가 아니십니다. 그리스도인들에게 있어서 가장 시급한 것은 그의 영혼의 문제입니다.

그의 영혼은 깨어야 합니다. 그의 속 사람은 강건해져야 합니다. 그의 영성은 회복되어야 합니다. 이보다 더 중요한 일이 있습니까? 현실의 문제는 영적인 문제가 해결되면 대부분 자연히 풀리는 것들입니다.

많은 이들이 그다지 중요하지도, 시급하지도 않은 문제들을 가지고 지나치게 마음을 쓰며 기도하는 것은 매우 안타까운 일입니다. 사소한 기도 응답보다 주님을 알고 경험하는 기도는 그 무엇보다도 중요합니다. 우리의 기도는 그분에 의하여 인도되어야 하며 그분의 임재 속으로 들어가야 합니다.

주님의 심령으로 들어감

많은 이들에게 있어서 주의 임재를 기다리는 기도는 쉽지 않습니다. 여기에는 많은 방해자, 방해물이 있습니다. 어떤 이들은 주님의 감동이나 음성을 기다리려고 하면 수많은 잡념이 머리에 떠오릅니다. 혼란이 일어납니다.

많은 이의 영들이 병들어 있습니다. 그들은 기다리고 훈련해도 주님의 영이 임하시는 것을 잘 경험할 수 없습니다. 그들은 쉽게 지루함을 느끼며 좌절할 수도 있습니다. 여기에는 또 다른 많은 영성의 원리들을 알고 배워야 합니다. 거기에는 또 많은 책이 필요할 것입니다.

그러나 쉽지 않은 길임에도 불구하고 그것은 추구해야 할 가치가 충분한 것입니다. 추구하고 사모하고 애를 쓰며 나아갈수록 점차로 우리의 영은 회복되며 우리는 천국의 보화들을 경험하게 됩니다. 꿀맛 같다고 흔히 고백하는 말씀의 맛이 어떤 것인지, 기도를 통해서 경험하는 주님의 영광이 어떠한 것인지, 조금씩 알아가게 되는 것입니다.

주님의 임재를 기다리고 훈련하며 우리는 조금씩 그분의 환희를 맛보면서 동시에 그분의 심령이 우리에게 부어지는 것을 경험하게 됩니다. 주님의 마음이 우리에게 부어지는 것, 이보다 더한 축복이 이 우주 안에 어디에 또 있을 것입니까! 우리는 그 놀라운 은총 속으로 더 깊이 들어가야 합니다.

부디 이 아름다운 여행을 시작하십시오. 주님의 임재를 추구하십시오. 세상에 감추어진 이 놀라운 보화를 찾으십시오. 주님의 은총과 영광이 당신에게 임할 때에 당신은 더 이상 아무 것도 구하지 않게 될 것입니다.

고독하신 주님

어느 날 밤, 내가 혼자 있었을 때 몹시 외로웠던 적이 있었습니다. 갑자기 이유 없이 형용하기 어려운 고독감이 밀려왔습니다.
나는 곧 전화기를 들었습니다. 이럴 때는 주님을 사랑하는 이들과 같이 여러 가지 신앙과 삶의 이야기를 나누다 보면 다시 기분이 좋아지고 만족감이 넘치곤 하는 것입니다.

그런데 내가 전화번호를 돌리기도 전에 "전화기를 내려놓아라."는 주님의 감동을 받았습니다. 그래서 나는 부드럽게 대꾸했습니다.
"주님, 죄송합니다. 지금, 제가 쓸쓸해서 그래요. 하지만 이야기를 나눈 다음에 주님께 엎드리겠습니다."
그러나 그 감동은 도무지 사라지지 않았습니다. 오히려 점점 더 중압감을 가지고 나를 눌러 왔습니다. 한참을 주님과 실랑이를 벌이다가 결국 나는 기분이 상해서 전화기를 놓으면서 투덜거렸습니다.
"주님, 정말 너무 하시는군요. 이렇게 사소한 것까지 귀찮게 하시다니."

잠시의 정적이 흘렀습니다. 그리고 잠시 후에 주님의 말씀이 계셨습니다.
"사랑하는 아들아. 네가 지금 고독하다고 말하지만, 나보다 더 고독한 사람을 찾을 수 있겠느냐? 내가 세상을 살 동안에도, 그리고 지금에 있어서도 나는 너무나 고독하다. 수없이 많은 사람들이 나의 이름을 부르고 있지만 그들은 나를 이용할 뿐이다. 네가 진정 나를 사랑한다면 나의 외로움 속에 들어와 볼 수 없겠느냐?"
아! 그 메시지가 내게 얼마나 충격이 되었는지! 나는 한참을 멍하니 있다가 흐느껴 울기 시작했습니다.
주님의 고독하신 심령이 내 영혼 속에 부어져서 나는 한동안 눈물을 절제할 수 없었습니다. 나는 주님이 몹시 고독하시며 우리의 사랑을 구하고 계시다는 사실을 그 때에 처음 알았던 것입니다.

위로를 구하시는 주님

"이러므로 제자 중에 많이 물러가고 다시 그와 함께 다니지 아니하더라 예수께서 열두 제자에게 이르시되 너희도 가려느냐 시몬 베드로가 대답하되 주여 영생의 말씀이 계시매 우리가 뉘게로 가오리이까 우리가 주는 하나님의 거룩하신 자신 줄 믿고 알았사나이다 예수께서 대답하시되 내가 너희 열둘을 택하지 아니하였느냐 그러나 너희 중에 한 사람은 마귀니라 하시니" (요 6:66~70)

요한복음 6장은 주님의 심정을 잘 표현해 줍니다. 6장의 전반부에서 주님은 오병이어의 기적을 행하십니다.

"그 사람들이 예수의 행하신 이 표적을 보고 말하되 이는 참으로 세상에 오실 그 선지자라 하더라 그러므로 예수께서 저희가 와서 자기를 억지로 잡아 임금 삼으려는 줄을 아시고 다시 혼자 산으로 떠나가시니라" (요 6:14~15)

많은 사람들이 그를 인정합니다. 환호합니다. 그리고 할렐루야를 외칩니다. 그리고 그를 억지로 잡아 왕을 세우려고 합니다.
그러나 주님은 환호 속에서 조용히 다시 혼자 산으로 떠나가십니다.
많은 이들이 주를 환호하고 찾았지만 주님은 고독하셨습니다.

주님은 그들의 동기를 아십니다. 왜 그들이 주님을 찾는지 잘 아십니다. 그들은 떡을 좋아하며 고기를 좋아합니다. 그러나 그들은 주님을 사랑하지 않으며 주님의 마음도 전혀 알지 못하는 것입니다.

이튿날 그들은 주님을 끈질기게 추적합니다. 그러나 주님은 그들에게 말씀하십니다.

"예수께서 대답하여 가라사대 내가 진실로 진실로 너희에게 이르노니 너희가 나를 찾는 것은 표적을 본 까닭이 아니요 떡을 먹고 배부른 까닭이로다 썩는 양식을 위하여 일하지 말고 영생하도록 있는 양식을 위하여 하라 이 양식은 인자가 너희에게 주리니 인자는 아버지 하나님의 인치신 자니라 저희가 묻되 우리가 어떻게 하여야 하나님의 일을 하오리까 예수께서 대답하여 가라사대 하나님의 보내신 자를 믿는 것이 하나님의 일이니라 하시니" (요 6:26~29)

주님은 이어서 자신이 생명의 떡이라고 말씀하십니다.

"예수께서 가라사대 내가 곧 생명의 떡이니 내게 오는 자는 결코 주리지 아니할 터이요 나를 믿는 자는 영원히 목마르지 아니하리라"(요 6:35)

그러나 여기에서부터 심각한 갈등이 벌어집니다. 그들은 주님의 말을 믿지 않습니다. 수군거립니다. 의혹을 가집니다. 그들은 떡을 먹고 생선을 먹은 것이지 주님을 먹은 것이 아닙니다.

"자기가 하늘로서 내려온 떡이라 하시므로 유대인들이 예수께 대하여 수군거려 가로되 이는 요셉의 아들 예수가 아니냐 그 부모를 우리가 아는데 제가 지금 어찌하여 하늘로서 내려왔다 하느냐 예수께서 대답하여 가라사대 너희는 서로 수군거리지 말라" (요 6:41~43)

주님의 말씀은 명백합니다.
"내가 곧 생명의 떡이로라" (요 6:48)

유대인들은 혼란에 빠집니다.
"이러므로 유대인들이 서로 다투어 가로되 이 사람이 어찌 능히 제 살을 우리에게 주어 먹게 하겠느뇨"(요 6:52)

주님의 말씀은 더욱더 그들과 부딪칩니다.
"예수께서 이르시되 내가 진실로 진실로 너희에게 이르노니 인자의 살을 먹지 아니하고 인자의 피를 마시지 아니하면 너희 속에 생명이 없느니라 내 살을 먹고 내 피를 마시는 자는 영생을 가졌고 마지막 날에 내가 그를 다시 살리리니 내 살은 참된 양식이요 내 피는 참된 음료로다"(요 6:53~55)

지루한 투쟁 끝에 그들은 대부분 떠납니다.
"이러므로 제자 중에 많이 물러가고 다시 그와 함께 다니지 아니하더라"(요 6:66)
떡을 먹고 고기는 먹었으나 예수의 생명을 체험하지 않은 이들은 결국 다 떠나고 말았던 것입니다.

주님은 처음에 먼저 떡과 고기를 주십니다. 그러나 주님의 목표는 그들에게 떡과 고기를 먹이시는 자체에 있지 않습니다. 그 다음에 영원한 진리, 참된 떡이신 자신을 계시하시려는 것입니다.
"떡이 그렇게 맛있느냐? 그렇게 좋으냐? 그러나 너희들은 그것으로 만족해서는 안 된다. 너희들은 나를 먹어야 한다. 나를 마셔야 한다. 그래야만 영원히 살리라."
요한복음 4장에서 사마리아 여인에게 주님은 생수에 대하여 말씀하십니다. 여인이 "생수를 주소서." 하자 "내가 바로 생수다. 나를 마셔야 한다."고 말씀하십니다.
요한복음 9장에서 주님은 소경을 고치십니다. 그러나 주님의 목표는 단순히 육체의 빛을 주는 것이 아니라 빛이신 자신을 주시기 위한 것이었습니다.

사람들은 이 첫 번째 은혜를 좋아합니다. 그래서 "떡 할렐루야!", "고기 할렐루야!", "합격 할렐루야!", "승진 할렐루야!"를 외칩니다. 그리고 영적인 차원으로 주님께서 말씀을 높이실 때 그들은 혼란에 빠지며 다 도망갑니다.

"이러므로 제자 중에 많이 물러가고 다시 그와 함께 다니지 아니하더라" (요 6:66)

불과 하루 전에 적어도 2만 명 이상의 군중이 운집하여 오병이어의 기적을 즐겼던 그들이 이제 모두 떠났습니다.
우글거리고 왁작거리던 그 요란함은 사라져 버리고 주님의 열두 제자만이 덩그러니 남았습니다.
그리고 죽음과 같은 적막이 흐릅니다.
그리고 한참 후에 주님께서 물으십니다.
"너희도 가려느냐?"

그것은 슬픔으로 가득하신 주님의 애절한 물음이었습니다.
그분은 항상 배반을 당하시고 버림을 받으신 분이었습니다.
그분을 배반한 것이 가룟 유다 한 사람뿐이겠습니까?
아닙니다.
그의 일생은 계속적인 배반의 연속이었습니다.
아주 작은 소수의 사람들 외에는 모두가 그를 저주하고 욕했습니다.
베드로는 그 때 단순하면서도 놀랍도록 아름다운 고백을 주님께 드립니다. 그 대답은 주님의 마음에 위로가 되었을 것입니다.

"시몬 베드로가 대답하되 주여 영생의 말씀이 계시매 우리가 뉘게로 가오리이까 우리는 주는 하나님의 거룩하신 자신줄 믿고 알았삽나이다. 예수께서 대답하시되 내가 너희 열 둘을 택하지 아니하였느냐 그러나 너희 중에 한 사람은 마귀니라 하시니" (요 6:68~70)

주님께서 "내가 너희 열둘을 택하지 아니하였느냐"고 대답하셨을 때 그분의 마음은 그래도 여전히 남아있는 사랑스러운, 충직한 제자들로 인하여 어느 정도 위로를 얻으셨을 것입니다.

오늘날 사람들은 주님의 상처와 고독에 대하여 전혀 이해하지 못합니다. 그들은 말합니다.
"주님은 하나님이신데요? 그런데 고독하시다구요?"라고 놀라서 이야기합니다. 그러나 우리는 주님이 완전히 인간으로 오셨던 것을 주목해야 합니다.
그분은 완전한 인간으로서 모든 인간적인 고통을 그대로 받으셨습니다. 그분은 하늘의 영광을 버리시고 우리와 똑같은 모습으로 오셨습니다. 왜 그러셨을까요? 물론 우리의 죄를 지고 십자가에서 돌아가시기 위한 것입니다.
그러나 또한 그분이 우리와 같은 모습으로 오시고 우리와 똑같이 상처받고 아파하고 고독하신 모습으로 오신 것은 우리의 사랑을 받기 원하시며 우리와 깊이 연합하기 위하신 것이었습니다.
주님은 여리고 상한 마음을 가지고 이 땅에 우리에게 오셨습니다. 그리고 그분은 위로를 받고 싶어 하셨습니다.
하지만 그 때도 지금도 주님의 마음을 알고 주님의 마음을 위로하려고 하는 이들은 거의 없었습니다.

주님께서는 십자가를 앞에 두고 마음이 민망하여 그것을 비로소 제자들에게 토로하셨습니다. 그러나 아무도 주님의 마음을 이해하지 못했습니다.
주님은 마지막 날 밤 겟세마네 동산에서 피땀을 흘리며 기도하실 때, 그는 가장 측근이었던 세 제자에게서도 위로를 받지 못하셨습니다.
주님은 자신의 마음을 감추지 않았습니다.

"내 마음이 심히 고민하여 죽게 되었으니 .." (마26:38)

그것은 애절한 부탁이었습니다. 그러나 제자들은 주님의 마음을 알지 못했습니다.
그들에게 도움을 부탁하고 기도를 부탁했으나 그들은 주님의 마음을 알지 못했습니다. 그들은 주님이 깨우면 또 자고 깨우면 또 잠이 들었습니다. 가장 주님께 위로와 도움이 필요했던 그 시간에 말입니다..

주님이 가장 외롭고 고독하실 때 가룟 유다는 가식적인 입맞춤으로 그를 넘겨주었으며 재판정까지 따라왔던 베드로는 그분을 저주했습니다. 그리고 십자가 처형 직전 수많은 인파들, 예수님의 사랑과 은혜를 입었던 수많은 사람들은 외쳤습니다.
"저를 죽여라! 십자가에 못을 박아라!"
주님이 사랑하시며 위로해주시고 안아주시고 치유해주시며 축복하셨던 모든 이들이 주님을 욕하고 저주했습니다.
주님이 주신 떡을 먹고 고기를 먹던 그들이 다 욕을 하고 떠났던 것처럼 주님의 사랑을 입던 그들도 다 그를 저주했습니다.
사역의 경험이 있는 이들은 배반처럼 무섭고 끔찍하고 아물 수 없는 깊은 상처란 다시없다는 것을 잘 압니다.

주님은 바로 그런 것을 평생 당하고 사신 분입니다. 우리는 그분의 고독이 지금도 계속되고 있음을 인식해야 합니다. 그리고 그분의 아픔 속으로 들어가야 합니다.

왜 사람들이 주를 믿습니까? 왜 그들이 소리 높여 기도를 합니까? 왜 사람들은 성공하기를 원합니까? 우리는 그 동기를 다시 한번 살펴보아야 합니다. 우리는 모든 동기에서 순결해져야 하며 오직 고독하신 주님 자신을 사모하고 사랑하고 위로해야 합니다.

오직 주님을 구하십시오

부디 주님의 마음속으로 들어가십시오.
주님의 아픔 속으로, 주님의 고독 속으로 들어가십시오.
주님의 마음을 보여 달라고 구하십시오.
주님의 상처를 사랑하며 주님의 슬픔을 당신의 눈물로 닦으십시오.
무엇이 영성입니까?
무엇이 영성의 실제입니까?
그것은 곧 주님의 마음입니다. 주님의 임재입니다.
주님의 임재를 알며 주님의 마음을 아는 것입니다.
부디 그 거룩한 주님의 마음과 임재를 구하십시오.
그리고 사모하고 사모하고 또 사모하십시오.
오직 주님 한 분만을 간절하게 구하고 또 구하십시오.
자든지 깨든지 길을 걷든지 하루의 24시간을 오직 주님만을 향하여 목마르고 갈망하십시오.
기억하십시오.
당신이 모든 것을 잃어도
주님만 놓치지 않으면

당신은 성공한 사람입니다.
그러나 당신이 모든 것을 가지고 있어도
주님을 잃어버린다면
당신은 실패한 사람입니다.
부디 주님의 심령이 우리에게 부어지기를!
부디 주님의 기름 부으심이 우리에게 충만하기를!
우리가 온전히 주님께 사로잡혀 그분의 사람이 될 때
우리는 천국의 영광에 사로잡히게 될 것입니다.
주님은 바로 천국입니다.
주님을 아는 것이 곧 영성이며
영성의 실제입니다.
이 영성의 실제, 주님의 마음을 위하여
끊임없이 날마다 나아가십시오.
주님이 당신에게 은총을 베푸실 것입니다.
오직 주님께 영광을..
오, 주님. 감사합니다.
할렐루야..

도서구입신청

도서 구입을 원하시는 분들을 위한 안내입니다.

1. 도서 목록 확인

페이지를 넘기시면 정원 목사님의 도서 전권이 안내되어있습니다.
도서 목록을 참조하셔서 필요로 하시는 책을 선택하십시오.
각 도서의 자세한 목차와 내용을 원하시면 정원목사 독자 모임 카페의 [저자 및 저서소개] 코너를 참조하십시오. (http://cafe.daum.net/garden500)

2. 책신청

구입하실 도서를 결정하신 후에, 영성의 숲 출판사로 전화를 주세요.
(02-355-7526 / 010-9176-7526. 통화시간: 월~금 오전 9시~저녁 7시)
신청 도서 목록을 알려주시면 입금하실 금액을 안내해 드립니다.
신청하실 때는 책을 받으실 주소와 전화번호를 함께 알려주세요.
책신청은 전화 외에도 영성의 숲 홈페이지의 [책신청] 코너,
출판사 이메일(spiritforest@hanmail.net)을 사용하실 수 있습니다.

3. 송금

안내 받으신 도서 대금을 아래 계좌로 입금해 주세요.
(국민은행: 461901-01-019724, 우체국: 013649-02-049367, 예금주: 이혜경)
신청자 성함과 입금자 성함이 일치하지 않는 경우에는 입금자 성함을
꼭 알려주셔야 확인이 가능합니다.

4. 배송

입금 확인 후에 바로 발송 작업을 하는데, 발송후 도착까지 보통 2-3일 정도가 소요 됩니다. 책을 급하게 필요로 하실 경우에는 일반 서점을 이용해 주세요. 해외 배송을 원하시는 분은 총판을 담당하고 있는 생명의 말씀사로 문의해주시기 바랍니다. (생명의 말씀사 080-022-1211   www.lifebook.co.kr)

<기도 시리즈>

1. 하늘의 권능이 임하는 부르짖는 기도 1
영성의 숲. 373쪽. 12,000원 / 핸디북 10,000원
부르짖는 기도는 모든 기도의 형태 중에서 가장 기본적이고 중요한 기도입니다. 이 기도를 바르게 배우고 적용한다면 하늘의 권능이 임하는 것을 경험하게 되며 모든 면에서 강건한 그리스도인이 될수 있을 것입니다.

2. 하늘의 권능이 임하는 부르짖는 기도 2
영성의 숲. 444쪽. 14,000원 / 핸디북 11,000원
부르짖는 기도 1권은 발성의 의미, 능력과 부르짖는 기도의 전체적인 원리를 다루 었으며 2권은 부르짖는 기도의 실제로서 구체적인 기도의 방법과 적용원리를 다루고 있습니다. 3부에 수록된 다양한 승리의 간증은 독자님들에게 좋은 도전이 될 것입니다.

3. 대적기도의 원리와 능력
영성의 숲. 400쪽. 14,000원 / 핸디북 11,000원
대적기도 시리즈 1편. 대적기도는 주님께 간구하는 기도가 아니며 우리에게 주어진 권세와 능력을 발견하고 사용하여 능력과 승리를 경험하는 기도입니다. 이 기도를 알게 될 때 당신의 삶은 진정 달라지게 될 것입니다.
휴대를 위한 작은 사이즈의 핸디북도 있습니다.

4. 대적기도의 적용 원리
영성의 숲. 424쪽. 14,000원 / 핸디북 11,000원
대적기도 시리즈 2편. 대적기도에도 원리와 법칙이 있습니다. 그 원리와 법칙을 잘 익혀서 실제의 삶에 적용한다면 우리는 풍성한 삶을 살 수 있습니다. 이 책에서는 그 원리들을 구체적으로 제시해 주고 있습니다.
휴대를 위한 작은 사이즈의 핸디북도 있습니다.

5. 대적기도를 통한 승리의 삶
영성의 숲. 452쪽. 15,000원 / 핸디북 12,000원
대적기도 시리즈 3편. 대적기도를 인간관계, 가정에서의 삶, 복음 전도와 사역에 구체적으로 적용하는 방법을 제시하였습니다. 여기서 제시된 원리를 잘 읽고 적용한다면 삶과 사역에 있어서 많은 변화와 승리를 경험할 수 있게 될 것입니다.
휴대를 위한 작은 사이즈의 핸디북도 있습니다.

6. 대적기도의 근본적인 승리 비결
영성의 숲. 454쪽. 14,000원 / 핸디북 12,000원
대적기도 시리즈 4편. 완결편. 1부에서는 악한 영들을 근본적으로 완전하게 제압하고 승리할 수 있는 원리와 비결을 제시하고 있습니다. 2부에서는 대적기도를 적용하고 경험한 성도들의 사례가 실려 있는데 이것은 각 사람의 적용과 승리에 좋은 참고가 될 수 있을 것입니다. 휴대를 위한 작은 사이즈의 핸디북도 있습니다.

7. 아름답고 행복한 기도의 세계
영성의 숲. 279쪽. 9,000원
〈기도업데이트〉의 개정판. 자연스럽고 편안하게 기도의 아름다움과 행복에 잠길 수 있도록 돕는 책입니다. 기다리는 기도, 듣는 기도, 안식하는 기도 등 다양하고 풍성한 기도의 원리들을 일상의 예화들을 통하여 쉽게 정리하였습니다.

8. 주님의 마음에 이르는 기도
영성의 숲. 309쪽. 10,000원
기도의 원리와 방법에 대한 200개의 조언을 담았습니다. 주님의 마음을 향하여 가는 것. 그것이 기도의 방향이며 목적임을 보여주는 책입니다.

9. 주님의 임재를 경험하는 길
영성의 숲. 308쪽. 10,000원
〈주님을 경험하는 100가지 방법〉의 개정판. 주님의 살아계심과 임재를 경험하기 위한 100가지의 실제적인 방법을 제시하고 있습니다. 사모하는 마음으로 이 방법들을 시도한다면 누구나 쉽게 그분의 역사를 경험하게 될 것입니다.

10. 예수 호흡기도
영성의 숲. 460쪽. 14,000원 / 핸디북 11,000원
호흡을 통한 기도가 주님의 임재와 영적 실제에 들어가는 중요한 비밀이며 열쇠임을 보여주는 책입니다. 이 책에 제시된 원리와 방법을 충실히 시도해 본다면 누구나 놀라운 변화를 경험하게 될 것입니다.

11. 방언기도의 은혜와 능력 1
영성의 숲. 459쪽. 16,000원 / 핸디북 12,000원
방언기도 시리즈 1편. 방언에 대한 성경적이고 균형잡힌 설명 뿐 아니라, 저자의 개인적인 경험과 간증, 방언을 받는 과정과 통역을 시도하는 과정에 대한 구체적인 설명, 여러 경험자들의 실례가 풍성하게 실려있어, 방언의 은혜에 대해 이해하고 적용하는 데에 실제적인 도움을 주는 책입니다.

12. 방언기도의 은혜와 능력 2
영성의 숲 403쪽. 13,000원 / 핸디북 11,000원
방언기도 2편에서는 방언과 통역이 발전해 나가는 과정과 그 영적인 의미를 깊이있게 다루었습니다. 방언의 가치와 의미를 바르게 이해하고 적용하게 될 때, 오래 동안 방언을 사용하면서도 주님의 은총를 누리지 못하던 이들이 주님의 가까우심과 아름다우심을 풍성히 경험하게 될 것입니다.

13. 방언기도의 은혜와 능력 3
영성의 숲 489쪽. 15,000원 / 핸디북 12,000원
방언 기도 시리즈의 결론적인 부분을 다룬 책입니다. 방언에 대한 부정적인 견해와 원인들, 방언을 통해 어떻게 부흥이 시작되는지, 은사의 바른 방향과 의미, 목적 등을 정리하였고, 전체적인 요약정리와 함께 경험자들의 구체적인 사례들을 첨부하여 실제적인 적용에 도움이 되도록 하였습니다.

<영성 시리즈>

1. 영성의 실제를 경험하는 길
영성의 숲. 357쪽. 12,000원
〈그리스도인의 아름다운 영성〉의 개정판.
많은 은혜의 도구들이 있지만 그것들이 다 주님을 접촉하는 것은 아닙니다. 참다운 영성과 주님을 경험하는 원리를 제시하는 책입니다.

2. 생각의 자유를 경험하는 길
영성의 숲. 228쪽. 8,000원
〈그리스도인의 생각 다스리기〉의 개정판. 우리가 겪는 삶의 대부분의 고통들은 스스로 만들어낸 생각의 감옥에 지나지 않으며 생각을 분별하고 관리함으로써 풍성하고 행복한 삶을 살 수 있다는 메시지를 다양한 예화와 함께 설득력 있게 제시하고 있습니다. 많은 교회에서 훈련 교재로 사용되기도 했습니다.

3. 영성의 중심은 사랑입니다
영성의 숲. 243쪽. 8,000원
하나님의 은혜를 받아들이고 누림으로써 진정한 사랑과 따뜻함의 세계를 경험할 수 있도록 돕는 책. 신앙의 따뜻함과 아름다움을 회복하고, 영혼들을 이해하고 도울 수 있는 관점을 제시하고 있습니다.

4. 영성의 원리
영성의 숲. 319쪽. 11,000원
영성에도 원리가 있습니다. 이 책은 영성의 발전을 위한 다양한 원리들, 영의 흐름, 영의 인식, 영적 승리를 위한 중보 등의 원리를 실제적인 예와 함께 잘 설명해 줍니다. 영적 부흥과 충만함을 사모하는 이들에게 좋은 참고서가 될 수 있을 것입니다.

5. 문제는 주님의 음성입니다
영성의 숲. 227쪽. 9,000원
우리의 삶에 다가오는 여러가지 어려움들, 문제들은 우연이 아닙니다. 거기에는 주님의 배려와 가르치심이 있으며 반드시 우리가 배워야 할 것이 있습니다. 이 책은 그 문제들에서 주님의 뜻과 음성을 발견하는 원리를 가르쳐 주고 있습니다.

6. 영성의 발전은 어떻게 이루어지는가
영성의 숲. 254쪽. 8,000원
〈영성의 상담〉의 증보 개정판. 영성에 대한 여러 질문과 답변을 통해 다양한 영적현상의 의미와 삶 속에서 영적 성장을 이루는 구체적인 방법들을 소개하고 있습니다.

7. 지금 이 공간에 임하시는 주님
영성의 숲. 340쪽. 12,000원
주님은 믿을수 없을만큼 가까이 계시지만 사람들은 흔히 그분을 무시함으로 그의 임재를 소멸시킵니다. 이책은 그분의 가까우심과 구체적인 공간을 통한 임재, 나타나심을 경험할수 있도록 실제적인 지침을 제시하고 있습니다.

8. 심령이 약한 자의 승리하는 삶
영성의 숲. 228쪽. 9,000원
영혼의 힘이 약하고 마음이 여리고 민감하여 고통을 겪고 있는 이들을 위한 책. 영혼의 원리 및 기질과 사명을 이해함으로써 이전에 알지 못했던 자유와 해방과 놀라운 행복감을 누리게 될 것입니다.

9. 천국의 중심원리
영성의 숲. 452쪽. 14,000원
천국은 사후에만 갈 수 있는 장소가 아닙니다. 이 땅에 살면서 천국의 임재, 그 천국의 빛과 영광을 경험할 수 있습니다. 이 책에서는 내면세계의 천국을 경험하기 위한 길과 원리를 제시해 주고 있습니다.

10. 행복한 신앙을 위한 28가지 조언
영성의 숲. 348쪽. 12,000원
〈자유롭고 행복한 그리스도인 1〉의 개정판. 묶여 있고 창백한 의식의 틀을 벗어나, 자유롭고 풍성한 믿음의 삶으로 나아가도록 돕는 책입니다. 28가지 조언속에 행복한 신앙을 위한 영적 원리들을 담고 있습니다.

11. 성숙한 신앙을 위한 30가지 조언
영성의 숲. 340쪽. 12,000원
〈자유롭고 행복한 그리스도인2〉의 개정판. 의식이 바뀔 때 천국의 자유와 기쁨을 누릴 수 있음을 보여주는 책입니다. 묶여있는 사고와 습관, 잘못된 의식에서 해방되는 원리를 제시해 주고 있습니다.

12. 의식의 깨어남을 사모하라
영성의 숲. 239쪽. 9,000원
잠과 꿈과 깨어남의 실체를 보여주며 진정한 깨어있음의 세계로 인도하는 책입니다.
의식과 영혼을 깨우기 위한 방법과 원리들을 제시해 주고 있습니다.

13. 주님의 마음, 주님의 임재 속으로
영성의 숲. 348쪽. 11,000원
오늘날 주님의 마음에 대한 많은 오해가 있어서 주님의 깊으신 임재에 들어가지 못합니다. 이 책은 그 오해를 풀어주며 우리를 향한 주님의 사랑을 보여주고 그 사랑의 임재 속에 들어가는 길을 안내해주고 있습니다.

14. 영성의 발전을 갈망하라
영성의 숲. 292쪽. 10,000원
영성의 진리 시리즈 1편. 영성을 깨우고 발전시킬 수 있는 다양한 이야기, 원리, 법칙들을 묶은 36가지의 메시지가 수록되어 있습니다. 영혼의 각성에 도움이 되는 지식과 도전을 얻게될 것입니다.

15. 집회에서 흐르는 주님의 은혜
영성의 숲. 254쪽. 8,000원
이미 출간되었던 [집회 가운데 임하시는 주님]을 새롭게 개정하였습니다. 회원들의 간증을 줄이고 더 많은 분량을 추가하였습니다. 집회 가운데 나타나는 주님의 생생한 역사와 이에 관련된 여러 영적 원리를 기술하였습니다. 읽을수록 집회 현장에 있는 듯한 감동과 은혜를 얻을 수 있을 것입니다. 은혜를 사모하는 이들, 영성 사역에 관심이 있는 사역자들에게 좋은 참고가 될 것입니다.

16. 삶을 변화시키는 생명의 원리
영성의 숲. 348쪽. 값 12,000원
삶 속에서 열매를 맺을 수 있는 비결과 원리를 시편 1편의 말씀과 요한복음 15장의 말씀을 중심으로 제시하고 있습니다. 포도나무이신 주님과 가지로서 항상 연결되는 삶이 열매를 맺는 원리이며 은총의 비결인 것을 명쾌한 논지로 설명하고 있습니다. 신앙의 기초와 방향을 분명히 밝히는 책으로서 풍성한 삶과 승리하는 삶을 갈망하는 그리스도인들에게 귀한 도전이 될 것입니다.

17. 낮아짐의 은혜1
영성의 숲. 308쪽. 값 11,000원
쉽게 하나님의 임재를 경험하며 그 은혜 가운데 머무르는 사람이 있습니다. 그 은총의 비밀은 무엇일까요? 그것은 바로 낮아짐이며 이를 통하여 주의 무한한 은혜와 천국의 풍성함을 누릴 수 있음을 본서는 증명합니다. 사람을 파괴하는 높아짐의 시작과 타락, 은혜의 회복, 열매의 풍성함 등을 다루고 있으며 누구나 그 은혜의 세계에 쉽게 이르도록 길을 제시하고 있습니다.

18. 낮아짐의 은혜 2
영성의 숲. 388쪽. 값 14,000원
낮아짐은 감추어진 비밀이며 천국의 문을 여는 보화입니다. 마귀는 낮아짐을 빼앗을 때 그 영혼을 사로잡을 수 있으므로 온갖 유혹으로 이 보화를 가로챕니다. 하나님은 천국의 풍성함을 주시기 위하여 낮아짐을 훈련하시며 인도하십니다. 2권은 적용을 주로 다루며 구체적으로 풍성한 은총을 누릴 수 있도록 권면하고 있습니다.

19. 그리스도를 갈망하는 삶
영성의 숲. 268쪽. 값 9,000원
부흥과 영적 깨어남, 영성의 다양한 원리에 대한 이야기. 삶 속의 이야기와 함께 자연스럽게 풀어서 정리하였습니다. 일상의 사소한 삶에서 영적 원리를 발견하고 적용하도록 도우며 그리스도에 대한 갈망이 증가되도록 도전하고 있습니다.

20. 영이 깨어날수록 천국을 누린다
영성의 숲. 236쪽. 값 8,000원
독자들과 일대일로 마주 앉아서 대화를 하듯이 영적 성장과 풍성한 삶을 누리는 원리에 대해서 메시지를 전달하고 있습니다. 사랑하는 삶, 영성의 깨어남에 대한 새로운 통찰력을 제공해주며 기쁨으로 주님을 따르는 길을 제시해줍니다.

<생활 영성 시리즈>

1. 주님과 차 한잔을
영성의 숲. 220쪽. 6,000원
신앙의 귀한 진리들, 주님을 사모하고 가까이 나아가는데 도움이 되는 원리들을 유머를 통해 밝고 즐겁게 전달해주는 책입니다.
주님과 같이 차를 한잔 마시는 기분으로 부담없이 읽다보면 자연스럽게 영적 통찰을 얻을 수 있을 것입니다.

2. 일상의 삶에서 주님을 의식하기
영성의 숲. 280쪽. 8,000원
일상의 사소한 삶 속에서 주님을 의식하며 살아가는 이야기. 신앙과 영성은 기도할 때만이 아니라 일상의 모든 삶 속에서 나타나야 한다. 작고 사소한 모든 일에서 주님을 의식하는 것이 진정한 행복의 원리인 것을 이 책은 보여주고 있습니다.

3. 일상에서 경험하는 주님의 사랑
영성의 숲. 277쪽. 8,000원
일상의 묵상 시리즈 2편. 사소한 일상의 삶에서 주님의 임재와 사랑을 느끼고 주님의 메시지를 경험하는 이야기. 항상 모든 것에서 주님의 마음과 시선으로 삶과 사람을 보고 느껴야 하며 이를 통해서 날마다 천국을 경험할 수 있음을 사소한 삶의 이야기를 통하여 부드럽게 전달해주고 있습니다.

4. 삶이 가르치는 지혜
영성의 숲. 212쪽. 6,000원
〈삶이 가르치는 지혜〉의 개정판. 우리의 삶에서 경험하는 많은 즐거운 일, 힘든 일들이 결국 우리 영혼의 성장을 위하여 주어진 일임을 보여줍니다. 가슴을 따뜻하게 하는 소박한 이야기들을 통해서 사랑의 중요성을 다시 한번 깨닫게 합니다.

5. 사랑의 나라로 가는 여행
영성의 숲. 156쪽. 5,000원
〈사랑의 나라〉의 개정판. 어른들을 위한 우화로서 한 청년이 여행을 통하여 삶의 목적과 방향을 깨달아 가는 과정이 흥미진진하게 전개되고 있습니다. 즐겁게 이야기를 읽어나가다보면 영적 성장의 방향과 중심, 영적 세계의 에너지와 원리, 흐름을 이해하는데 도움이 될 것입니다.

6. 하나님의 뜻을 발견해 가는 여행
영성의 숲. 269쪽. 신국판 변형 8,000원
성경에 등장하는 입다, 다윗, 암논의 삶과 사건들을 통하여 하나님의 아버지 마음과 하나님의 의도와 훈련을 이해하고 발견하도록 안내하는 책입니다. 등장인물들의 마음과 정서가 드라마처럼 녹아있어 흥미와 감동을 전달해 줍니다.

7. 일상에서 경험하는 주님의 은혜
영성의 숲. 253쪽. 값 8,000원
일상시리즈 3편입니다.
가족 이야기, 모임 이야기, 일상에서 경험하는 여러 가지 일들을 통해서 영적 원리와 교훈을 정리하였습니다.
일기와 이야기 형식으로 기록되어 있어서 즐겁게 읽는 가운데 주님과 같이 걷는 삶의 흐름 속으로 들어갈 수 있게 될 것입니다.

<묵상 시리즈>

1. 맑고 깊은 영성의 세계를 향하여
영성의 숲. 140쪽. 5,000원.
잠언시리즈 1편. 내 영혼의 잠언1을 판형을 바꾸어 새롭게 만들었습니다. 순결하고 맑은 영혼으로 성장하기 위한 진리의 묵상들이 간결하게 정리되어 있습니다.

2, 주님은 생수의 근원 입니다
영성의 숲. 196쪽. 6,000원
〈내 영혼의 잠언2〉의 개정판. 맑고 투명한 영성의 세계로 안내하는 영성 잠언집. 새벽녘의 신선하고 향긋한 바람처럼 우리 영혼을 달콤하게 채워주는 묵상의 글들을 모아서 정리했습니다.

3. 묻지 않는 자에게 해답을 던지지 말라
영성의 숲. 156쪽. 5,000원
삶과 사랑과 영혼의 진리를 담은 잠언 시집.
인생의 의미와 진리, 영성의 발전과정을 예리하면서도 부드러운 시각으로 표현하고 있습니다. 불신자에 대한 전도용으로도 좋은 책입니다.

4.영혼을 깨우는 지혜의 샘물
영성의 숲. 180쪽. 6,000원
〈영적 성숙으로 향하는 여행〉의 개정판
인생, 진리, 마음, 영성 등 중요한 8가지의 주제에 대한 짧은 묵상을 담았습니다. 맑은 샘물이 흐르듯이 간결한 지혜의 메시지가 영성을 일깨워주는 책입니다.

영성의 실제를 경험하는 길

1 판 1쇄 발행	1994년 4월 15일 (이레서원)
2 판 1쇄 발행	2000년 11월 20일 (이레서원)
2 판 2쇄 발행	2002년 7월 10일 (이레서원)
3 판 1쇄 발행	2005년 10월 15일 (영성의 숲)
3 판 7쇄 발행	2015년 9월 20일
지은이	정원
펴낸이	이 혜경
펴낸곳	영성의 숲
등록번호	2001. 7. 19 제 8-341 호
전화	02 - 355 - 7526 (영성의숲)
핸드폰	010 - 9176 - 7526 (영성의숲)
E - mail	spiritforest@hanmail.net (영성의숲)
홈페이지	cafe.daum.net/garden500 (정원목사 독자 모임)
	cafe.naver.com/garden500 (정원목사 독자 모임)
국민은행	461901 - 01 - 019724
우체국	013649 - 02 - 049367
예금주	이 혜경
총판	생명의 말씀사
전화	02 - 3159 - 8211
팩스	080 - 022 - 8585,6

값 12,000원
ISBN 89 - 90200 - 33 - 4 03230